流失之谜 国宝离踪

寒江独钓 —— 编著

中国铁道出版社有限公司
CHINA RAILWAY PUBLISHING HOUSE CO., LTD.

图书在版编目（CIP）数据

国宝离踪：流失之谜 / 寒江独钓编著. -- 北京：中国铁道出版社有限公司，2025. 7. -- ISBN 978-7-113-32350-9

Ⅰ．K87-49

中国国家版本馆CIP数据核字第2025B5V137号

书　　名：	国宝离踪：流失之谜
	GUOBAO LIZONG：LIUSHI ZHI MI
作　　者：	寒江独钓

责任编辑：	奚　源	电　　话：	（010）51873005
封面设计：	郭瑾萱		
责任校对：	安海燕		
责任印制：	高春晓		

出版发行：中国铁道出版社有限公司（100054，北京市西城区右安门西街8号）
网　　址：https://www.tdpress.com
印　　刷：天津嘉恒印务有限公司
版　　次：2025年7月第1版　2025年7月第1次印刷
开　　本：710 mm×1 000 mm　1/16　印张：15.5　字数：223千
书　　号：ISBN 978-7-113-32350-9
定　　价：88.00元

版权所有　侵权必究

凡购买铁道版图书，如有印制质量问题，请与本社读者服务部联系调换。电话：（010）51873174
打击盗版举报电话：（010）63549461

前　言

中华文明薪火相传5000年，勤劳智慧的中华民族不仅创造了令世人叹为观止的文明成果，而且每一个时代都有着极其鲜明的特色，并留下辉煌的杰作。那些属于逝去历史的时代符号，尽管历经沧桑，却依然有极个别的幸运儿顽强地留存至今，后人尊称它们为国宝。这些偶然露峥嵘的国宝"不眠不息"，在某个历史瞬间忽然问世，引起无数人的尊崇和膜拜。但是，还是有许多国之瑰宝面世后命运多舛，颠沛流离或者消失不见。比如北京人头盖骨化石、皿天全方罍、圆明园十二铜兽首、《兰亭集序》真迹、敦煌莫高窟藏经，还有被末代皇帝溥仪私自带出皇宫的众多国宝等。

那些散落在民间的国宝，或许会有一天出现在国人面前。即便是消亡于历史的岁月长河中，也是新旧事物更替、无可奈何之事，尽管遗憾，却也让人理解。然而，伴随着朝代更替，战火纷飞，中国国宝最大的劫难却是来自强盗的贪婪和破坏，尤其是近代中国国力衰微，被帝国主义列强无情掠夺，导致无数国宝遭遇劫难，或流失于海外，或隐没于寻常人家，或从人们的视线里彻底消失，无迹可寻。

据联合国教科文组织统计：分散于世界各地的2000多家博物馆，收藏了中国160多万件流失的绝世珍品。除此之外，国外民间的收藏数量估计是馆藏的10倍。如何让更多如珍珠般散落在异国他乡的珍贵文物重新回到祖国怀抱，为延续我们的文化和历史提供见证，是国人长期以来难以释怀的情结，也是每个中国人的期盼。

然而，在现实中，我们追索流失文物却是"路漫漫其修远兮"，存在着众多的难题。当今非正常手段流失海外的文物"回家"大致有三种途径：回购、讨还和捐赠。前几年，有中国人重金购回圆明园铜兽首并捐赠国家之事，这引起了中国民众和媒体的广泛关注。企业家购回流失的中国文物并捐赠给国家的爱国热情值得肯定和敬佩。那高得离谱的拍卖数额，尽管可以认为是价值连城，但也显而易见，国际上有人利用中国今天强大的经济实力和企业家的爱国热情，频频将抢劫得来的流失海外本来就属于中国的国宝进行拍卖，以西方的"文明"方式再一次抢夺中国人的财富。

不管怎样，我们关注流失国宝，可以知晓这些珍稀国宝的前世今生，推断它们现在何方，及时总结经验，吸取教训，为共同推动中国流失国宝的早日回归做出努力。本书将重点介绍一些大家耳熟能详的国宝，回顾它们的传奇历程，发掘其最新的考古成果，从迷乱的蛛丝马迹中，找寻国宝最后的踪迹……

作　者

目　录

■ 第一章　大国之痛——北京人头盖骨化石流失之谜

龙骨之谜 …………………………………………… 1

嘿，是头盖骨 ……………………………………… 3

背靠美国好"乘凉" ……………………………… 5

两个大木箱 ………………………………………… 7

步步惊心 …………………………………………… 9

一团迷雾 …………………………………………… 11

我的行李被动过了 ………………………………… 14

尼克松的礼物 ……………………………………… 15

沉默的知情人 ……………………………………… 17

不可思议的巧合 …………………………………… 19

只想安静地大事化小 ……………………………… 21

日本老兵的忏悔 …………………………………… 22

停车场地下的秘密 ………………………………… 25

■ 第二章　"无头骑士"——皿方罍流失之谜

阳光下的问候 ……………………………………… 27

宝物现身 …………………………………………… 29

你说的是哪个老马	31
泥巴地里的大家伙	32
跑得比狗都快	34
填不满的胃口	36
不是我的菜	39
冬天里的一把火	41
令人气愤的新田	42
惊天一拍	45
又见皿方罍	48
国宝终合体	50

■ 第三章 皇家的至宝——传国玉玺流失之谜

卞和的内心是崩溃的	52
张仪小哥不好惹	54
跟你什么冤什么仇	56
始皇帝的快递到了	58
只能帮你到这里了	60
失踪了千年	61

■ 第四章 烈火焚园——十二生肖铜兽首流失之谜

人间仙境	64
跑了和尚跑不了庙	66
遍地都是宝	70
没见过这么不要脸的	72
外来的和尚会念经	75
4500美元的交易	78
牛虎猴猪的聚会	79

法国人的捐赠 …………………………………… 81
　永不停止的追索 ………………………………… 83

■ 第五章　孤芳难寻——《兰亭集序》真迹流失之谜

　穿越几百年的碑文 ……………………………… 86
　书圣是怎样炼成的 ……………………………… 88
　广告策划人 ……………………………………… 89
　我们做朋友吧 …………………………………… 92
　大家都惊呆了 …………………………………… 94
　且行且珍惜 ……………………………………… 98
　感觉不会再爱了 ………………………………… 99
　有钱就是任性 …………………………………… 102
　让它留在乾陵 …………………………………… 103

■ 第六章　盗贼请客——慈禧陵国宝流失之谜

　恢宏的清东陵 …………………………………… 106
　天皇皇，地皇皇，皇上娶我当娘娘 …………… 109
　毁多誉少的女强人 ……………………………… 110
　自作自受 ………………………………………… 112
　翡翠西瓜失而复得 ……………………………… 117
　没钱怎么办 ……………………………………… 120
　慈禧墓被盗 ……………………………………… 121
　安葬了三次的慈禧 ……………………………… 125
　只想安静地做个盗墓贼 ………………………… 126
　领导也受水 ……………………………………… 128
　永远的谜 ………………………………………… 129

第七章　监守自盗——清宫国宝流失之谜

溥仪的"迷你王国" …… 131
偷运国宝 …… 133
皇宫里的一把火 …… 136
从寓公到伪满傀儡 …… 139
一个非常艰难的决定 …… 142
日本人给苏联的见面礼 …… 145
顺手牵羊 …… 151
伊美朵旅馆的"娘娘" …… 153
这个可以有 …… 156
千年老人参 …… 158
婉容的最后岁月 …… 160
背包袱的年轻人 …… 163
《十咏图》回归之谜 …… 165

第八章　秃鹫的盛宴——斯坦因盗宝流失之谜

黄沙古道中的西域风情 …… 169
斯坦因生平 …… 171
盗贼的狠 …… 174
千年之前的藏书室 …… 175
荷花池里的女子 …… 177
百年后的救赎 …… 180
一座完整的城市遗存 …… 183
冒牌"取经" …… 186
人渣一个 …… 187
消失在时空隧道里的人 …… 189
别侮辱唐僧 …… 194
一锅旱烟带来的惊讶 …… 196

道士下山	198
从"西土"而来	200
洗脑神曲	203
随我来	206
斯坦因"功成名就"	208
经卷贩子	211
嚣张的掠夺	213

■ 第九章　盗猎戈壁——楼兰国宝流失之谜

到死亡之海去	216
幽怨的精灵	218
哪个都不敢得罪	221
犯我强汉者，虽远必诛	222
贪婪的盗贼	225
黄沙下的城市废墟	226
晋代的"手抄报"	228
沉睡千年的楼兰美女	231
3380年前的她	233
又见稀世彩棺	235
美丽绝伦的"小河公主"	237

第一章 大国之痛
——北京人头盖骨化石流失之谜

人类是从哪里来的？人类又是怎样进化繁衍的？从古至今，人们从来没有停止对自身生命起源的探索。直到1929年12月2日，人类重新认识自身历史的大门，被悄然推开。第一个完整的北京人头盖骨化石惊世而出，沉睡在地下50万年的人类祖先之魂，从此被唤醒。但仅过了12年，这件承载着人类生命烙印的中国国宝却在战火纷飞的大地上神秘失踪，至今下落不明！我们的国宝——北京人头盖骨化石，到底在哪里？

龙骨之谜

1929年，席卷资本主义国家的经济危机突然爆发，工厂倒闭，老板跳楼，无数产业工人失业，许多国家陷入旷日持久的应对国民生计的苦恼中。这次世界性的经济危机却给中国带来了一个难得的发展机遇，由于资本主义列强忙于解决本国的老大难问题，无暇旁顾，中国的经济、民生、工矿企业，乃至学术研究等领域都迎来了一个难得的发展机遇。

中国考古界也捷报频传，成果显赫，随着大量古文物的出土，中华文明再一次吸引世界学术界的目光，同时也让中国考古界的众多人士声名显赫，1927年毕业于北京大学地质系的裴文中就是其中一员。这位后来被世人称为史前考古学家、古生物学家的年轻学者，还没有意识到自己在北京周口店的一次看似寻常的考古工作会给世界文明探索带来那么大的震撼。周口店的考古发掘主持单位是中国地质调查所和协和医学院。时年25岁的裴文中参加了周口店的发掘工作，并负责现场指挥。他精力充沛，给整个发掘现场带来了生机和活力。

1929年初冬，北京周口店地区颇为寒冷，呼啸的北风卷着凌乱的雪花在荒山野岭中肆意驰骋。野外的考古工作并没有因为气温骤降停滞不前，反而如火如荼地进行着。周口店地区因为经常发现一些奇怪的骨头引起了中国学者的注意。

根据历史资料得知，大约在辽代，周口店一带就出产"龙骨"。当时的人们把"龙骨"当作天赐的良药，把它研磨成粉末敷在伤口上，据说可以止痛和利于愈合。因为此地盛产"龙骨"，所以人们就把这里的一座山称为"龙骨山"。到了近世，经过古生物学家的研究，认为所谓的"龙骨"不过是古生物的骨骼化石。

1926年，有一位学者在周口店意外发现了属于早期人类的两颗牙齿。同年10月，北京科学界报道这一重要发现时，立即轰动了国内外。后来考古界决定把这两颗牙齿的主人命名为"北京人"，以后又定名为"中国猿人北京种"。这样，所谓"龙骨"的谜就彻底解开了。这不是天赐神物的骨骼，而是人类祖先和与他们同时代的动物的化石。这就吸引了不少古生物学家和考古学家来到周口店地区，进行发掘和考察。

裴文中等人已经在龙骨山考古多日，到1929年12月2日还没有特别的发现。中途曾经有人建议，把发掘的地点重新调整，但是裴文中没有接受，他坚持认为，前期的考古已经带来希望，下面的堆土层一定会有新的发现。此时洞穴内挖掘的空间变得越来越小，剩下的堆积物也逐日变少，眼看接近洞底，好像不会再出现什么奇迹了，工人们估计不久便可收工休息了。正在此时，裴文中发现主洞与裂隙交叉的地方突然出现一个小洞。他细看了一下，认为这可能是猿人行走的通道，决定向小洞挖掘，并亲自做探险的开路先锋。他在腰上系好绳子，让洞口外的工友用力拉着，自己带着手电筒沿洞壁徐徐滑下。

裴文中在他的《周口店洞穴层采掘记》一书中这样描述当时的情况：

"我们若从山顶望下去，见猿人洞洞口之深，及峭立的绝壁，已有些令我们害怕。其实这都是我们一寸一尺移去的，土和石都是我们一筐一筐地抬出去的。现在看来猿人洞很深很大（最近更因雨水冲击及悬崖落石，不能下去了），当我们初开的时候，只是仅能容人的小孔，并且一部分尚为砂土所填满，仅有一个薄隙。当洞口方露出的时候，我们不知深浅，于是我同一个工人一同下去，腰上用绳子系好了，上边用许多人拉着绳子。我觉得我既负这开掘的责任，就应当身先士卒，正如打仗一样，当官若退缩不前，这样的仗最好不必打，打也必败。"

刚在洞底站稳脚跟，手电筒照射过去，裴文中不禁惊呆了：白骨遍地散布着，几乎全是哺乳动物的骨骼化石，简直像有意识保存下来的一座化石宝库！裴文中随后爬出洞外，向在场的考古人员做了简单的介绍。大家听后也感到格外兴奋，很快制订出下一步的发掘计划。

到下午四点，洞外天色渐渐暗下来，洞里阴冷异常，但人们依旧在昏黄的油灯光照下聚精会神地工作。众人一件件整理着各类动物化石，都是一些寻常的动物骨骼，文物意义不大，现场土层可以看出用火的痕迹，这表明这里曾有古人类生活，如果能出土一两件古人类化石，那这次的考古发掘就圆满了。

嘿，是头盖骨

然而，发掘现场依然没有令人惊喜的文物出土。裴文中的手指已经冻得有些僵硬了，他把手伸进衣襟里，暖了一会儿手继续工作。突然，一个骨头出现在裴文中脚下的泥土中，他仔细清理其周边的土，这块骨头一点点露出来，这似乎不是哪种野生动物的骨头，他在内心里反复搜索相关知识，一时间找不到线索。随着更多的土被清理掉，一个头盖骨模样的物体出现了，电光石火之间，裴文中脑海里突然蹦出一个念头，他高兴地喊叫起来："嘿，是头盖骨！"

大家围拢过来，只见这个头盖骨一半已露出地面，另一半还埋在硬土里。人们兴奋极了,目不转睛地盯着。这时天色越来越黑了,众人又冷又乏,但大家的心情已经急不可耐。裴文中想了一下,决定休息片刻,让大家浮躁的心稳下来,再把这个头盖骨化石完全出土。现在大家都饥寒交迫,不如先吃点食物再接着干活。众人搓了搓手上的泥土,拿出早已硬邦邦、冷冰冰的馒头,就着行军水壶里的凉水,简单地吃上几口。大家还开玩笑说,远古时候这个猿人的晚餐都吃上火烤的食物了,咱们现在反倒成了蛮荒人了。

晚餐很快结束,大家耐心地看着裴文中一点点发掘。泥土被刷子一点点拂去,进度很慢。裴文中回忆:"那时天色已晚,若加细工作起来,我怕到晚上也掘不出来。其实他已经在山中过了不知几多日夜,并不在乎多过一夜;但是我不放心,脑筋中不知辗转了多少次,结果决定取出来,用撬棍撬出。结果呢,头盖骨一部分因震动而破碎了;这样结果,已使我很后悔,然已悔之不及。但是这个机会,却使我知道中国猿人头盖骨的厚度,我们现在的人,头盖骨很薄,而猿人头骨异常地厚。若说猿人是人,真冤枉!从这一点看来,他真不像人。"

头盖骨终于出土了,大家凝视着这个头盖骨化石,很长时间没有人说话。当夜的考古工作不再进行,裴文中捧着这个头盖骨化石回到宿营地,众人皆不肯散去,担心这个头盖骨有闪失。裴文中安排了守夜人员,大家轮流值班。帐篷外北风劲吹,守夜的人裹着棉被,借着昏暗的烛光边看书,边警醒地注意着木箱里的头盖骨,这一夜大家都没睡好。

第二天天一亮,裴文中就派专人进城,把这个大喜讯报告给北京城里的地质调查所。12月6日,裴文中亲自坐着汽车,用他自己的两床被子和褥子、毡子包着这稀世珍宝护送到城里。后来,调查所的专家们根据对发掘现场文化沉积物的研究推算出:北京人生活在距今70万年至20万年之间,平均脑量达1088毫升(现代人脑量为1400毫升),推算身高为156厘米(男)或150厘米(女),有些接近现代人的身高。北京人头盖骨化石的发现,为进化论学说提供了最直接、最坚实的根据。

关于北京人头盖骨的研究报告一经公布,立刻在世界学术界引起轰动，各国学者拿着北京人头盖骨照片反复端详，痴迷的程度简直难以形容。在不到一周的时间里，有数百位世界知名学者提出入境请求，并和中国地质调查所以及协和医学院取得联系，希望能一起研究北京人头盖骨。

这些人中既有真正的大学问家，也有学术界的投机者。北京人遗址及化石的发现，是世界古人类学研究史上的大事。迄今为止，还没有哪一个古人类遗址像周口店北京人遗址这样拥有如此众多的古人类、古文化、古动物化石和其他资料。北京人头盖骨化石成为世界科学界众所瞩目的稀世瑰宝。北京人虽然不一定是最早的人类，但作为从猿到人的中间环节的代表，被称为"古人类全部历史中最有意义最动人的发现"，因此，北京人头盖骨化石的珍贵程度可想而知。但是，也正由于这样，它也成为一些投机商和帝国主义者所觊觎的对象。北京人头盖骨化石的悲欢离合也就自此注定了……

背靠美国好"乘凉"

时光荏苒，7年的时光一晃就过去了，裴文中已经32岁了。他已成为中国古人类学的重要创始人之一，他的一些著作也轰动了中外学术界，成为中国古人类学发展史上重要的里程碑。那几年里，中国学者不畏国际学术权威，坚持自己的研究方向，他们克服了重重困难，在简陋的工作环境下，对北京人头盖骨进行了认真负责的研究，取得了很多考古发现。

1936年，在裴文中的搭档、另一位中国考古学家贾兰坡的主持下，又有3个完整的北京人头盖骨和一个完整的人类下颌骨化石相继在周口店被挖掘出来。到1937年，北京猿人化石共出土完整的头盖骨5具、较完整的头盖骨化石1个、头骨碎片12件、下颌骨15件、牙齿157枚及断裂的股骨等，分属40多个男女老幼个体。考古学者同时还发

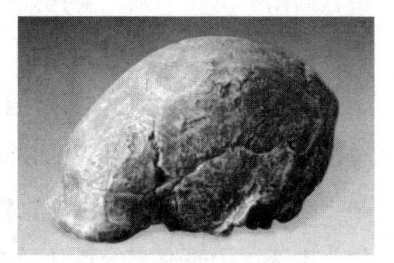

北京人头盖骨化石模型

现10万件石器材料及用火的灰烟遗址和烧石、烧骨等，由此推断，北京猿人制造出颇具特色的旧石器文化，并对中国华北地区旧石器文化的发展产生深远的影响。北京人还是最早使用火的古人类，并能捕猎大型动物。

就在周口店考古发掘工作进入黄金时期的时候，1937年，日本发动全面侵华战争，华北大部分地区相继沦陷，考古工作被迫停止。为安全起见，出土5个的北京猿人头盖骨化石，被存放进了美属北京协和医院，由中美学者共同创建的中国地质调查所新生代研究室负责保管。然而，日本在太平洋地区不断掀起战争，势力范围不断扩大，并不时地向美国挑衅。有识之士认为，一旦日美爆发战争，美属北京协和医院注定会被日军占领，届时北京人头盖骨的命运可就难以预料了。1941年，在当时被日军占领的北平，日军开始占领中立国美国驻北平的一些普通机构。当时存放和保管北京人头盖骨化石的协和医院虽属知名财产，但看来也难以幸免。在这种情况下，新生代研究室决定为北京人头盖骨化石找一个更为安全的存放地点。

当时有三种处理方案：第一，把化石运往抗战的后方重庆，但在战争环境下，长途运输安全难以保证；第二，在北平就地掩埋，但在沦陷区安全同样无法保证；第三，运往美国保存。

"鉴于美日关系日趋紧张，美国正与中国站在一条战线共同抗日，我们不得不考虑在北平新生代研究室的科学标本的安全问题。我们准备同意将它们用船运往美国，委托某个学术研究机关，在中国抗战期间替我们暂为保管。"

这是一封求助信，信件的日期是1941年1月10日，写这封信的人是时任国民政府行政秘书长的翁文灏，这封信被同时发给协和医学院院长胡顿、新生代研究室名誉主任魏敦瑞以及美国驻中国大使詹森。信中所提到的北平新生代研究室的科学标本，正是当时保存在协和医院的北京人头盖骨化石，阐明自己希望转移北京人头盖骨的意思。但是，根据先前达成的协议，得到洛克菲勒基金会资助的周口店发掘工作，其发掘出的实物必须留在中国。北京人头盖骨堪称人类瑰宝，中国国宝要出境避难，这可是非同小可啊，各方面都不敢贸然行事。美国方面也担心在运输途中出现不可预料的风险，因此婉言拒绝了。

胡顿在给翁文灏的回信中写道："企图将这批化石转移出去是不切实际的想法。将它们运出中国或日本占领区很易遭到被'没收'的危险。考虑到头盖骨的安全，我和魏敦瑞都认为不要转移和无法转移。最好放在保险柜再将保险柜放入学校地下室的保险库。"

翁文灏等中方人员的努力并没有因为美国方面的拒绝而停止，他们一再申请，美方官员和科学家一再婉拒，往来切磋数月时间。直到1941年11月，经翁文灏的一再协调，最后又经过上报同意，重庆国民政府明确表态，允许头盖骨出境。1941年12月初，重庆国民政府和美国政府方面终于达成一致意见：头盖骨化石由美国领事馆安排，带出中国，暂存美国，等战后再归还中国。

据现有公布的档案资料记载，头盖骨随后的转移由美国海军陆战队护卫，乘北平到秦皇岛的专列到达秦皇岛港，在那里登船直达美国。

然而人算不如天算，这5个北京人头盖骨化石连同那些散碎化石在内的全部人类学研究资料，在转往美国的运送途中，竟然神秘失踪。堂堂国宝，移送途中到底遭遇了些什么？我们不妨透过历史迷雾，重新梳理一下北京人头盖骨化石已知的最后的那段行程。

两个大木箱

当时的北平，早已沦陷。日寇铁蹄之下，危机四伏，协和医院早已是日军重点监控的目标。把如此珍贵的国宝带出去，远渡重洋，确实很困难！这就不能不提到一个名叫胡承志的人。1941年，胡承志24岁，是新生代研究室名誉主任魏敦瑞的助手，同时也是一名专门制作化石模型的资深技师。当时在转移头盖骨之前，魏敦瑞特别授意胡承志给北京人头盖骨化石制作了相同大小的模型，并寄去了美国，模型的完美程度简直可以乱真。

做好了模型之后，胡承志开始着手进行头盖骨化石的装箱工作。现有资料表明，胡承志就是最后一个见到和摸到北京人头盖骨化石的人，北京人头盖骨化石在转移前的全部装箱工作都是由他来亲手完成的。

根据胡承志的回忆，他先将骨骼用擦显微镜镜头的细棉纸包好，再用软纸包着，然后再裹以洁白的医用吸水棉花，又用粉莲纸包上，然后再用医用细纱布层层包在外面，装入小箱，再用吸水棉花填满，小木箱内周围六面用具有弹性的黄色瓦楞纸数层填充，最后再装入大木箱内，大木箱内的缝隙用木丝填满。可以说，箱子做好了防撞击的处理。

对于北京人头盖骨化石的丢失，胡承志非常痛心，在他当年提交的一份遗失报告中，详尽描述了装载化石的经过，包括装化石所用的两只大箱子的形态。甚至几十年后，这位技师还能凭记忆画出清晰的箱子草图。根据胡承志的描述：（该）二木箱均为白木箱，一为四十八寸长、十一寸高、廿二寸宽，一为四十五寸长、十一寸高、二十寸宽。为了避免招人耳目，两只箱子上只是做了简单记号Case1和Case2。

按照中美协商和美国公使馆的安排，这两只箱子会被标上美军军医威廉·弗利的名字，以私人行李的名义从前门火车站装车，直发秦皇岛，之后搭载计划于12月8日停靠进港的中美间定期航班——哈里逊总统号客轮，前往美国。

1941年12月5日凌晨，一列火车驶出北平。火车上有一个美国人，他就是即将离华赴美的海军陆战队退伍军医弗利，两箱化石就是被混装在他的27箱行李中送上火车的。在秦皇岛火车站，弗利的助手戴维斯负责接收了这批特殊的行李。火车到站后，戴维斯去取了那些行李，一共有27箱，全都装到了一辆卡车上。回到霍尔姆斯兵驻地，戴维斯把这些箱子都放在了自己的房间里。此时，哈里逊总统号客轮还在海上航行，弗利只好耐心等待客轮的到来。

然而，1941年12月8日，日本偷袭了珍珠港，太平洋战争爆发了。日军迅速占领了美国在华的许多机构，驻在秦皇岛山海关一带的日军也突袭了美军，霍尔姆斯兵营的海军陆战队人员很快成为日军的俘虏。包括北京人头盖骨在内的物资和行李，也就在此时失去踪迹。战火纷飞的岁月，两只装有中国国宝的木箱，就这样神秘地失踪了。

步步惊心

所有相关人士都理所当然地认为，北京人头盖骨化石必然是落在了日本侵略者手中。然而，令人想不到的是，日本人也同样在积极寻找北京人头盖骨化石。值得注意的是，日本人对追寻北京人头盖骨的事情格外卖力，几乎所有参与发掘工作的人员都受到日本人的审查。

日本对名扬四海的北京人头盖骨化石早就垂涎三尺。七七事变之后，日本就曾经派人打探过相关的情报。珍珠港事件当日，日军就占领了原先保存和研究化石的所在地——协和医院。也许日军在医院没有得到北京人头盖骨化石，就抓捕了裴文中先生，日军军官对他进行了长时间的审讯。裴文中在狱中被关了48天，在日本宪兵队，日军追问裴文中北京人头盖骨的下落，裴文中表示不知道。日军就严刑拷打，灌辣椒水，并威胁枪毙，还让裴文中写遗书……

一个叫锭者繁晴的日本特高课（日本间谍组织）人员被紧急派遣到北平，负责追踪北京人头盖骨的下落，他根据线索，首先提审了裴文中。

"我们大日本帝国很敬重裴先生，北京人头盖骨化石是全人类的财产，我们大日本帝国很希望与先生合作，共同研究头盖骨化石，我们给您准备了最好的研究室和丰厚的报酬，希望我们合作愉快……"

"我毫无此意，最近身体欠佳，正想就此回老家种地，你的好意恐难接受！"

"不要紧，相信我们的诚意一定会打动裴先生的。我很想知道，头盖骨化石现在在哪里？你们用我们不得知的方式转移走了这些珍贵化石，你们太狡猾了，这是不相信我们大日本帝国。我只是想知道化石现在的情况。"

"我在西城上班，协和在东城。两者相距甚远，那时发生了什么我无从知道。"

"北京人头盖骨化石标本到底存放在什么地方？"

"应该在协和解剖系的地下室。"

"具体负责的是谁？"

"协和医院是美国人管理的，具体是谁负责，我不清楚。"

"那么，最后经手化石的人是谁？"

"应该是美国人。"

"您最后看到是什么时候？"

"大约是美日开战前的一个月，我因为要找一块标本研究，到过地下室，之后再也没去过那里。"

日军从裴文中嘴里没有得到任何有价值的信息，裴文中始终就是这几句话，最后只好将其释放。锭者繁晴马不停蹄，在几天之内走访调查了协和医学院几十个和北京人头盖骨化石研究、保存相关的人员。他还根据线索到天津的瑞士仓库，翻开了全部可以检查的箱子、行李，核查了能够找到的所有线索，结果还是一无所得。奇怪的是，他恰恰没有去秦皇岛核查，莫非北京人头盖骨化石就不曾运往秦皇岛？这是一个疑问，也是一个极为重要的线索。日军的情报历来做得很出色，他们不去秦皇岛只有两个

北平协和医学院

原因：一个是他们很清楚头盖骨化石根本没有运往秦皇岛；另一个原因则是日军已经在秦皇岛得到了北京人头盖骨化石，为了掩盖事实，刻意不让锭者繁晴去秦皇岛调查。

1943年，无颜回国的锭者繁晴，在北平的一间小公寓里剖腹自杀了！这可奇怪了，锭者繁晴是日本方面派出的王牌侦探，因为完不成上级交代的任务，竟然不惜走上黄泉路。日军是真的不知道北京人头盖骨的下落，还是上演了一出贼喊捉贼的闹剧，将锭者繁晴作为一颗烟幕弹抛给世人扰乱历史？

北京猿人复原像

此后的几年间日军一直在搜寻失落的北京人头盖骨化石，甚至想重启周口店的考古发掘。重庆国民政府的调查人员也在寻找北京人头盖骨化石，他们曾经发现过一张秘密绘制的草图。在这张图上，不仅列出了和北京人头盖骨有关的关键地点，还分析了头盖骨可能的去向，尤其值得注意的是，在这张图上还用英文标出了几个关键人物，其中就包括裴文中和胡承志。这张中英文草图究竟是何人绘制，目前已经不可考，但证据表明当时日本密探就是根据这张图来搜查北京人头盖骨的去向的。

一团迷雾

日本人在找，中国人在找，美国人也在找，自北京人头盖骨神秘丢失的那一刻起，有关头盖骨下落的线索就层出不穷。每一条线索，都在历史的回溯中，显得更加扑朔迷离。

1945年，二战结束，日本无条件投降。作为战胜国，中国在战后派出了使团赴日，参与受降等有关事宜，著名考古学家李济先生作为使团高级顾问，负责在日本考察和索回被掠走的中国文物，而重中之重，就是查询和找回北京人头盖骨化石。

作为北京人头盖骨化石的发现以及保管、丢失事件的重要知情人，裴文中也及时写出了一份详细报告，指明头骨的下落。在这份报告中，裴文中提供了这些信息，"民国三十四年（1945年）11月14日，'中央社'东京专电：盟军最高总部称'前为日军窃夺并运至东京之北京人骨骼现已发现'。民国三十五年（1946年）1月1日，北平《英文时事新闻》载有路透社电：'东京帝国大学已将此无价之骨骼标本运赴盟军总部。'"

裴文中引用的各大通讯社发出的言之凿凿的新闻，让人们不难看到两个方面的内容：一是北京人头盖骨的确是被日本侵略者劫走了；二是日本方面已经将头盖骨上交盟军。这也许印证了一点：日本谍报人员寻找北京人头盖骨化石的行为就是一个花招。

1946年3月，在东京，李济见到了驻日美国海军司令斯脱特。但是，斯脱特司令的回答却使李济十分失望：盟军司令部已经就中国政府此前的要求，根据报端的信息查问过东京帝国大学。回答是，没有任何根据证明北京人头盖骨在东京或者在日本！对于报纸上的新闻，盟军含糊其词，难以自圆其说，最后推脱为大概是记者们胡乱写的，他们将严惩假新闻的始作俑者等！不管中国人信不信，反正美国人信了。盟军总部随即向中国使团发出了公函，告知了这一情况，还作出了"一旦得到有关北京人头盖骨化石的新情况，立即转告"的承诺。

原本白纸黑字的官方通讯社电讯，到了最后却变成了一团迷雾。这是日本人在捣鬼，还是美国人在掩盖？但是，李济确实在日本找到了与北京人头盖骨化石相关的部分石器。后来又有中国科学家到日本寻找，却遭到日本政府阻挠。种种迹象表明，日本人故意侵占、隐瞒化石存放地点的嫌疑最大。从美国政府二战后包庇日军731部队战犯的事实似乎也可以推断，日美也许就北京人头盖骨化石达成了某种协议和默契。

日本外务省民间财产局，是二战后归还被侵略国物资的执行部门。在一份发给盟军总部民间财产管理组的报告上，日本外务省民间财产局表示，头盖骨化石并没有在日本被发现。他们同时还表示，1941年12月在秦皇岛及其周围驻扎的日本部队的相关资料已经丢失，该部队人员姓名和现在的地址不详。这样一来，中国方面通过调查驻扎部队来寻找北京人头盖骨的线索，就此中断了。

从 1946 年 4 月 30 日，中国驻日代表团向盟军提交寻找申请算起，到 1948 年 9 月 18 日，盟军总部给出官方权威的调查备忘录，经历了整整两年半的时间，但一无所获。在备忘录中，美军做出的追查北京人头盖骨化石的承诺，再也没有下文。

在找寻不到北京人头骨化石的情况下，中国又把目光投向了周口店，希望会有新的发现弥补丢失的遗憾。而此时的周口店龙骨山已是长草没膝，荆棘丛生，到处是日军暴行留下的累累伤痕，当年的办公房屋荡然无存，满山的树木也被砍伐殆尽。

再次发掘周口店的计划很快批了下来。1948 年 9 月 27 日，中断了 12 年的发掘工作重新开始。古人类学家贾兰坡和技工们先把 1937 年回填的土重新挖掘出来，在挖土过程中，他们获得了三颗牙齿，这是当时唯一在中国人手中的北京人化石的真实标本。此后，又陆续进行了几次发掘，又获得了两颗北京人牙齿和其他动物化石。可是，再也没有发现北京人头盖骨化石，人们的希望落空了。

周口店北京人遗址

我的行李被动过了

北京人头盖骨化石在何方？假如按照日本人的说辞，北京人头盖骨化石根本没有进入日本本土。莫非，它还在中国？那两个大箱子会在哪里呢？装载有北京人头盖骨化石的木箱，上面写的是一个美军军医的名字，那么就从这里再次展开调查吧！

威廉·弗利，二战时期美国的军医，头盖骨出境的押运人，他是整个事件链条中最关键的人物。后来，他是这样回忆的："12月8日，我在秦皇岛被日军逮捕，一周后被释放回天津租界，之后，我收到了从秦皇岛战俘营寄回的行李。我打开自己的行李，发现被人动过。这让我感到毛骨悚然。第二天，我就把其中的两只箱子送到天津的百利洋行和巴斯德研究所，而另两只则交给我平时最信任的两位中国人。"

弗利的回忆中有两条线索，头盖骨可能有两个去向：一个是在天津百利洋行和巴斯德研究所，另一个是在两位中国人手里。根据弗利提供的这些线索，调查人员询问了百利洋行天津分行和巴斯德研究所的所有老职员，得到的回答却惊人的一致："提箱？什么提箱？我们从来没有见过什么美国军医。"

至于弗利所提到的那两位中国朋友也找到了，两人本是夫妻，之后劳燕分飞。女的去了上海，男的去了四川，断了来往，但两人的叙述倒是相当吻合：当年，弗利托付给了他们两个箱子，其中一箱是医疗器械，另一箱是私人衣物和一些古董瓷器，外加500美元。绝没有任何化石，乃至与骨头相似的东西。在当时不可能互相通气的情况下，两个人述说一致，可靠性应该不容怀疑，结论是：箱子里装的根本不是北京人头盖骨。

侵华日军占领天津

虽然从弗利的回忆中,没有找到太有价值的线索。他提到的天津百利洋行和巴斯德研究所,为什么那里的职员说没见过他,到底是弗利记错了,还是职员根本不是当事人,不知情。总之,弗利的线索就这么多。不过也可以分析出这么两个结果:一是弗利行李中的头盖骨化石在他被俘期间被日本人拿走了;二是头盖骨化石根本就没有随弗利同行。北京人头盖骨化石,会不会根本就没去秦皇岛?因为在民间早就有过传闻——美国公使馆跟日本人玩了一出调包计,表面上,所有的化石被送上专列押往秦皇岛,但暗地里,北京人头盖骨却被秘密送往天津,准备从天津出海。否则,怎么解释锭者繁晴将天津的瑞士仓库翻了个底朝天的行为。但是,这个推断也难以证明就是真的,到底是谁在幕后操纵了北京人头盖骨化石的命运呢?

尼克松的礼物

新中国成立后,中国学者对北京人头盖骨化石的追踪没有停止,但仍一无所获。

1972年,时任美国总统的尼克松首次访华,开启了中美关系史上新的一页。除了在政治方面表示友好,经济层面寻求沟通以外,尼克松一行还向中方提供了一份特殊的礼物——日本阿波丸号沉没在中国海域的具体方位和装载货物的清单。美方还表示,希望和中国政府合作打捞阿波丸号。

在关于阿波丸号的档案中,有这样一张资料,显得格外引人注目。在资料上记载着:阿波丸号装有金锭40吨,白金12吨,未加工的宝石15万克拉,美、英等货币数捆,工艺品40箱,锡3000吨,钨2000吨,铝2000吨,钛800吨,橡胶2000吨。这些都是在战争期间,日本从中国偷运出去的。根据美国专家对以上情报的考证与推测,已经神秘失踪的北京人头盖骨化石,有可能就在这艘阿波丸号的船上!

阿波丸号图画

二战期间，随着美日战争的强度升级，双方都抓获了对方的一些俘虏。为改善战俘境遇，1944年，美国和日本达成一个对日占区人员提供人道主义援助的协议。

救援计划提出后，阿波丸号日本商船进入双方视野。这艘船于1943年3月5日下水，名义上是商船，但却是按照军事性能及要求打造的，无论从规模、性质、性能来讲，都是真正意义上的军事船舰。建成后的阿波丸号全长154.9米，总吨位11429吨，最高航速20节。在与它同类型的4艘商船都被改造成轻型航母后，它却隶属日本邮船公司，先后6次往返于日本—新加坡航线，为陆军运送给养。在这期间，它曾受到炸弹的爆破和美军鱼雷的攻击，但依然完成了任务，因此被日本军方誉为"不沉之舰"。

日美双方决定把它改装成运送救援物资的运输船，阿波丸号在前往东南亚的航行中，获得了绝对安全保证。为了万无一失，双方约定：阿波丸号拆除船头的高射炮和舰首炮，撤走士兵，在船体画上绿色十字，以便识别。

对于海上力量消耗殆尽的日本来说，阿波丸号是他们的王牌运输船，日本政府并不甘心仅仅用它运送救援物资，这为以后阿波丸号的灾难埋下了祸根。它在获得美国所谓安全通行证的前提下，出发前私装了6000吨弹药和其他战争物资，从一开始就违背了双方的协议。

阿波丸号是1945年2月17日从日本门司港起航的，于2月22日抵达香港，据说有货物上下。3月2日，抵达新加坡，3月10日，阿波丸号进入苏门答腊，到达航程终点。

在阿波丸号南下的同时，美军展开北上攻势。航行的每一天，它都和攻击日本本土的美国飞机擦身而过。凭着一纸承诺，阿波丸号成为太平洋上唯一可以安全行驶的日本巨轮，也是日本在太平洋上进行物资、人员运输的唯一希望。

此时新加坡、雅加达等日控区已是四面楚歌，因此日本驻东南亚的高官将领、富商以及家属争抢着想登上这条船，最后这艘原设计装载236名乘客的货轮竟然挤上了2009人！其中包括日本驻缅甸最高长官小乡宦一郎、日本驻东南亚秘密部队总参谋长岩桥一男等要员及家属。

令人不解的是，阿波丸号一到东南亚就进入严格保密状态。只有在夜色降临时，在日本宪兵监视下，才把货物运到船舱里。满载着神秘货物和众多乘客，3月28日，阿波丸号离开新加坡踏上回国的航程。

沉默的知情人

1945年4月1日23时，皇后鱼号潜艇发动攻击，3分钟后阿波丸号沉没。当时有很多日本人浮上水面，但他们拒绝美国潜艇援救，与船偕亡。除1人外2008人从此沉入深深的海底，里面有罪行累累的战犯，有高级专业技术人员，还有老人、妇女和婴儿，成为太平洋历史上最大的海难！

根据拉福林艇长的航海日志显示：在22点发现目标至23点攻击目标的这一个小时时间里，皇后鱼号曾数次向目标发出警告，但对方不予理

睬，仍旧以18节左右的高航速逃窜。而更让人大惑不解的是：在4发鱼雷的攻击下，万吨级轮船阿波丸号在片刻时间沉没，前后历时不过3分钟，甚至连"SOS"的紧急呼号都没有来得及发出；2009人中，只有1人生还，其余的人均拒绝救助，简直令人难以置信！这次沉船事件中唯一的幸存者叫下田勘太郎，是阿波丸号上的酒吧管理员，有他获救后接受问询的一段录音记录。

被吊起的阿波丸号沉船船首部分

"我在甲板上一直看着士兵在装运。当时的气氛是异常紧张，严密防备……装货直到天亮才结束。满载货物的阿波丸号的吃水线大大下降，看上去就像驱逐舰一样。我想这也是阿波丸号被美国潜水艇击沉的一个原因。"

对于这次攻击，在美军军事法庭上，拉福林辩解说：当时由于浓雾笼罩，能见度几乎为零，声呐显示的信号判断，这是一艘军舰。此外，9个小时前海狐号刚攻击过敌方运输船，因此他以为是日军要进行报复。日方则认为阿波丸号是按照规定路线行驶的，这是一次蓄意的攻击行为，应该赔偿日方一切损失。最后，美国政府承认对击沉阿波丸号负有责任。对于赔偿问题，美国政府希望在战争结束后以战胜国身份再解决，以取得更多主动权。

1945年4月，美军开始冲绳岛战役，日本南大门被打开。8月10日，也就是日本宣布无条件投降的前5天，日本政府向美国提出索赔要求：赔偿现金72万美元，向日本赔偿同类船只以替代阿波丸号。在讨价还价声里，随着原子弹的两声巨响，二战结束。8月15日，日本宣布无条件投降。

投向日本的两颗原子弹

战败的日本经济处于崩溃边缘。然而1949年4月14日，日本首相吉田茂却代表日本政府在协议书上签字，宣布正式放弃因阿波丸号被击沉而产生的各项要求。日方不但放弃了索赔权利，并自己出钱抚恤死难者家属。拉福林则因阿波丸号违约装载战略物资而免予起诉，后来他成为海军司令。

阿波丸事件中唯一的幸存者下田勘一郎，始终对那天夜里所发生的真相保持沉默。关于阿波丸事件的调查，从此很少被双方政府提起，而民间探求阿波丸之谜的呼声却从未停止过。该船是如何沉没的？它究竟装载了什么？日方为什么突然宣布放弃索赔要求？谜底或许就在牛山岛附近几十米深的蓝色水下。

不可思议的巧合

拉福林的报告提到，攻击阿波丸号的鱼雷是从艇尾的鱼雷发射管发射的，这意味着如果皇后鱼号从后面追赶阿波丸号的话，需要掉转艇身才能攻击，这合乎逻辑吗？皇后鱼号潜艇是二战期间美军群狼战术中最凶猛的头狼。以它多次作战的丰富经验，怎么会发生判断上的失误呢？

阿波丸事件，远没有文件上看起来那么简单。让我们再次回到1945年4月1日的午夜。

阿波丸号上，船长滨田向盟军汇报航程。客舱里，大家正在为新生婴儿庆祝，忙碌一天的厨师下田勘一郎走到甲板上想透口气。就在这时，攻击发生了。据他回忆：阿波丸号一离开新加坡，就有美军飞机低空飞行，第二天美军潜艇开始跟踪。如果他的话属实，拉福林的解释不足以令人信服。

二战期间，美军潜艇执行任务都是由情报部门统一提供情报，艇长独立指挥。1945年3月10日，皇后鱼号和僚艇海狐号执行前往台湾海峡的攻击巡逻任务。然而半个月里它没有攻击任何船只，直到4月1日，海狐号在牛山海域攻击了一艘日本运输船只。随后，皇后鱼号潜艇对阿波丸号进行攻击。难道这一切都是巧合吗？

在前一次航行中，阿波丸号曾被美军潜艇鱼雷击中前舱，依然带伤完成任务。但这一次，4颗鱼雷令它在短短3分钟内沉没，巨大的差异令人怀疑。

日本陆军中将稻田正纯当时负责阿波丸号在东南亚地区运送货物和乘客。1973年3月，他提供了一个重要线索：阿波丸号从日本驶往新加坡时，可能配备了自爆装置！如果他的说法可信，那么阿波丸号沉没极可能是自爆行为。为这一说法提供旁证的是拉福林报告中对于落水者拒绝营救的描述。如果不是为了掩藏不可告人的秘密，他们又为什么拒绝美军营救呢？

先不过多探讨这个原因，看看打捞阿波丸号的情况究竟会怎样？

1977年5月1日，根据中国政府的批示，由海军和专业打捞船队等组成的联合打捞组在福建平潭牛山海域70米水深的地方，确定并找到了阿波丸号，初步打捞出的物品就很出人意料。除了资料记载的橡胶、锡锭等物品准确相符外，人们发现了伪满汉奸郑孝胥去世时分赠给后人的文物"圆砚"，以及郑孝胥之子郑禹的印鉴。郑禹，是郑孝胥的次子，东北沦陷时期曾担任的沈阳市伪市长。根据情报记载，登上阿波丸号的2009名乘客都是日本人，为什么会有伪满要员手中的文物，这是不是表明这艘船上的文物来源很复杂。从这一点可以推论，中国北方的文物确确实实在战时流落到了日本人手中，最后上了日本的船只。那么，经过层层保护装箱后的国宝北京人头盖骨化石，会不会也在这些文物当中呢？

在这次打捞作业中，捞起锡锭、橡胶、水银、铌钽、云母、光化玻璃等物资共5418吨，总价值5000多万元人民币。另外还打捞起日本人的尸骨368具，由中国上海市红十

阿波丸号上的日本人尸骨

字会交还给日本红十字会。

不过，打捞过程中没有发现黄金的存放处，也没有找到一两黄金。这在目前还是个谜，引起了外界的不少猜测。

如果当时船上当真的装载有如此众多的财富和秘密，那么日本人是决不会让它落在美国人手里的。阿波丸号在受到攻击仅三分钟后就告沉没，而且没有发出任何求救信号，阿波丸号的沉没是否另有蹊跷？阿波丸号到底是怎么沉没的？

只想安静地大事化小

在中国交通部门和海军潜水员对阿波丸号反复探摸之后，一致的猜测是：阿波丸号沉没的原因除了鱼雷击中外，应该还有其他的因素。

根据实地探摸，美军的两枚鱼雷击中的地方在船体的后半段，爆炸点的创口显而易见。依照常理，阿波丸号应该在此处断裂；然而事实上，阿波丸号是在船首处断开的，而且整整齐齐地断为两截，令人费解。举例来说，一座桥梁，炸弹只有放置在桥体受力最集中的部位，此处爆炸才能引得整体断裂。阿波丸号的情形正是如此。这样看来，阿波丸号一定是在船首处受到爆炸力，而事实表明，鱼雷并没有击中船首。那么，只能大胆推测，在阿波丸号上，事先就放置了炸弹，而且炸弹的位置是经过高级技术人员精心测算确定的。

那么，在日本的众议院会议上，执政的自民党议员，竟然提出了《关于日本放弃要求对阿波丸事件赔偿的决议案》，更令人不可思议的是，议案马上就获得了通过。不惜2008条生命的代价，日本，在试图掩盖什么？

从事件发生至今，对于阿波丸号往返航程中装载的货物清单、乘务员和乘客名单，日本政府从未提供过任何信息。为此，中国调查人员曾经走访过日本几个相关政府部门，但得到的答复都是：这是绝密文件，谁也不能查看。对于这个问题的答案，阿波丸号的死难者家属同样探求了半个多世纪。但是，在日本，阿波丸号是一个禁止讨论和研究的话题，所有关于它的档案都是绝密。种种做法让人不得不怀疑，阿波丸号在运送救援物资的归途中，确实装了不可公开的东西。二战已经结束这么多年，即便当时运载了军事物资，现在也不应该隐瞒了，除非隐藏了比军事物资更神秘的东西，那会是什么呢？

只可惜，由于当时中国的技术条件和潜水员的体能所限，打捞工作于1980年停止。在打捞上来的物品中，没有发现传言中的40吨黄金和北京人头盖骨。不过，据打捞组的成员表示，捞上来的应该只是沉船物品中的一小部分，受当时深潜技术和深水除泥技术的限制，约1万立方米的淤泥掩埋着金库、驾驶台、客房及船员舱室和机舱，无价的珍宝也许仍静躺在海底，北京人头盖骨化石也有可能就在其中。

不过，根据事实推断，北京人头盖骨化石在阿波丸号上的传闻似乎也不可信。如果日本人早已得到北京人头盖骨化石，何必要等到1945年才运回日本呢？何况还是一艘从新加坡绕道过来的船只，风险很大。而且也没有必要将头盖骨化石舍近求远转运回日本，不合情理。

日本老兵的忏悔

1980年秋，美国人类学家夏皮罗博士踏上了中国大地，在北京稍作停留，就直奔天津，因为他从美国海军陆战队的档案库中查到：北京人头盖骨，当年似乎在天津的美军兵营中停放过。因为有一个美国老兵回忆说，曾目睹有人将两个大木箱埋在兵营的地下。在天津博物馆负责人陪同下，夏皮罗来到军营旧址，夏博士拿出随身携带的照片仔细辨认，验证了自己站立的这个地方，就是当年的美国海军陆战队军营。

然而，40年过去了，天津已经发生了巨大的变化，当年军营所在地已经成了医科大学的卫生学校。夏皮罗认为当年有可能存放北京人头盖骨化石的六号楼在1976年唐山大地震时坍塌，之后被改成操场。据陆战队员回忆说，六号楼的地下室是木板地面，但是学校负责人介绍，在清理大楼废墟时连地基都挖开了，根本没有木板结构。这条线索也就此中断。

天津没有，那北京呢？一旦有了调包计的推论，那各种情况就都有可能。多年来，中国学者们寻访过当年设在北京的美国公使馆旧址、协和医院，甚至周口店龙骨山原址，但都没有什么发现。直到20世纪90年代，一名当年参加侵华战争的日本老兵，在弥留之际透露出了一段神秘的忏悔：头盖骨化石，就藏在北京城的中心。

这个日军老兵说他当年是日本"731"部队的上尉军医，这期间在协和医学院进行细菌武器的秘密研究。日军侵占北平不久，就截获了北京人化石，并将化石继续放在协和医学院保存和进行研究，这位老兵被指定为护卫保管北京人头盖骨的负责人。

日军老兵说，1945年日本失败后，他奉命迅速处理北京人头盖骨化石，由于形势紧迫，这些东西已经没有运往日本的可能。取舍之间，老兵决定在北平找一个僻静之处，先将化石掩埋，留待日后再作打算。在一天黑夜，他把一箱化石掩埋在了协和医学院正东两公里外一个有着许多松柏古树的地方，为了方便日后识别，他还在埋藏地点旁的一棵松树干上，用军刀刮下一块长约1米、宽约20厘米的树皮。

人们根据这名老兵的回忆进行实地考察，只有日坛公园符合"僻静、有许多古树"的条件特征。而更令人兴奋的是：在日坛神道北侧不远的地方，人们的确找到了一棵被刮过树皮的松树，而且痕迹老旧。经过协商，中国科学院最终与北京日坛公园管理处达成了协议，在1996年6月3日上午正式发掘。挖掘过程非常低调，现场四周都用塑料布围裹起来。但是，挖掘成果令人失望：下挖近三米，没有发现任何埋藏物，所以决定停止发掘寻找。

青春不再，日月穿梭，和北京人头盖骨化石有关的一些老人相继去世，多次调查无功而返，种种线索看似有迹可循，往往稍稍深入就戛然而止，令人神伤！多年来，寻找北京人头盖骨一直停留在民间操作和学者呼吁的层面。但由于牵涉日本、美国和相关人士，所以单纯靠民间的努力，很难取得进展。

据悉，对于北京人头盖骨化石是否在世这个问题，有关专家多年来基本持三种态度：一种认为化石还在世；另一种认为化石已经毁于战火；再一种就是对化石的去向态度模糊，认为无法推测。

认为头骨化石还在世，就是因为化石包装得相当考究。即使没有多少文化素养的人看到，也不会轻易将其扔掉或毁坏。北京人头盖骨在内的化石当时包了整整6层，而且由内到外相当仔细，即使装到两个没有特殊标志的木箱里，相信就是当时一般的日本兵发现也会上报的。但是，当时战争非常残酷、战事频繁，如果是金银珠宝书画倒还可能保存下来，难说日军有如此高的辨别能力。头盖骨化石毁于战火也极有可能，如今来看，找到化石的希望应该比较渺茫。又有学者认为，北京人头盖骨化石应该在从北平到秦皇岛的运送船只哈里逊总统号上，实际上哈里逊总统号一直没有驶到目的地秦皇岛港去接应美国海军陆战队，它从菲律宾首都马尼拉开航以后，一直被一艘日本军舰追逐，最后在上海以东长江口附近被日军击沉。

此外，还有一则消息，称北京人头盖骨化石可能在里斯本丸号沉船上。据有关资料记载：1942年10月2日凌晨，装载着700多名日军官兵以及1800多名英国被俘人员和财物的里斯本丸号运输船，途经浙江舟山附近海

失踪的5个北京人头骨化石

域时被鱼雷击沉，船上所载大量文物和奇珍异宝随之葬身海底。后来，附近渔民救起英军官兵384人，而据获救的英国战俘回忆，船上载有大批被日军掠夺的黄金财宝和文物，还可能有北京人头盖骨化石。这些传闻其实不可信，因为从地点、航行路线上判断也不可能。头盖骨不可能在里斯本丸号沉船上，英军战俘的说法值得怀疑。

停车场地下的秘密

2012年3月25日，一个二战时期美国海军陆战队士兵理查德·鲍恩突然爆出猛料，他说北京人头盖骨可能埋藏在秦皇岛的地下。鲍恩透露了最后看见北京人头盖骨的经过。他在美军设在秦皇岛的霍尔姆斯营地参加了一场战斗，美军在挖掩体时把一些木板箱当成了机枪垫，上面又堆满泥土防弹。他认为，战斗结束后，北京人头盖骨可能又被埋在了原地。研究人员根据鲍恩的回忆，前往秦皇岛进行了调查，并找到了鲍恩所说的霍尔姆斯营地，它现在已变成一个建在闹市区的停车场。但是，民间并没有流传出挖掘这个停车场的传闻，在没有确凿证据的时候不会轻易挖掘，如果挖掘了下面什么都没有，附带的经济损失由谁承担呢？不过有研究人员认为，鲍恩可能是最后一个见到北京人头盖骨的人，在诸多关于北京人头盖骨的回忆中，鲍恩的叙述是"最可信"的。

至此，我们可以归纳一下北京人头盖骨失踪前后可能的全部路线图。头盖骨最初从协和医学院B楼魏敦瑞办公室的保险柜中被取出，被装在两个木箱中，送到协和医学院博文办公室，随后被暂存在协和医学院F楼4号保管室，然后被送往美海军陆战队专列离开北京。随后的路线就有了分离，在美国军医弗利一方的线索里有三个可能的去向：瑞士人在天津开的仓库，法租界上的巴斯德研究所或者是弗利的中国朋友处。在另一方向上，都和日本人有关了：第一个是装有头盖骨的箱子被日军获得，之后被运到日本；第二个是毁于战火；还有另一种可能，就是头盖骨现在还藏在中国某处。随着时间的推移，更多的可能性被否定，然而，人们也期待着更多新的线索。

北京人头盖骨的遗失是人类考古学历史上的奇案之一，也是中国国宝中最令人心痛的遗失。为了揭开我们古老祖先的生活景象，一代又一代的人类学家们在不懈地努力，而那些能够为我们破译更多人类密码的北京人头盖骨化石，仍然在茫茫世间等待我们的追寻。

第二章 "无头骑士"
——皿方罍流失之谜

1922年，一件隐匿多时的国宝突然惊现湖南漆家河的泥地里，面世不久，这件国宝就身首异处，被不同人分别占有，从此阴差阳错两分离，各自飘零惨兮兮！直到1989年，中国学者马承源与此件国宝的器身在日本不期而遇。此后，历经艰辛，这件国宝终于回归祖国，头身相聚。这件国宝的遭遇充满了传奇色彩，一波三折，道不尽的哀愁……

阳光下的问候

日本列岛地处中国东部的海洋上，由于历史和地理位置的缘故，中国对日本文化影响颇深。二战期间，日本侵略中国，无数中国国宝被日本人掠夺，藏于日本官方或者民间，这个数量恐怕以几百万计数。改革开放后，中日民间交往频繁，中日文博界之间也经常举办交流会。为了尽可能多地了解日本收藏界的情况，许多中国考古界的老专家不顾年事已高，经常来往于两国间进行文化互动，为推动国宝回归尽一份力。

中国青铜器权威专家马承源就是这样一位令国人尊敬的长者。他有着"中国青铜文物鉴定第一人"的美誉。他的专著《中国青铜器研究》《中国青铜器》都开创了全新的中国青铜器分期体系，在世界青铜器研究史上留下了重要一笔。在行内，一件青铜器物的价值和真伪如果用"马承源来看过了……"这句话做开头或者结尾，那么，这件器物的身份就会呈现天壤之别。

　　研究青铜器让马承源付出了一生的心血，也让他在世界文博界享有盛誉。马承源，曾任上海博物馆馆长，他对上海文博界的贡献是不可磨灭的。众所周知，上海并非出土青铜器之地，但马承源却凭借着一双慧眼和收纳天下的气度，为上海博物馆收集了数以万计的珍贵青铜器文物。上海博物馆获得国内文物库藏"半壁江山"和青铜器藏品"世界第一"的美名，是和马承源分不开的。没有他，就没有今天傲视天下、拥有国际一流水准的上博新馆和博物馆里人头攒动的壮观景象，此言并非夸张……

　　1992年，日本东京举办了一次学术交流会，年过六旬的马承源先生会后礼貌地谢绝了记者采访，悄悄乘车离开。他这次要拜访东京新田商事株式会社负责人，同时也是著名青铜器收藏家的新田栋一。这个新田栋一，出生在中国台湾，二战后移居日本，是个地地道道的"中国通"。他能说一口地道的闽南话和不太标准的普通话，有些生活习惯还保留着闽南习俗。在台湾的时候，他就对中国古玩格外喜爱，尤其是对青铜器青睐有加，一有机会接触到好的中国青铜器，他必定会想方设法得到。在他看来，那不仅是个人的痴迷，更是自己研究中国文化的一种动力来源。

　　新田栋一的家是一栋独栋别墅，位于幽静的富人区。他的个人藏品整整占据了别墅的一层楼，其种类之全、档次之高绝不亚于一个小型的博物馆。年近七旬的新田栋一早早就在家人的搀扶下等候在路边，马承源乘坐的车一到，他立刻迎上去热情问候。马承源一笑，略略寒暄几句，就提出先看藏品。

　　新田前边引路，两个人走进了藏品陈列室。一进门，马承源内心就忍不住哀叹昔日国力的羸弱，只见众多的中国国宝赫然陈列在室内，让人心痛。两个人边看藏品边点评，互相交换着意见。突然，马承源的目光里闪过一尊披拂着阳光的青铜方罍，那种迷离的光芒恰好从落地窗照射进来，直直地落在那尊方罍上，身披霞光的方罍似乎在问候马承源。

　　"哎哟！这个有来头！"马承源心中深感震惊，他似乎突然间神游天外，一种似曾相识之感使得马承源径直走到方罍的展柜前。新田大为不解，连忙亦步亦趋跟着马承源。

　　这件方罍高半米有余，肩前后有兽首衔环，肩两侧及腹下一侧共有三只兽首耳，从肩至足共有八道钩形扉棱，所饰纹饰以兽面纹和夔龙纹为主，通体花纹都有细腻的雷纹衬地，十分精致。马承源仔细查看，只见器身内壁还有"皿作父己尊彝"六字铭文。器身表面呈金褐色，在煦暖的阳光照射下闪映出斑斓的光泽，透出一股悠远、神秘、哀叹的凝重气息，铜铸的身躯却又蕴含着一种不可撼动的威严与霸气，仿佛一位久经沙场的将军在回味昔日的辉煌……

方罍身

宝物现身

　　"真是众里寻他千百度啊！"仔细查看了10多分钟，马承源心里已知晓了这个器物的真实身份。他清楚地记得，早些年在湖南省博物馆（现为湖南博物院）考察时，他在那里见过一个皿天全方罍的器盖，纹饰和眼前的这件器物极为相似，且铭文也几乎一样。可是自从国宝皿天全方罍被人发现后，方罍器身就被一个古董商人强行买走，最后下落不明，只留下这个器盖。与同类的罍相比，皿天全方罍是目前发现尺寸最大的一尊，因而一直被视作"方罍之王"。被视为"王"的皿方罍，一直身首两处，并因此成为中国文博界的隐痛之事！如今眼前这个没有盖的皿方罍无疑就是在中国失踪了67年之久的皿天全方罍器身！

　　新田的视线随着马承源的目光也停留在皿方罍上，面对这个器物新田已经烂熟于心，他对皿天全方罍的研究成果自信并不少于马承源。两个人站在皿天全方罍前，各怀心事，一时间，房间里静悄悄的，时间仿佛停止了……

　　过了很久，新田忍不住问道："马先生，你怎么看？这方罍有什么奇怪之处吗?"

马承源面无表情地说:"新田先生,您是怎样收藏到这个皿天全方罍的?"

新田微微一笑,拉着马承源坐下,有些炫耀地说:"这个皿天全方罍啊,是几年前我从一个英国人手中买来的,当时可是花了50万美元呐!那个英国人开始并不愿意出手,因为他的孩子并不喜欢这些老古董,他担心自己死后没人能继承他的收藏,加上我一次次相求终于打动了他。不过,据我的研究,它真正的价值远高于我所花费的,我相信即便在中国,也找不到和我这尊皿天全方罍媲美的同类器物。您看它多精美、多有气势!每次见到它,我的心都会怦怦直跳……"新田说着说着就陷入了老年人特有的喃喃自语中!

马承源一遍遍地打量着方罍器身,略有激动地说:"新田先生,您不要否认,这尊皿天全方罍就是中国的国宝,只不过飘零至此而已,可惜了这稀世宝物啊,竟然一分为二,无论对我的国家,还是对你这样的收藏者,都是一种遗憾……新田先生,您可知道,这件皿天全方罍的盖子正在它的发现地苦苦等待器身的归来!"就如每次在国外看到自己国家的文物时一样,他的心掠过针刺般的痛感,而这次,痛感更强烈。

恍惚间,新田从喃喃自语中惊醒了,他吃惊地打断了马承源的话:"你说什么?它的盖子还存在?在哪里?我可从来没听说过方罍盖子还在人间,这个就是断臂的维纳斯——缺盖之物更美!"当时,新田购买皿天全方罍的时候,英国人没有提及过原器有盖的事。但是据新田研究,此物应该有盖,为此他还曾四处找寻过盖子,以补其无盖之憾,并曾在英国购得一春秋时代的方形器盖,但盖的大小、纹饰、颜色均与原罍身相比太逊色,只得作罢。后来就以断臂的维纳斯安慰自己,说这样的缺憾也是一种美。

国宝离踪:流失之谜

方罍身侧面图

马承源笑了："新田先生，您可能永远体会不到破镜重圆的喜悦，感受不到失而复得的幸福；中国的许多国宝流失在海外，是一种悲哀，也是我等普通中国人的难言之痛。如果我的判断准确的话，它应该和现藏于湖南省博物馆的方罍盖是一套的，都是中国至高无上的国宝。如果方罍盖和方罍器能合二为一，一定是精美绝伦，震古撼今了。"

方罍盖

新田深知那段清末以来的中国历史，他也知道中国人为此付出的巨大代价。他是个聪明人，绕过了这个沉重的话题，他端坐着对马承源说："马先生，如果我刚才的言语对您有冒犯，请原谅！我个人是十分喜爱中国的，也十分敬重所有和您一样的中国人。"

马承源一拱手，起身告辞。新田一直送到路边，两个人又握手作别。凭借马承源在青铜器研究领域的地位，新田对他的话没有丝毫怀疑。只是，他们没有更多的时间探讨方罍之事，新田急切地想立刻飞赴湖南，期望一睹器盖的尊严。家人连忙劝他，让他调整一段时间再去中国，毕竟新田年岁不小了。

你说的是哪个老马

回到住处，马承源情绪起伏，情浓难抑，他久久不能入睡。次日他飞回上海，一进家门，就拿起电话，将皿天全方罍器身收藏在日本新田家的事告知了他的好友、湖南省博物馆的青铜器专家熊传薪。

熊传薪知道马承源的本事，他看过的东西绝不会有疑。放下电话，熊传薪三步并作两步来到馆长办公室。门都没敲，熊传薪几乎是撞开门就进去了。馆长高至喜正拿着一份文件在窗口细看，被这一举动吓了一跳。

高至喜气恼地说："老熊，你都这个岁数了，怎么还这么毛毛躁躁的，看你乐的这个样子，你家娃要娶媳妇了怎的？"

熊传薪刚要开口，突然觉得嗓子里干干的，他拿起桌子上的茶杯，一饮而尽，豪迈地说："痛快！痛快！"

"别卖关子，快说什么好事？你又遇到什么好东西了？"高至喜拿捏得很准。

"皿天全方罍！皿天全方罍器身啊！就在日本，老马昨天亲眼见到的，好端端地在一个日本人手里呢！"熊传薪终于说出了这个天大的消息。

"皿天全方罍？哪个老马说的？是马承源吗？"高至喜一下子握住了熊传薪的手腕。

"中国有几个老马？当然是马承源了！"熊传薪嚷嚷道。

"好！好啊！真是好消息啊！"高至喜松开熊传薪的手腕自言自语着。消息迅速被门口闻讯赶来的工作人员传开，湖南省博物馆像炸开了锅，上上下下兴奋异常。

熊传薪这个时候才感觉到手腕有些痛感，撸起袖子一看，高至喜的手指印在手腕上清晰可见。好家伙，熊传薪笑道，高馆长太疯狂了。

高至喜立即召集馆内骨干人员，商议下一步行动方案，力争促成皿天全方罍回归。与此同时，远在日本的新田也坐不住了。他不曾想到，自己奉为至宝的皿天全方罍却还有器盖在人间，能让它们重新聚首，也算功德圆满的大事了。他开始谋划中国之行，家人也为他订了机票。一切就绪，只待东风了。如今，它终于再次回归世人面前，等待它的将会是什么呢？

大半个世纪来，皿天全方罍走过了一段传奇的历史，经过了流转离散的命运旅程，它的坎坷经历犹如一部情节跌宕的电影，让人唏嘘不已……

泥巴地里的大家伙

1922年，中国时局动荡不安，中华大地上军阀割据，土匪横行，西方列强也虎视眈眈，老百姓对此见怪不怪，地处湖南省桃源县西北部白洋河上游的漆家河一带的民众一如既往地春种秋收，谈婚论嫁。山外面的世界再怎么变换，也影响不到这里。漆家河这里山清水秀，民情质朴。别看地方虽小，所有的配套设施却一应俱全，民间作坊众多，因为濒临河水，交通便利，商业活动十分繁忙。

漆家河这个名字传说中和铁拐李有关。有一天，铁拐李云游四海，无意间来到了桃源西北部的上空，坐在云端的他突然闻到一股浓浓的酒香，顿时在云头坐立不安，于是便现身村中讨酒喝。讨酒喝的第一家是个做木器的，姓吴。因铁拐李瘸腿拄杖，衣衫褴褛，又不修边幅，背上还背个葫芦，受到了吴家主人的冷遇，被推出门外。铁拐李便来到街对面戚家木器行门前，也说讨要一碗酒喝。戚家主人瞧他十分可怜，把他请进了屋，让到桌子旁，拿来一坛当地酿制的米酒，任他畅饮，还吩咐厨房端来几样下酒菜。酒足饭饱之后，主人又留他住下，这让铁拐李好生感动。当晚，铁拐李在梦中向戚老板传授了一套漆木技术。第二天，戚家主人醒来，梦中的事情清清楚楚，他便试着漆木。果然，一试成功，戚家木器行上过漆的木器，件件晶莹闪亮，光泽照人，一时戚家生意兴隆，财源广进，人们纷纷打探漆木技术。戚老板也毫不隐瞒，将漆木技术传于众人，使之快速发展起来。之后这里所产漆木器闻名遐迩，远销川鄂等地，地名也随之改称"漆家河"了。

漆家河的百姓靠着祖上传下来的手艺活得很滋润，谁也没有想到，这年夏天的一场暴雨，却让"漆家河"这个偏居一隅的小乡村从此成了中国文博界再也无法遗忘的一个名字。

连续几天的大暴雨过后，乡民都急着去田里整修堤坝，查看庄稼。村民艾清宴也扛着农具去田里干活。他沿着山涧边那条被雨水冲刷得沟壑纵横的小道不紧不慢地走着，生怕不小心滑倒沾一身泥水。像他这个年纪的农民手稳脚稳，眼神也好，他边走边看路边的田地，如果谁家的地被雨水冲坏了，他还不时地和田地的主人说上几句。艾清宴家的地在小道的最里头，也是最靠近山根的地方，走着走着，他看到涧边似乎比平时多了一个什么东西，便下意识地停住了脚步。凝神细看，只见一个怪怪的东西兀自凸立在山涧边的河岸上，上面裹满了污泥，显然是被几天的暴雨从山上冲

33

下来的。这个家伙挨着溪水的部位已经被冲洗得很干净，隐隐然有光泽闪烁，陌生而诡异，散发出一种说不清楚的吸引力。

艾清宴蹲下身子泼水冲洗了一阵，发现这个东西既不是金子的，也不是银子的，原来就是个铜器。只见它通体呈瓜皮绿色，有不少古怪的纹饰与奇形怪状的文字，似乎不是个普通的铜器，但它全身分盖与身两部分，功能上与日常的罐器又仿佛没什么区别。失望之余，艾清宴还是决定将这件东西搬回家。一路上，艾清宴扛着它往回走，遇见的人便问他，这是个什么？艾清宴也回答不上来，有人说你可别捡回一个死人用过的东西。艾清宴联想到一些有关不吉利器物的传说，担心自己捡回来的也是个不吉利的东西，一时不知如何是好，又不舍得丢掉，便将它放在自家后院，偶尔存放些杂物。

跑得比狗都快

虽然铜器在乡民们眼里只是个平常之物，但捡到一个通体呈瓜皮绿色、有古怪纹饰的大铜罐的事似乎又有些不平常，无聊的人们还是议论开了。有些人认为艾清宴捡了个宝物，有人认为那不过是件废物，或许并非一件吉事。总之事情越传越远，越传越神，很快就传到了湖北古董商人石某的耳朵里。石某以他多年的经验看，在民间越是认为神秘鬼怪的东西越有可能是远古宝物，越有可能卖个好价钱。他当即带上400现大洋，前往漆家河一带寻访这件铜器。

这件事太好打听了，石某到漆家河不一会儿，就打听到了艾清宴的住址。农村就是这样，一点小事也能传到十里八乡。石某连忙赶赴艾清宴家所在的小镇，在路边随便问了个小孩，小孩立刻领着他到了艾清宴家。石某随口说自己是个商人，路过此地，听说艾清宴有一件铜器，想看看，合适的话就买走，还把随身带的糕点给艾清宴的小儿子吃。艾清宴觉得过意不去，恰好也到了午饭时间，便留石某吃顿便饭。石某跟进厨房，和艾清宴谈及铜器之事，并请求看一眼实物。在他的再三要求下，艾清宴带他来到后院。石某一见铜器，心中狂喜，知道这是个值钱的东西，便以自己喜欢铜器为由，愿意出100银圆将这件东西买下。

艾清宴有点吃惊，他这辈子还没经历过这么大一笔买卖，当即就想答应卖给他。一犹豫间，石某开口加价到200银圆。正在此时，艾清宴的大儿子回家了，听到石某出200银圆购买自家的铜器，心生疑云，担心卖低了价格，就给父亲使了个眼色。石某知道这件事不好处理，便叹了口气，对艾清宴说："我身上一共有400银圆，都给你吧，这个价可是我这辈子都没出过的啊，谁叫咱俩有缘呢！"说着，从腰包里拿出四封银圆，恰好400银圆递给艾清宴。艾清宴面带喜色地接过银圆，心里乐开了花。他拿出2银圆让大儿子快去买酒买肉，好招待一下石某。

艾清宴的大儿子接过大洋，趁石某不注意，取下铜盖跑到附近小学，找到学校钟校长，讲了情况，问："这么个破铜，怎么会值400银圆？"钟校长是当地少有的读书人，有一定的历史知识，对传统文化有些研究。他一看器盖的造型和纹饰，立刻感觉到这绝非一般古物，当即拿出800银圆购买方罍。艾清宴大儿子一听，喜不自禁，收了800银圆，留下方罍盖，便往家里跑，准备把器身也搬过来。一路上，他按捺不住狂喜之情，兴奋得手舞足蹈，快到家门口的时候大喊，"爹爹，发财了，发财了，我们的校长给800银圆哪！"

这一声呐喊把石某吓得不轻，他意识到遇到了行家，再拖延下去这个生意就吹了。他也顾不得器盖了，更不敢与在厨房里忙乎的艾清宴打招呼，抱起方罍器身从后门没命似的逃走了。待大儿子跑进厨房告知父亲，两个人追出去时，只见石某已经飞奔出100多米了。两个人在后面紧追不舍，哪知石某竟然像一辆穿墙破壁的重型坦克一样，从山坡上直线下溜，一路上撞翻许多栅栏，惊跑

皿天全方罍局部细节

大群羔羊，鸡飞狗跳地翻滚到山坡下。

等艾清宴两个人顺着小路有板有眼地追到山坡下时，石某已经逃得无影无踪了。据路边看热闹的村里人说，石某当时扛着铜器，跑得比狗都快。虽然没能追回铜器，艾清宴还是得到了两笔银圆，加在一起1200银圆，也算没白忙。谁也没料到，石某这一逃，竟让方罍身彻底"逃"出了漆家河。从此，方罍盖身分离，开始了辗转流徙、离散无常的坎坷命运。

填不满的胃口

石某逃跑后，漆家河人都后悔没能帮助艾清宴拦住石某，而花了800银圆却只获得方罍盖的钟校长，在查看了所能找到的有关罍的资料后更是懊悔，艾清宴捡回一个铜罐之事早已在乡里沸沸扬扬，却未曾引起自己的重视，以至近在咫尺却错过了这么一件非凡之器。

时间一天天地过去了，钟校长的心里，对方罍器身的牵挂一日甚于一日，他下决心要想办法将它追回来。经过深思熟虑后，他来到了桃源附近的驻军部队，呈请团长周磐"缉拿奸商"，追回本属于他的方罍器身，让他获得全器。周磐表示他是正规军，不是治安警察，这点事不要找他。钟校长无奈，只好求助于县警，当然了，这一求和没求一样。

哪知就在钟校长彻底失望的时候，石某反倒送上门来了。大约过了3个月，石某也通过中间人找到周磐，希望周团长以军方的名义迫使钟校长出卖方罍盖，自己愿出价3000银圆作为购资，并许诺事成之后给周团长5000银圆作为酬劳。周磐一听，原来这个东西这么值钱啊！这才警觉起来，他又感觉此事非同小可，自己怕担干系，没敢当场答应。石某走后，周磐赶去常德向师长贺耀祖作了汇报，请示是否出兵追宝。哪料贺耀祖笑呵呵地打发了周磐，然后悄悄派了一个排的士兵到钟校长家搜寻方罍盖，但无功而返。

钟校长没想到军方会如此兴师动众，唯恐再持有方罍盖会惹来杀身之祸，于是又一次找到周磐，表示愿将方罍盖捐献给国家，但求资助兴学。

周磐也从贺耀祖的行动中明白了师长的小花招，也不由起了私心，想将方罍盖据为己有。周磐当即支付给钟校长5000银圆帮他办学，让他不要声张，此事到此为止。钟校长只想置身于方罍事外，得点实惠了事，便答应了周磐。就这样，方罍盖神不知鬼不觉地落入周磐之手。而钟校长也以家门入盗为名，四处宣扬器盖丢了。

方罍盖丢了的消息惊动了当时执政的段祺瑞政府和湖南省政府，段祺瑞政府遂严令将方罍追缴归政府所有，湖南军政首领赵恒惕亦扬言要追缴至省政府保管。但由于当时军阀混战，驻军桃源的周磐又以军务繁忙等为由，采取拖延策略，严令并未真正落实。北伐战争开始后，赵恒惕为了避免湖南再起内战，主动向省议会提出辞呈，"追缴"方罍之事已无暇顾及。

1926年3月18日，震惊中外的段祺瑞政府以武力镇压群众运动、造成流血事件的三一八惨案发生了，最终导致段祺瑞政府的倒台，"追缴"方罍的严令也就成为一纸空文。1927年冬，国民革命军第八军第一师改编为湖南独立第五师，周磐担任师长，军事力量增强。这也为他个人保存方罍盖提供了最有力的保障。

再说古董商石某在周磐处求助未果，反而惊动了政府和军方后，他害怕空欢喜一场，很快便以100万银圆的高价将方罍器身卖给了上海的大古玩家李文卿和马长生两人。李、马二人知道此器牵连甚广，而"追缴"方罍之令已出，也怕引火烧身，10天后就将方罍以80万美元卖给了英国商人、收藏家巴尔。于是，巴尔成了方罍器身的第一个真正的收藏者。

关于这一点，在纽约佳士得的拍卖档案里有清晰的记载。巴尔1877年出生于上海，是中德混血儿，父亲是德国人，母亲是

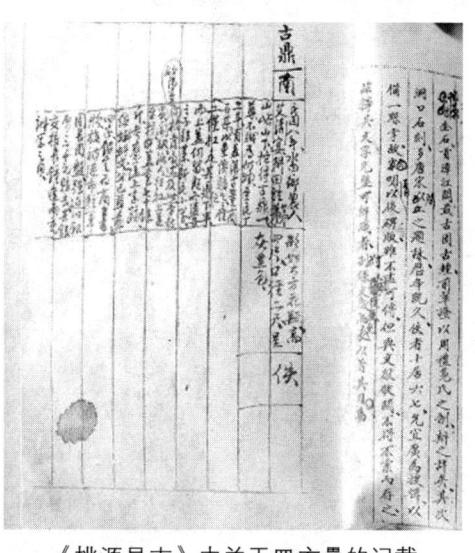

《桃源县志》中关于皿方罍的记载

上海人。1895年，甲午战争时，巴尔进了上海一家煤炭公司给老板当秘书。后来煤炭公司的老板因为躲债离开上海，只剩下巴尔一个人艰难地管理着公司，应付每天登门的债主。没想到这段经历反而成就了巴尔以后宏大的贸易与煤炭事业。在做贸易的同时，巴尔还开始了中国艺术品收藏活动。1908年，上海举办中国艺术展，巴尔全程参与，不仅出钱，还拿出了相当数量的私人收藏品参与展览。1910年，巴尔定居伦敦以后，仍不断地在上海和伦敦两地往返，在做贸易的同时，继续大量收购中国艺术品。当他从李文卿和马长生手上购得方罍器身后，马不停蹄地将它运回了英国。就这样，几个中国古玩商为牟取暴利不惜出卖国家文物，使方罍器身以难以置信的速度流失到了异国他乡，彻底远离了曾经日夜相伴的器盖。

此时，巴尔也获知了方罍器盖尚在湖南的消息，又火速托石某以14万银圆购买方罍之盖，以配成全器。人为财死，鸟为食亡，这句话太有道理了。石某在利益的驱动下，不顾安危，再次到桃源活动寻找方罍器盖。不料一到桃源，正好遇到贺耀祖的军队在征兵，石某被抓了个正着。石某觉得自己也是个人物，对抓兵的军官很不客气，结果被当作土匪关入监狱。后来查明正身，才发现石某还是个通缉犯，于是石某在狱中被关了一年多，并被罚款10万后才获得释放。出狱后，石某将自己的遭遇讲述给巴尔，感叹道，给方罍配成全器恐怕只是个梦想了。但巴尔并不愿意就此罢手。没过多久，他又托人直接找到周磬密商，欲以20万银圆让周团长帮助寻找方罍盖。暗藏宝物的周磬故作不知，他一边答应巴尔帮助寻找，一边说军费不足，难以派兵，希望巴尔出50万

分离的盖身

美元，一定能促成此事。巴尔连说"NO"，他最多只能出 20 万大洋。由于周磐的坚持，此事终未成交。

不是我的菜

1927 年 9 月，湘赣边界秋收起义爆发。这次起义虽然在开始时也是以攻占大城市为目标，但在起义遭到严重挫折后，及时从进攻大城市转到向农村进军，这是中国革命史中具有决定意义的新起点。起义部队在农村中从小到大地开展游击战争，为后来各地工农红军和农村革命根据地的大规模发展奠定了基础。

1930 年 10 月起，国民党反动派多次对中央革命根据地发动"围剿"。湖南陷入战争不断的局面，无心也无力再关注方罍之事，方罍身的下落，渐渐销声匿迹，淡出了国人的视线。而方罍盖，一直被周磐秘藏，从不示人。

周磐毕业于保定三期，自桃源担任团长起，又升到湘军八军一师师长，独立五师师长的位置。后来周磐被剥夺了兵权，以后从事参谋和军事教育工作，直到解放战争后期。周磐逃到大西南，于 1950 年在昆明被俘。1952 年，周磐向人民政府写了一份"补充坦白材料"，主动交代了皿方罍出土和流转离散的详细经过，并献出方罍盖，以期"立功赎罪"。国宝历来不会永远属于某个人，就这样，被周磐秘藏了 30 年的方罍盖从此回到了人民手中。

1952 年 4 月的一天，根据管理条例，方罍盖被移交给湖南省文管会，嘱咐要"妥为保存"。文管会得到方罍盖后做好登记，存入库房。

1956 年，湖南省博物馆成立了，方罍盖被文管会移交给湖南省博物馆。当时在博物馆负责青铜器研究的高至喜被深深地震撼了！经过对方罍盖的反复释读、考察研究，高至喜推测，该方罍为商朝晚期铸造，是殷商的高级贵族之一皿氏家族的器物。虽然考古发现表明，湖南一带在商朝中前期已掌握了青铜铸造技术，但要铸造如此精美复杂的方罍重器还缺乏能力,而且方罍的器形、纹饰、铭文完全属殷墟风格,皿方罍的颜色黑亮,是所谓的"黑漆古",它需要在腐蚀酸的环境中埋藏千年以上才能形成,这与中原青铜器在碱性土壤中所形成的颜色不同,显然应该是商朝人南迁时带入湖南的。高至喜对方罍盖的准确断代,使方罍盖成了湖南省博物馆的一件重器。

一个偶然的机会,高至喜在待处理的档案中,发现了周磐的"补充坦白材料",才知道方罍盖已留下传奇的身世,也才知道它和方罍身分离已多年,方罍身早已去向不明。方罍身是和方罍盖一起出土的事实让高至喜展开了对方罍新一轮的研究。高至喜也曾多方打听皿方罍器身的下落,但终未得到任何消息。于是,他综合自己对皿方罍的研究,在1964年主编《湖南省文物图录》时,先行刊布了方罍盖的资料。

高至喜在《湖南省文物图录》中刊布的皿方罍资料中这样介绍道:皿天全方罍是商代晚期盛酒器。传1922年于湖南桃源漆家河出土。器身藏家不详;器盖现藏湖南省博物馆。器盖通高21.5厘米。该器形体高大、富丽堂皇,盖形似庑殿式屋顶,四角和四面中间共饰八条粗大扉棱,以云雷纹衬地,以兽面纹为主纹,空隙处填夔龙纹,在主纹和扉棱上再饰云纹,器口铭有"皿天全作父己尊彝"八字,故名"皿方罍"。整器造型雄浑庄重,集立雕、浮雕、线雕于一身,透出中国青铜器铸造鼎盛时期的高超技艺和摄人心魄的气势,是迄今为止出土的方罍中最大、最精美的一件,是其他古代青铜器无法媲美的,堪称"方罍之王"。

研究青铜器以来,高至喜从未见过如此精美华丽、如此威仪尊贵的青铜器!仿佛有一种神奇的力量,吸引着高至喜潜下心来去了解、去探究。可惜的是,器身下落不明,成为湖南省博物馆难以言表的痛。

"皿方罍"铭文

冬天里的一把火

在青铜器中，以青铜罍最为珍稀尊贵。据载汉文帝的爱子梁孝王刘武是一位著名的古物收藏家，也是当时的全国首富，金库中的钱和珍宝比国库还要多。他收藏有许多国宝级的文物，其中以一件青铜罍最为珍贵，他临死前立下遗嘱："此罍价值万金，要好好收藏，切勿给予别人。"刘武的儿子刘买继位后谨记遗训，保管好青铜罍。10年后，刘买去世，刘武的孙子刘襄继位，为梁平王。平王王后知府库中有一件价值连城的稀世珍宝青铜罍，心生贪念，想要得到。这时祖母李太后（刘武之妻）还健在，对王后说："先王有遗命，不准把罍给任何人，其他物品，即使价值千万，都任你挑选。"然而，梁平王很宠爱王后，不听祖母李太后的劝阻，到府库取出青铜罍，送给了王后，祖母李太后大怒。梁平王和王后因此怨恨李太后，对她很不孝顺。李太后死后不久，梁国有一个叫犴反的人向朝廷告发，详细说出了梁平王夫妇和祖母争罍的事情，朝廷百官提出要按法律废梁王为平民，皇帝给予宽大处理，削去梁国八座城市，把王后绑赴刑场斩首。这个因罍而起的历史事件，印证了罍的至高价值与至尊意义。

青铜罍诞生于商代晚期，流行于西周至春秋中期，绝迹于战国时期。由于青铜罍流行的时间短，数量少，尤其是方体罍更是十分稀少，历经3000多年能保留下来的，已是罕见。在这些罕见的青铜罍中，皿天全方罍无疑是其中最杰出的代表作品，无论是造型、纹饰，还是铭文、色彩都具有无与伦比的艺术价值，冠之以"方罍之王"一点也不夸张。作为重要的礼器，在王室和贵族的盛大宴会上，罍是必备的酒器。中国第一部诗歌总集《诗经》里常提到罍，《诗·周南·卷耳》："我姑酌彼金罍"。这里的"金罍"即是青铜罍。这句话的意思是："我姑且斟满那酒罍。"

然而，方罍之王的资料刊布20多年过去了，它的器身依旧如泥牛入海，没有丝毫音信。在古代象征着高贵与权力的皿天全方罍，尽管它那绝代风华为青铜器专家们所景仰，为各路收藏家顶礼膜拜，但仍不得不继续着它"身首异处"无法重聚的悲伤旅程。方罍器身何在，越来越成为湖南省博物馆人的牵挂之事。难道让皿方罍身首合一只是中国文博界的一个幻想吗？

这也是高至喜听到器身突然在日本出现的时候，激动不已的原因，为了这一刻，他等的时间太久了……可是，谁也没想到奇迹来得如此之快。

1992年，访日归来的马承源带来的消息，仿佛冬天里的一把火，瞬间温暖了高至喜和他的同仁们。方罍身失踪60多年后，终于有了下落！这是不是意味着盖身重聚不再是一个期待？

"皿方罍"纹饰拓片

令人气愤的新田

新田栋一在得知方罍盖在湖南博物馆后，也迫不及待地希望收购器盖，他深信那会是一件精美绝伦令世界文博界惊叹的青铜艺术品。谨慎起见，新田查找了湖南省博物馆关于方罍盖的资料。在湖南省博物馆1983年编辑的，由中国文物出版社和日本东京株式会社联合出版的《中国博物馆丛书》第二卷《湖南省博物馆》一书中，他看到了由湖南省博物馆收藏的商代"皿天全"青铜方罍器盖照片，这一发现令他激动万分。新田也明白，贸然前往中国也许无助于成事，他担心中国方面向他讨要国宝，毕竟这是战争时期中国流失的文物。

马承源走后半个多月的时间，新田给湖南省博物馆打来了电话，接电话的是熊传薪。新田在电话里说，他在书上看到的皿方罍器盖图录，其形状和纹饰与他收藏的一件缺盖的商代方罍器身相类似，应是一件器物分离两处，希望能核实一下馆藏的罍盖实器尺寸。熊传薪对新田的电话早有期待，遂将方罍盖的尺寸报给了新田。新田核对后发现，湖南省博物馆藏的方罍盖正好可以盖上他私藏的方罍身。

新田再也坐不住了。他迫切希望能得到青铜方罍，于是直飞上海，再辗转来到湖南省博物馆。在高至喜、熊传薪等人的陪同下，新田亲睹了方罍盖的威容。他将自己特地带来的方罍器身的彩色照片，从尺寸、造型、纹饰、颜色以及铸造工艺等各个方面，与湖南省博物馆的方罍器盖图片、实器进行了仔仔细细的对比研究，认为确实是一器无疑。

新田在长沙待了三天，天天围着方罍盖看，有时候还凑近了看，蹲下来为它拍照，似乎永远也看不够，要把它的每一个细节都刻印于脑海之中似的。新田临回日本前，湖南省博物馆方面为他饯行。餐桌上，新田真诚地表达了自己的美好愿望："要是盖子能和身子配合在一起，就是一件非常完美的东西，我想把盖子买过去，把残缺不全的皿方罍变成一个整体。我想我们每一个人都希望身盖合璧……"他表示愿意出资50万美元给湖南省博物馆捐建一座精良的陈列室，外加捐赠一品西周初期的精美方形器盖以换取皿方罍盖。

湖南省博物馆方面对新田购买方罍盖的想法并不感到吃惊。任何一个收藏家都希望自己的藏品是完整的、完美的，独一无二的，况且是这样一件几十年来身首两茫茫的绝世精品。但是中国的博物馆只有把流落到海外的文物抢救回来的职责，哪有把自己的文物卖出去的道理？为了不影响国宝回归，湖南省博物馆委婉而友好地回答说：这事我们没有权力决定。

但是，当湖南省博物馆把新田栋一开出的条件上报给国家文物局时，国家文物局明确表示不同意新田的收购条件，而且同时提出能否向新田收回方罍器身。100多年来中国文物大量外流的灾难史早已引起中国政府的高度重视，采取了一系列的措施抢救海外流失文物，取得了一定的收效，但是，仍有大量珍贵历史文物隐身海外，难以追回。湖南作为文物大省也不乏珍贵文物流散海外，至今无法回归。皿方罍器身好不容易被发现，不能错过回归机会。虽然不管它身处何方都无法改变它是中国国宝的出身，它代表着中国古代一个朝代的历史、文化、艺术乃至政治制度发展史，回归故里有着更深远的意义。

新田返回日本东京后，仍无法平静激动的心情。他将博物馆的照片和自己的方罍身相比对，越看心里越美，要将方罍盖身合一的愿望也就越强烈。当他知道中国拒绝了他的提议后，极度失望。他认为重要的器身在自己手里，不管中国人怎么恨自己，器身就是不卖给中国人。

1994年4月，又是一个樱花灿烂的季节，新田向湖南省博物馆发出了邀请，请他们去日本东京作实器考察并进一步商谈转让方罍盖之事。为了验证方罍盖、身是否真是一套，熊传薪、高至喜以及另一位博物馆专家陈建明一起飞抵日本。

三个人在日本待了一个星期，就住在新田家。在认真考察了方罍器身后他们认为，器身的造型、尺寸、纹饰、颜色、工艺等均与湖南省博物馆的方罍器盖一致，二者确是同一件器物，从而印证了他们多年来对皿天全方罍的研究成果。

双方彻夜畅谈，这是一次水平极为高超的谈判，话题始终围绕着同一个主题：这件分离了半个多世纪的皿天全方罍，应早日团圆！新田重复着他可以重金购买方罍盖的想法，湖南的三位专家却动员新田将方罍身捐给湖南省博物馆。

湖南省博物院（现为湖南博物院）

新田一生都在从事青铜器收藏，他对方罍器身更是钟爱有加，何况他心中已有了想法。这一点三位专家早就料到了。况且他们心里也很明白，即使新田愿意捐出来，以湖南省博物馆现有的资金状况，恐怕也无力接收这件宝物。

收购条件始终谈不拢，双方便退而求其次，希望盖身能合在一起作一次完美展出。为此，日本之行后，湖南省博物馆和新田一直保持着联系，反复磋商合展之事，曾先后提出在上海博物馆、新加坡博物馆展出等几种方案。但是，这些让人激动的方案都因国情、法律等种种难以逾越的现实问题没能如愿。

皿方罍局部细节

收购、捐赠、合展诸事都无法进行，"皿天全方罍"又一次错过身首合一的契机。不知道"方罍之王"身、盖离散的悲哀要延续到什么时候。时光继续流逝，湖南省博物馆怀着一份遗憾与期待继续着努力……

惊天一拍

2001年3月20日，纽约佳士得拍卖行拍卖大厅座无虚席。作为一家历史悠久、著名艺术品拍卖行，佳士得的每一次拍卖，都会吸引世界文博界的眼球。这一次，拍卖目录中因为有一件出土自中国的青铜器尤为引人关注。有关这尊青铜方罍的凄美身世与流转无常的命运，开始在那些热衷于中国艺术品的收藏者之间传说，并因它与众不同的境遇倾注了更多人性化的关怀……

当主持人宣布下一个拍品为"皿天全方罍"器身时，会场一时热闹起来。漂泊海外80年的皿天全方罍器身以惊艳四座的方式出现在世人的眼前。它冷峻而华美，孤傲而高贵，引领着来自世界各地的看客们梦回商朝，那是中国古代以青铜器为等级划分阶层、建立权力制度的时代，那是世界青铜器艺术登峰造极的时代，而作为青铜方罍器之王，它辉煌灿烂了

4000年，它的光辉或许还将照耀千世万代的艺术王朝……

人群中，来自中国的竞拍者当仁不让地举牌了。他们是上海博物馆和保利艺术博物馆的买家，在得知"皿天全方罍"要在纽约佳士得拍卖的信息后，他们火速联手筹集了一笔巨款，赴美参加竞买，有一种志在必得之势。他们的行动让中国文博界信心满满，令国人翘首以盼的"皿天全"身首合一的时刻也许真的要到来了！

拍卖师还来不及按惯例发问，接二连三的竞拍者就相继报出了他们的价格。简直是一场惨烈的白刃战，拍卖价格迅速飙升，在一阵阵惊呼声中，中国竞拍者毫不示弱地频频举牌加价。竞拍的场面愈演愈烈，拍卖师报出的价格也越来越高。几位中国竞拍者脸色越来越凝重，他们的资金已经到了瓶颈，可是对手似乎抱着死缠烂打的招式，一次次挑战中国竞拍者的底线。

中国竞拍者一狠心，直接报出了自己巨款的底线数字。现场的来宾再次惊呼，看来中国人志在必得了。原以为这破釜沉舟的报价会吓退其余的竞拍者，不料想一位来历不明的法国买家毅然举牌，喊出了超过中国竞拍者近四成的天文数字！

现场一片寂静，中国竞拍者热泪欲下，无奈囊中羞涩，只能望罍兴叹，眼睁睁地看着国宝被那位法国人买走。那一刻，是多么黯然，又是多么悲伤！为皿方罍不能回归，为国宝落入他人之手，为自己的实力敌不过富有的外国收藏家而自责。

"成交！"拍卖师连续三次发问后，拍卖大厅里响起了落槌声。这件青铜皿天全方罍器身在纽约佳士得亚洲艺术品拍卖会上以924.6万美元（含手续费约折合人民币9000万元）的天价成功拍卖，一举创下亚洲艺术品在国际市场上的最高拍卖纪录。

皿天全方罍器身不是新田的挚爱之物吗？怎么会拍卖，难道这世上还有另一个皿天全方罍器身？不用质疑，佳士得拍卖会成交的皿天全方罍器身就是新田收藏的世上唯一的皿天全方罍器身！

原来，年事已高的新田在本该颐养天年的时候，却遇到了事业和家庭的双重打击。为了挽救行将惨败的人生，延续家庭的血脉，新田决意出手自己最心爱也是最值钱的宝物，遂委托纽约佳士得拍卖行对方罍身进行拍卖。令人伤心的是，有备而去的中国买家落败而归，而那个创纪录的天文数字，再次阻断了王者的回归之路！

真是一石激起千层浪。一时间，中国古代青铜器成为全球艺术界、收藏界的热门话题。对于皿方罍王的天价，国际著名古董商吉赛尔这样感叹道："对于这件青铜器，我能说什么呢？它简直是太出神入化、太令人难以置信了！当你屏气凝神、全神贯注于它时，你会为它整个外形与内涵所震惊！可以说，这件青铜器乃是巧夺天工的神品！加之它的故事性极强，罍器的器身在纽约，而器盖还在中国湖南省博物馆的事实，给人以巨大的想象空间。翻开全世界的古董交易纪录，从未有人以900万美元拍卖过一件青铜器的。但是，这样的神品，你还是觉得交易价非常合理。这或许也意味着人们对稀有古铜器会越来越重视……"

924万美元，还只是方罍器身的拍卖价，如果方罍身与盖合璧成完整器物的话，又将拍出怎样一个惊天数字？！

可是，这一次拍卖让很多深爱皿方罍的人更感悲观了，据有关专家透露，像这样的稀世之珍，每一次露面的间隔一般是20年左右。现在青铜器价格也远远低于其真正的价值，但是就是这样一个价位，已经让中国人望而却步了。等到它再次露面，我们的实力能否竞拍过人家？如果无力竞购，方罍身回归就只能是一个梦幻了，方罍合璧的希望就只能化为泡影……而面对一件文物我们不能如愿买回，那无数珍贵的流失海外的文物艺术品的回归之路又将有多漫长遥远？

"不管如何，我们会想尽办法，

皿天全方罍
迄今为止出土的方罍中最大、最精美的一件，堪称"方罍之王"

从1956年至今
方罍盖
由湖南省博物馆保存

2001年3月20日
皿天全方罍器身现身
纽约佳士得
亚洲艺术品拍卖会
以924.6万美元高价拍卖
创下了亚洲艺术品在
国际市场上的
最高拍卖纪录

924.6万美元成交的方罍器身

争取让器身重回故地，与方罍盖团圆。"当时已经卸任的湖南省博物馆原馆长高至喜坚定地说。他的愿望，也许代表着所有参与海外流失国宝抢救工程工作者的心声。

又见皿方罍

时光飞逝，当年湖南省博物馆的一些老专家相继退休了，皿方罍的回归依然遥遥无期。直至13年后，也就是2014年，皿方罍王者归来，再度出现在纽约佳士得亚洲艺术品拍卖会的目录上。

2014年3月15日，一封湖南省博物馆致佳士得亚洲区总裁魏蔚女士的信函迅速引起关注。信函中写："敬启者，承蒙您赐电告知，贵公司将于3月20日在纽约拍卖的中国商周时期青铜饕餮纹方罍，鉴于其与湖南之渊源，惠允先期与敝馆商购，不胜感激！囿于本馆为非营利受托遗产保管机构，所需购藏经费全赖各方资助，今虽多方努力，目前仍仅筹措到两千万美元。因此，祈贵方能同意以此价格（含贵公司佣金）成交。如允此议，则我方将在一周内先期付款300万美元，余款在两个月内付清。谨此奉复，期盼佳音。"

面对湖南省博物馆这样的举措，国内拍行和买家纷纷表示支持，呼吁华人个人藏家放弃购买。某收藏家就发起提议，"由湖南省博物馆以预估底价的1000万美元去拍回来，其他华人藏家一律不出手，不让他人炒作价格。"

此言一出，中国众多藏家联名发表公开信支持国宝回归，在此期间，喻恒、郑华星、朱绍良、唐炬、蒋念慈等中国藏家联名发表致纽约佳士得的一封公开信，表示支持国宝回归。原文如下：

雄浑的皿方罍造型

致纽约佳士得总部：

得知贵公司将于3月20日在纽约佳士得推出一件2014年3月艺术品拍卖市场上最值得期待的一件拍品——中国商周时期青铜饕餮纹方罍。

此件方罍是中国历史发展长河中的文化精髓。作为中国晚商、西周早期青铜器鼎盛时期的代表之作，整器雄浑庄重，透出中国青铜器铸造鼎盛时期的高超技艺和摄人心魄的气势，是迄今为止出土的方罍中最大、最精美的一件，堪称"方罍之王"，不仅是青铜器中的翘楚，更成为中华灿烂文化的绝佳代表，承载了华夏同胞的期盼。

叹惜此气宇不凡的方罍已辗转流徙、身首异处近一个世纪，其方罍盖藏于国内的湖南省博物馆，四方罍却漂泊海外。多年来，促成文物回流已经成为中国众多收藏家不约而同承担起来的责任。当此方罍即将上拍的消息从大洋彼岸传来之时，促成此件国宝回归祖国怀抱，成为全球华人藏界的一大夙愿。也因方罍与湖南有着不解的渊源，湖南省博物馆亦通过各方努力筹措资金，以待先期与贵公司商购，促成国宝合璧之好事。

在此谨代表全球华人藏家祈愿此件国宝能顺利回国，为中华文化再添灿烂华章，也烦请贵公司促成此事。同时，我们谨向全球华人藏家呼吁：恳请海内外华人藏家在拍场中以大局为重，万勿以个人好恶哄抬价格，期待全球华人藏界和衷共济，为后世子孙计，促成此次国宝回家的盛举，成就中华收藏的又一佳话。

佳士得拍卖行收到此信后，也为此召开了专门会议，他们是怎么决定的不得而知。不过，经历了这样兴师动众的公开信的洗礼，不少藏家也表示担心，2000万美元能不能顺利地成交很难预料。为此，湖南收藏家团体空前团结，他们不仅再次聚集起雄厚的资金，还派出代表与湖南省博物馆工作人员一同前往纽约商谈联合洽购一事。

国宝终合体

纽约时间2014年3月19日下午，经过艰难的谈判，中国方面正式向纽约佳士得提出联合洽购皿方罍一事，以促成此青铜重器"身首合一，完罍归湘"。纽约佳士得经过与皿方罍的委托方积极沟通后，促成买卖双方私下圆满达成协议。至此，皿方罍终于在分别近百年之后，再度身首合一。至于中方为皿方罍付出多少美元，目前没有见到公开资料。这也许是一个秘密，我们都应该感谢为此付出全部热情和慷慨赞助资金的那些人。

2014年6月12日晚10点，通过电视直播，国人亲眼见证了国宝"皿方罍"在佳士得纽约洛克菲勒中心的回归过程。当晚10点10分交接仪式正式开始，整个过程经过了开箱、查验、签约三个步骤。湖南省博物馆青铜器专家傅聚良和美方佳士得文物专家麦克·拜斯对皿方罍共同进行了查验。之后在中美双方见证人的见证下，美方代表佳士得亚洲艺术主席乔纳森·斯通和中方代表谭国斌艺术中心负责人谭国斌先生共同完成签约。晚上10点25分交接仪式完成，此刻皿方罍正式回到中国人手中。仪式结束后，湖南省博物馆馆长陈建明在现场谈到自己的心情时感慨："到现在我还感觉在梦里，此时我真正感受到祖国文化复兴的力量。"

随后，皿方罍运输回国的工作是交给国际顶尖的文物运输公司来完成的。皿方罍到底是通过海、陆、空何种方式运输，以及回国的具体路线都是严格保密的，就算中方人员也是不知道的。

2014年6月26日晚上，皿方罍身盖合体仪式在湖南卫视演播厅举行，相信有许多中国人守在电视机前见证了这一刻。

今天，老百姓只要走进湖南省博物馆，就可以在其"湖南商周青铜器陈列"专题展厅中看到这件精美的皿天全方罍。它那雄伟的造型、精美的纹饰、黑亮的颜色、清晰的铭文以及威严的气质，足以证明它是一件罕见的商朝重器。皿天方罍已成为天价宝贝，享尽了荣耀与恩宠。正是湖南人从来就有的坚韧、进取的性格，对于出土于本省的"方罍之王"这件国宝文物流散漂泊的命运，他们舍我一搏，终于赢得国宝回归。

随着中国国力的日益雄厚和国家抢救海外流失文物计划的出台，相信会有更多流失海外的中国国宝回归故土。这些流落他乡的国宝，尽管有少部分幸运儿能像皿方罍器身一样，在历尽坎坷之后，得以重返祖国的怀抱，但它们中的大多数，如著名的《女史箴图》《历代帝王图》等，至今仍在异国他乡，回归道路依然漫长……

第二章 『无头骑士』——皿方罍流失之谜

第三章 皇家的至宝
——传国玉玺流失之谜

卞和发现玉璞雕像

春秋战国时期，一个名叫卞和的人整日对天长泣——哀叹天下没有识宝人。在楚文王的怜悯下，卞和发现的玉石终于被打磨成和氏璧，被战国各诸侯国奉为价值连城的"天下所共传宝"。为了把玉璧据为己有，各个诸侯国想尽办法互相争夺，许多无辜的生命甚至亡在了这块玉璧上。秦始皇统一中国后，将和氏璧做成传国玉玺。此后，和氏璧在多个朝代中相传，然而这件珍贵的玉器最后竟悄然消失，不知流失到何处，成为历史上一大疑案……

卞和的内心是崩溃的

中国历史上，堪称国之重宝的器物不在少数，但恐怕没有一件比得上传国玉玺。它是野心家梦寐以求追逐的目标，又是史学家浓墨重彩描绘的对象。香港《文汇报》刊文称，笼罩在它身边的，是重重的刀光剑影，低沉的鼓角齐鸣，它的出现和消失，甚至成为王朝更替、江山易帜的象征。

传国玉玺来历非凡，其实，用来制作传国玉玺的和氏璧，本身就充满了传奇色彩。

据《韩非子·和氏篇》记载：春秋时期，有一个楚国人名叫卞和，虽出身贫贱，却有一双慧眼，善于识玉。为了找到稀世宝玉，他经常在野外探寻，希望能用自己的学识为家人带来荣华富贵。有一天晚上，卞和做梦，梦见有只凤凰落在荆山鸣叫不止。自那以后，卞和便认定荆山有奇宝。

此后，卞和更勤于在荆山翻看碎石头，他似乎经常能听到一种奇怪的声音在呼唤他，那种神秘的空灵的声音不断撞击他的心门。有一天，卞和环顾四周，看到了一堆刚被他人翻看过没几天的乱石，里面有一个不规则的石头引起了他的注意。卞和拿起这个石头一检视，竟然是一块玉璞（未经打磨的石头，可能含玉，也可能就是一块普通的石头）。这个玉璞显然是被其他采石玉匠随手丢弃的，从外表看确实是个很普通的石头，似乎完全没有打磨的价值。卞和是个非常细心的人，他掂量这个玉璞，觉得身心有一种灵动，就和这段时间以来心里常常出现的那种感觉一样，他断定这一定是一块不平凡的玉璞。

卞和捧着玉璞来到河边，仔细清洗，然后对着阳光端详，足足看了一天才回家。自此以后，卞和天天抱着玉璞把玩，村里人都说他傻了。终于有一天，卞和对天大笑，和家人告别，带着玉璞前往都城献宝。

卞和决定把这块玉璞献给喜爱玉器的楚厉王。楚厉王听说有人来进献绝世宝玉，顿时大喜，宣卞和上殿。卞和捧着玉璞自信满满地走进朝堂。楚厉王看到玉璞之后，便命令相玉专家进行鉴定。相玉专家反复端详后，认为它只是一块普通的石头，没有什么价值，不值得切开、打磨。楚厉王大怒，认为卞和在戏弄自己，他不顾卞和的争辩，命人砍掉了卞和的左足，并把卞和逐出都城。

为什么玉璞会被认为是顽石，楚厉王和相玉专家又为什么不破开玉璞一探究竟呢？这里面有这样一个鉴玉行规。一块毛玉石表面往往有一层皮壳，由于

玉璞

第三章 皇家的至宝——传国玉玺流失之谜

53

氧化作用，皮壳多呈褐红、褐黑或其他各种杂色，一般仅从外表，并不能一眼看出其庐山真面目。即使到了科学发达的今天，也没有一种仪器能通过这层外壳很快判断出其内部是"宝玉"（包括其种类、成色、大小、形状等）还是"败絮"。

有玉石的人一般都是出售玉石的原石，这时常人很难看出其中的含玉量，购买者在购买之前也不被允许将玉原石切开察看，当购买者购买后可以切开，也可以用相同的方式继续对所购玉原石进行出售再次谋取利润，这种独特的玉原石的交易方式被人们形象地称为"赌玉"。到目前为止，赌玉（也叫赌石）依然是玉原石的一种交易方式。

"赌玉"通常是在玉器行门前摆着一长溜的矿石坯，坯里可能藏着价值连城的玉，也可能什么都没有。盛产玉石的东南亚，就流行"赌玉"。有些富豪以重金买卖可能含玉的矿石，成交以后，一刀下去，有可能出现成色极好的翡翠，买家由此暴富，或者是血本无归。对于"赌玉"的人来说，靠的是他们的眼光和运气。即便是现在，东南亚的玉石商人买后，当真正切开加工时，一般不敢亲自在场，而是在附近烧香、求神保佑。如果切开的原石内有许多水灵剔透的翠绿，一夜之间便可成为富翁；如果切开后其本质是一块外绿内白，俗称"冬瓜瓤"，一夜之间就会倾家荡产。

玉璞本来就是一种天然玉料，如果不经锯割，外表看来和普通的石块没什么区别。卞和拿来的玉璞太寻常了，连相玉专家都不屑切开。有人会说，卞和自己切开不就行了吗？这是个误解，玉石切割是个技巧，切开后打磨、雕琢更是技巧，如果没有金刚钻，自己切开玉璞，很有可能毁了这块玉。

张仪小哥不好惹

楚厉王死后，楚武王继位。卞和依旧没有死心，他仍然认为这个玉璞能够给自己和家人带来富贵，于是他又去献宝。这一次，相玉专家仍鉴定为石头，武王又以欺君之罪砍掉了卞和的右足。又过了20多年，武王之子文王继位。这时的卞和还想去献宝，无奈自己已是风烛残年，又被砍掉了双脚，行动很不方便。眼看自己的愿望无法实现，卞和便怀抱玉璞来到楚山下痛哭三天三夜不止，眼泪都流尽了，眼睛通红犹如滴血。

南来北往的客商见到此事，都来安慰他，劝他不要再执着献宝一事。这件事终于传到了朝堂，楚文王听说这件事，派人把卞和带到大殿，问："天下被砍足的人很多，你为何哭得如此悲伤呢？"

卞和答道："我并不是因为被砍掉双脚而痛哭，而是因为明明是宝玉却被误认为石头，忠贞之士被当作欺君之臣，我是为先王哭泣，他们是非颠倒，黑白不分啊！"

楚文王听后，怜悯之心顿起，当着满朝文武的面，让玉工切开玉璞，果然得到一块光润晶莹的宝玉。楚文王大喜，重重赏赐了卞和。然后，楚文王命玉工将宝玉雕琢成玉璧，作为传国之宝。因为宝玉是卞和所献，便取名"和氏璧"。后人遂用"楚玉、荆玉、卞玉、卞宝"等代称和氏璧，也用这些词称誉人的才德之美。

春秋战国时期，各国交往，往往以玉为使臣信物，而玉中极品和氏璧更是国家高贵的象征。就这样，"和氏璧"自诞生后，就被楚国奉为国宝收藏着，然而"和氏璧"究竟高贵到何种程度呢？各诸侯国的国君都想亲眼看看这件玉璧。

公元前333年，楚国吞灭越国，楚威王因为宰相昭阳在消灭越国的过程中立下了赫赫战功，于是将和氏璧赐给昭阳把玩几日。昭阳大宴宾客，在席间，他拿出和氏璧让宾客观赏。这是和氏璧首次在民间出现，举座皆惊。人们无不惊艳和氏璧的优美、神秘，陶醉于和氏璧带来的心灵上的那种安详。昭阳得意非凡，一边口述自己的战功，一边夸耀和氏璧举世无双，是"玉中之王"。众人轰然赞叹，举杯同庆。不料，散席时，和氏璧却不翼而飞。虽然昭阳闭门搜查，众宾客也脱衣验身证明清

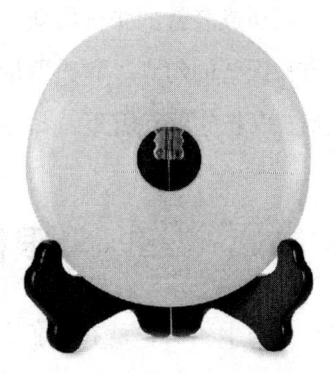

和氏璧想象图

张仪画像

白。但是，和氏璧毫无踪迹。昭阳派人飞报楚王，楚王也急令全国范围内搜寻这件价值连城的宝物，但是最终没有结果。

最后，人们把怀疑的目光投向了张仪。张仪是魏国人，曾经师从于鬼谷子，学习纵横之术。张仪学业期满，回到魏国，因为家境贫寒，求事于魏惠王不得，远去楚国，投奔在楚相国昭阳门下。因为张仪当日曾与昭阳一起饮酒。虽然张仪满腹才华，却一贫如洗。昭阳便认为是穷困潦倒的张仪偷窃了和氏璧。昭阳命人对张仪逼问，甚至严刑拷打，张仪始终表示不清楚和氏璧的去向。昭阳无奈，只好将张仪无罪释放。

张仪回到家，问妻子："我的舌头还在吗？"

妻子告诉他还在，张仪苦笑着说："只要舌头在，我的本钱就在，我会出人头地的。"

受此大辱，张仪毅然离开楚国，辗转到了秦国，后来成为秦国的宰相，并全力辅佐秦惠文王开创强国强军的伟业，为秦国的强大立下了汗马功劳。楚国为一件国宝损失了一个人才，并伤及自身，这是他们所没预料到的。张仪后来果然报复楚国，在公元前312年，秦国与楚国大战于丹阳，楚国有爵位的将领共70余人被俘，八万楚军被消灭，汉中郡也被秦夺走。楚国自此一蹶不振。

功成名就的张仪向众人表示，自己是个光明磊落的男子，绝不会做偷窃和氏璧的勾当。和氏璧依然销声匿迹，到底是谁从昭阳府中偷走了和氏璧？又把它藏在哪里？却是一个谜！

跟你什么冤什么仇

四十年后，就在人们几乎忘了这件事的时候，和氏璧突然在出现赵国。赵惠文王时，一个名叫缪贤的宦官从一个楚人手中购买到这块玉，经过鉴定后，才知道正是失踪多年的和氏璧。赵王得知后，便下诏将这件宝物强行夺进宫中。楚国得知此事后，派人前来交涉，希望以重金换得此物，赵国当即拒绝。

然而，赵国得到和氏璧的消息也传到了秦昭王的耳中，秦昭王对这件稀世之宝产生了觊觎之心，于是也派人送信给赵王，希望用十五座城来换取和氏璧。赵王明知秦国想强取豪夺，但慑于秦国势力，怕得罪秦国招来灭国之灾，只好派蔺相如持璧出使秦国。

蔺相如到秦国后，把和氏璧献给秦王，秦王看到玉璧，非常高兴，将玉璧传给左右妃嫔大臣观看，众人皆呼万岁。蔺相如见秦王根本无意割城给赵国，就走上前去说："璧上有点瑕疵，让我指给大王看。"秦王不防有假，将璧递给蔺相如。

蔺相如持璧而立，大怒道："大王您想得此璧，派人送信给赵王。赵王召集群臣商议时，群臣们认为秦国倚势欺人，拿十五座城换玉璧只不过是一种空话。可我认为百姓之间交往都不会欺骗，何况秦国是一个大国呢！赵王采纳了我的建议，为了表示对秦国的尊重，赵王斋戒五日后，才派我将璧送给您。可大王您在召见我时无礼傲慢，还将璧传给众人看，这是在戏弄赵国。我看大王您根本无意割城易璧，就取回此璧。您若再逼我献出玉璧，我的头就和这玉璧一起撞碎在这柱子上。"

秦王唯恐玉璧被撞碎，也不想赵国使臣撞死在秦国，拖累自己的名声，便连忙道歉，并召人拿来地图，指出准备给赵王割去的十五座城。蔺相如看出这不过是秦王的缓兵之计，就对秦王说："赵王派我送璧之前曾斋戒五日，现在大王您也应斋戒五日，并设九宾之礼，这样我才会献出玉璧来。"

秦王没有办法，只好同意斋戒五日。蔺相如回到宾舍，认为秦王根本不可能割城给赵国。于是便派心腹乔装打扮，怀揣玉璧，连夜逃回了赵国。

五天之后，秦王在宫廷内设九宾之礼，命人宴请蔺相如。蔺相如进宫后对秦王说："秦国从缪公以来二十余位君主，没有一位是信守誓约的。我担心因您的失约而辜负赵王对我的重托，所以已经派人把玉璧送回了赵国。秦国强盛而赵国弱小,如果先割十五座城给赵国,赵国怎么会留璧而得罪您呢?我知道欺君之罪当杀,要杀要剐,您看着办吧。"

秦王和众位大臣听到这些话,无不怒火中烧,而蔺相如还在朝堂耍起性格,真是令秦国蒙羞。秦王想即使杀了蔺相如也得不到玉璧,而且还会使两国的关系恶化,传扬出去,终究还是自己理亏。思前想后,秦王宽恕了蔺相如的欺君之罪,并解除了以十五座城换和氏璧的提议。秦王在宫廷内以隆重的礼节款待蔺相如,并将他送回赵国。这就是历史上"完璧归赵"的故事,蔺相如以自己的勇敢和智慧保住了和氏璧。

始皇帝的快递到了

事隔60多年以后,即公元前228年,赵国还是被强大的秦国吞并,赵幽王投降,献出了和氏璧。公元前221年,秦王嬴政统一六国,建立起强大的秦王朝。

"受命于天,既寿永昌"鸟虫形篆字

秦始皇建立起中国历史上第一个封建王朝之后,终于在血雨腥风中得到了令几代秦王朝思暮想的晶莹美玉。也许是因为数次寻找夏九鼎而不得,也许是为了显示自己前无古人的至尊伟大,秦始皇用和氏璧制作了"传国玉玺"。玉玺纽上螭龙盘踞,秦始皇命玉工将宰相李斯书写的"受命于天,既寿永昌"八个鸟虫形篆字雕刻在和氏璧上,作为皇帝的玉印。价值连城的玉质,巧夺天工的雕刻,加上盖世无双的书法,使这颗玉玺成了精美绝伦的艺术品。传国玉玺从此成为承天受命的象征。

传说公元前219年,始皇帝到南方巡视至洞庭湖时,皇帝的龙舟突然被骤起的风浪吹得左右摇晃,几乎要翻船。正在危急时刻,秦始皇将传国玉玺抛入江中以震慑风浪,湖面竟奇迹般平静下来。这样又过了8年,有一次,秦始皇在陕西华阴平舒道出巡,路上有一人持璧称:"请将此璧还给祖龙（秦始皇的别称）。"传国玉玺复归于秦。秦始皇死后，赵高利用和氏璧篡权，支持秦二世胡亥登基。

公元前206年，沛公刘邦屯军灞上，秦王子婴跪捧传国玉玺献于咸阳道左，秦亡。和氏璧落入了刘邦的手中。刘邦建立汉朝后就把和氏璧作为汉朝的国印，从此和氏璧成为"传国玺"，世代相传。刘邦之后，和氏璧共传了九代西汉皇帝。

西汉末年，王莽篡权。当时因小皇帝刘婴年仅2岁，传国玉玺由孝元皇太后王政君代管。王莽篡权后要改朝登基，需要传国玺来证明自己的合法性，就向孝元皇太后——他的亲姑姑索要传国玺。王政君对刘家王朝的感情比对王家要深，就是不交出传国玺。最后王莽命堂弟、安阳侯王舜逼姑姑交出传国玺。王舜撂下了狠话，说这玉玺不交也得交。皇太后王政君早先对王莽等人印象很好，现在感觉被虚伪的侄子给骗了，哭过之后，气愤地把传国玺摔到地上，骂道："得这块亡国玺，看你兄弟有什么好下场！"传国玺落在地上，"啪"的一声，一小块玉飞离出去，传国玉玺竟然被摔缺了一角。

王莽见传国玉玺受损，连声叹息，忙招来能工巧匠修补。那匠人倒也聪明，想出用黄金镶上缺角的奇招，修补后竟也愈加光彩耀目，遂美其名曰"金镶玉玺"，这便是"金镶玉"的由来。此后，金镶玉的制作工艺却被传承下来，并由宫廷走向民间，达官贵人中出现各种金镶玉饰物甚至金镶玉筷子等。自古民间还有"有眼不识金镶玉"之说，比喻见识短浅、孤陋寡闻。

王莽画像

王莽的新朝政权并没有坚持太久，就垮台了。当乱军闯进皇宫胡乱砍杀之时，传国玺就是在王莽的尸体身上被发现的。乱军抢到传国玺后，献给了绿林起义军拥立的更始帝刘玄。刘玄后来被赤眉军打败，传国玺一度掌管在赤眉军拥立的小皇帝刘盆子的手里。后来刘盆子也失败了，投降了东汉的光武帝刘秀。刘秀打败了其他各路反王和乱军，建立了东汉王朝。从此，传国玉玺重新成为汉朝的玉玺，从刘秀开始，一直在东汉诸帝手中流传。

只能帮你到这里了

东汉末年，宦官专权。外戚何进谋诛宦官不成，反为宦官所害。袁绍领兵入宫诛杀宦官，宫中大乱，汉少帝夜出避难，仓促间未带传国玺，返宫后传国玺竟然失踪了，后查无下落。

不久，董卓专权，天下豪强在袁绍、袁术的率领下讨伐董卓。洛阳城内一片混乱，董卓弃城逃往长安。孙坚率兵驻扎在洛阳城南宫殿中。一天晚上，士兵们发现宫殿中一口井内闪着五彩的光。孙坚感觉奇怪，于是命令手下人下井探望，不想却捞着一位宫女的尸体。宫女的脖子上戴着一个锦囊，打开一看，内有一个用金锁锁着的朱红小匣，开启小匣，里面有一玉玺，上面有篆文八字"受命于天，既寿永昌"，玉玺缺一小角。

孙坚知道这正是汉室江山世代相传的"传国玺"，心中窃喜：这莫非是天意让自己当皇帝？孙坚将玺当即秘藏。没想到，孙坚手下的一个将官为了换取自己的前程，将此事告知袁绍。袁绍早有篡夺帝位之心，他下令扣押了孙坚的妻子，孙坚被逼无奈，只好交出玉玺。

公元200年，袁绍率领大军南下官渡。曹操用计烧毁了袁军的粮草，击败袁绍，取得了"官渡之战"的胜利。袁术死后，荆州刺史徐璆携玺至许昌，传国玉玺遂到了曹操手里。

公元196年（建安元年），曹操持传国玉玺迎献帝，迁都许县，自始"挟天子以令诸侯"，威势大增。后来，曹魏代汉，传国玺作为"君主神授"的象征，落入曹丕之手。曹丕使人在传国玺肩部刻下八个隶字"大魏受汉传国之玺"。

再往后，西晋受禅，传国玺又落入司马氏手中。此后，北方陷于十六国分裂动荡的局面，传国玺几经辗转，又落入东晋征西将军谢尚之手。谢尚用300精骑连夜送传国玺至都城建康，献给晋穆帝，传国玺重归晋朝司马家。

曹操画像

公元420年，刘裕废东晋恭帝自立为帝，国号宋，史称刘宋。在南朝，传国玺历经了宋、齐、梁、陈的更迭。

南朝梁武帝时，降将侯景反叛，攻破官城，劫得传国玺。不久侯景败死，他的部将侯子鉴将玉玺投到了栖霞寺的井中。一个寺僧将玉玺捞出收存。后来他的弟子将玉玺献给了陈武帝。

在三国两晋南北朝时，由于战乱频仍，政局动荡，传国玉玺也几经转手，而且这一时期，一些割据王朝的统治者为表示自己才是天命所归，承接正统，纷纷私自刻印玉玺。此后，传国玉玺真真假假，开始出现乱象。孰真孰假，不好区别！

杨坚建立隋朝后，公元589年，灭陈统一全国，传国玉玺入了隋宫。隋朝结束了自西晋末年以来长达近300年的分裂局面，中国重新进入大一统时期。在隋朝开国皇帝隋文帝统治的最初20多年间，政治清明，人口增加，府库充实，外患不生，社会呈现一片繁荣，历史称为"开皇之治"。由于第二任皇帝隋炀帝多次发动战争劳民耗财，最终引起统治危机，隋朝很快灭亡。为了活命，萧后仓皇逃离都城，她携传国玺遁入漠北。

失踪了千年

唐初，太宗李世民因无传国玉玺，于是刻数方"受命宝""定命宝"等玉玺，聊以自慰。公元630年，李靖率军讨伐突厥，同年，萧后也离开突厥而返归中原，传国玺归于唐朝。唐太宗龙颜大悦，唐朝皇权正统天授的观念让李氏江山更加稳固。

唐末，天下大乱，群雄四起。唐天祐四年（907年），朱温废唐哀帝，夺传国玺，建后梁。16年后，李存勖灭后梁，建后唐，传国玺转归后唐。又13年后，石敬瑭引契丹军至洛阳，末帝李从珂登玄武楼自焚，传国玺就此下落不明。

有人认为，传国玉玺随同末帝李从珂一起化为灰烬，不复存在。不过根据一些民间学者解读的历史，传国玉玺可能被五代的冯道私藏。冯道，历仕后唐、后晋、后汉、后周和辽的大臣。字可道。瀛洲景城（今河北沧州西）人。唐末，冯道事幽州刘守光为参军。刘守光败后，冯道事河东节度使李克用，为掌书记。李存勖即位，以冯道为翰林学士。明宗时任相。冯道历五朝十一帝，不离将、相、三公高位，容身保位，未尝谏诤。晚年自称"长乐老"。

有学者认为，后唐主李从珂与曹太后刘皇后自焚时，冯道正是当时的重臣，传国玉玺极有可能被善于观望形势、舍弱趋强、无所建树的大官僚冯道保存起来。冯道把传国玉玺私藏而没有献出来，大概是出于这样的考虑。他年事已高，即使献出传国玺也不可能当更大的官了，他深知自己的官职已经够高了，纵使献宝邀功也是白搭，所以便藏了起来。而他死后，却让这传世国宝陪伴着他那丑恶的肉体。当然，这只是学者的推论，真实情况也许未必如此。

后唐末帝李从珂

郭威建后周后，悬重金苦寻传国玉玺，结果却是遍寻不着，无奈只好镌"皇帝神宝"等印玺两方，一直传至北宋。

北宋赵匡胤开国后，就未见有传国玉玺的记载。北宋哲宗时，有一个农夫在耕田时发现了一个玉玺。农夫不敢私留，便经当地官员送至朝廷。经十三位大学士依据前朝记载多方考证，认定这就是始皇帝所制的传国玺，便世代相传。但是朝野也有一些有识之士怀疑它的真伪，推测也许是有人刻意作假。

宋靖康元年闰十一月二十五（1127年1月9日），金兵破东京（今河南开封）。次年四月，徽、钦二帝被掠走，这块被认为是始皇帝流传下来的传国玺也被掠走，随后便销声匿迹。

1294年，元世祖忽必烈去世。在大都，传国玺忽然出现于集市。伯颜命人购买，玉玺从此归入大元。

1368年，朱元璋在建康称帝，建大明。元顺帝逃往草原，据说传国玉玺被一名蒙古大将带到漠北。明朝初，明太祖遣徐达入漠北，追击遁逃

国宝离踪：流失之谜

的元顺帝，期望得到传国玺，最终空手而返。明弘治十三年（1500年），有一名陕西人得到一块玉印，据称为传国玺，呈献明孝宗，但明孝宗对此深表怀疑，没有采用。经历了1500多年风风雨雨的传国玺就此湮没在漫漫历史长河中。

明末，相传由元顺帝带入漠北的传国玺，为其后裔林丹汗所有，林丹汗兵败之后，玺落入后金太宗皇太极手中，皇太极因此称帝，定国号为"大清"，表示要占领中原，取代明朝的统治。不过，有人认为，清朝所得到的传国玉玺是附会、仿造之赝品。

清朝初期，故宫交泰殿藏御玺三十九方，其中一方刻有"受命于天，既寿永昌"八字的玉玺被称为传国玺。但乾隆钦定御玺时，却将这块玉玺剔除在外。由此可见，这是一块传国玺的赝品。直到1924年10月，冯玉祥发动北京政变，末代皇帝溥仪被冯玉祥驱逐出宫，此传国玉玺复不见踪影。当时冯部将领鹿钟麟等人曾追索此镶金玉玺，却无下文。有传闻，传国玉玺现在在台北故宫博物院，但这只是一种猜测。

由是，历经两千余年风风雨雨，传国玉玺数隐数现。自唐末传国玉玺失踪后，这块国宝的命运就被改变了，真正用和氏璧做成的传国玺到底在哪里？没人能回答。

传国玉玺失踪已久，它究竟属何种宝玉，已成疑案。多年来，白玉、独山玉、蓝田玉、玛瑙、岫玉、月光石、拉长石、翡翠诸说，真是众说纷纭，莫衷一是。但有两点是可以肯定的，一是此种宝玉极稀少，且色彩绚丽。二是此璧代表了皇权。但它既不能让封建帝王"受命于天"，也不能使封建社会"既寿永昌"，真正留给世人的是卞和求真务实的高贵精神及相玉鉴定的高超技艺。

传国玉玺是中国历史上一件非常著名的无价之宝，在它有序流传的千年间，多少人的命运、多少国家的命运都和它紧密地联系起来，而它神秘的失踪，又成为中国历史上的一大悬案。

清帝奉天之宝传国玉玺

第四章 烈火焚园
——十二生肖铜兽首流失之谜

几个铜制的十二生肖兽首，竟然卖出2亿元人民币。也许有人要问，是什么样的国宝，又不是金银打造，怎么就值这么高的价钱呢？它们产生于哪一年？流失于哪一年？它们原来摆放在哪里？有什么用处？十二生肖兽首铜像如今找回了多少尊？它们流失海外究竟到了何人手中？在它们回归的过程中，又经历了怎样一番曲折？带着这些疑问，让我们一起走进历史，走进圆明园，探寻十二生肖兽首铜像背后的故事……

人间仙境

香港著名武打明星成龙主演的侠盗夺宝题材的动作电影《十二生肖》引发了无数中国人的情感，影片主要讲述了英法联军火烧圆明园，致使大批珍贵文物流落海外的那段历史，让人不免心痛！影片回到2012年的时候，圆明园十二生肖兽首中的四个兽首突然出现在世人面前，立刻引发世界关注，不仅惹出国内外的广泛争论，更有收藏家开出天价竞拍这四尊珍品。当然，其间不乏奸邪的文物贩子，试图通过偷盗的手段获取宝贝。以此为契机，正在度假的国际大盗杰克（成龙扮演）隆重登场。杰克背后有一支超专业的夺宝团队，他们一同远赴巴黎，寻求国宝鉴定专家Coco的帮助。经过周密细致的准备，杰克等人一步步逼近重兵把守的兽首，而围绕珍宝不可避免地爆发连番惊险火爆的打斗与追逐。在这一过程中，杰克似曾被利益和金钱泯灭的爱国之心渐渐苏醒，转而开始挽救国宝……

电影上映后，票房累计突破7亿元，成为当年无数爱国人士茶前饭后议论的热门话题。大家都很关心，中国的国宝圆明园十二铜兽首究竟是怎样流失到海外的？通过什么方式才能让它们回归祖国？那段屈辱的历史，那些被劫掠的国宝，再次揭开全体中国人心灵上的疤痕！我们不得不重新打开历史的大门，回到第二次鸦片战争时期，梳理英法联军火烧圆明园整件事的前因后果。

圆明园位于北京市西北的海淀区，是一组清代的大型皇家园林。由圆明园及其附园长春园和绮春园（后改称万春园）组成，统称为"圆明三园"。此外还有许多小园分布在圆明园东、西、南三面，众星拱月般地环绕在圆明园周围。圆明园规模宏伟，运用了各种造园技巧，融合了各式园林风格，是中国园林艺术史上的顶峰作品。因为清朝皇帝每到盛夏就来到这里避暑、听政处理军政事务，所以也称"夏宫"。

圆明三园共有一百余处园中园和风景建筑群，即通常所说的一百景。集殿堂、楼阁、亭台、轩榭、馆斋、廊庑等各种园林建筑共约16万平方米。比故宫的全部建筑面积还多一万平方米。加之在园林布局上因景随势，千姿百态，园中各景又环环相套，层层进深，形成了丰富多彩、自然和谐的整体美。它的每一座小的宫殿都仿佛是按照奇特的模型制成的，像是随意安排的，没有一座与其他一座雷同。人们不能在一览之下就领略这幅景色，必须一点一点地仔细研究它。

每当清晨，薄雾初起，圆明园在烟雾中时隐时现宛如琼阁瑶台一般。这处建筑的格调和气势是我国现存园林建筑中所少见的。其中的国宝更是数不胜数，有纯金的、镀银的、玉雕的、铜塑的，年复一年地积累。圆明园遭劫掠焚毁，其损失无论是经济价值还是文化艺术价值都是难以用数字估量的。

跑了和尚跑不了庙

第一次鸦片战争之后，为了进一步打开中国大门，英、法、美等西方帝国主义列强便以修约为名，企图压迫清政府赋予其新的侵略权益。1854年，英国首先向中国提出要求修改已订的《南京条约》的有关条款，美国和法国也接踵而来，均遭到清政府的拒绝。英、美、法等殖民主义者掀起的"修约"交涉未能得逞，就恼羞成怒，决定用发动新的侵华战争来实现其无理要求。

1856年10月23日，英国军舰突入广东南部沿海，向广州进攻，隆隆的炮火声中，挑起了第二次鸦片战争。

1857年春，英国议会通过了扩大侵华战争的提案。3月，英国政府任命前加拿大总督额尔金为全权专使，率领一支陆海军来中国；同时向法、美、俄等国发出照会，提议联合出兵，迫使清政府签订新的不平等条约。10月，法国拿破仑三世（即路易·波拿巴）也借口"马神甫事件"（即"西林教案"）任命葛罗为全权公使，率领一支侵略军，打着为"保卫圣教而战"的幌子，继英军之后开到中国参战。美国和俄国也同意英国的提议，积极支持英、法发动新的侵华战争。这样，四个野心勃勃的侵略者，基于共同的利益，暂时结成了联合侵华阵线，进一步扩大由英国首先挑起的第二次鸦片战争。

1858年4月，英、法、美、俄等国军舰陆续北上来到大沽。5月20日上午8时，英法联军照会清政府，限令清军在两小时内交出大沽炮台。清政府不予理会。两小时后，英法联军悍然以数十只小汽轮和舢板闯进大沽口，向大沽炮台发动猛烈攻击。守炮台的爱国官兵奋起反抗，给侵略者以迎头痛击。但终因防御薄弱，力量相差悬殊，大沽当天被占。5月26日，英法联军到达天津城外，清政府急忙派大学士桂良和吏部尚书花纱纳到天津，与英、法等国代表谈判，并于6月26日和27日分别签订了《天津条约》，中国的主权再次受到极大的侵犯。

咸丰皇帝画像

《天津条约》签订以后不久，咸丰皇帝突然发现，在他亲自批准的条约里，竟有四项是他无论如何也不愿意接受的，也就是：允许四国的公使进驻北京；开放长江各港口通商；允许洋人直入内地；赔偿洋人的出兵军费，以换取洋人占领的广州城。

咸丰认为，在这四项里，最不应该的是答应四国公使常驻北京这一条。如果洋人进驻了北京城，就等于公开宣布清政府已经受到了洋人的监视。最初，咸丰皇帝想通过谈判的方式，让洋人取消这四项条款，甚至还想用免除外国人的关税作为条件，让洋人取消这些条款。但是，派去谈判的中国官员，都知道洋人是贪得无厌的强盗，即使跟这些外国人提出来，也不会有任何结果的。所以，更不敢提什么免除关税的事了，以免让外国人又得到额外的好处。

后来，咸丰皇帝又想阻止四国公使进入北京来交换条约。也就是两国互相交换由两国政府签字的条约。这个活动是在当时签订条约草案的时候，就已经规定了，要在一年以后，在北京举行。可是，到了该交换条约的时候，中国方面却在咸丰的指示下，希望四国公使能在北京城以外的通州进行交换。洋人们根本不答应，坚决要在北京进行交换。

1860年春，英国的额尔金和法国的葛罗又分别被他们的政府任命为全权公使，率领着一支世界上最庞大的远征军联合舰队，向中国开来。这一次，他们一共出动了205艘军舰，25000多人。其中英国出动了173艘军舰，18000多人；法国出动了32艘军舰，7000多人。

英国公使额尔金

1860年在8月1日，英法联军根据俄国人提供的情报，知道大沽口一带的中国军队在僧格林沁的指挥下，进行了严密的防守。而北塘口一带的兵力却非常空虚。于是，10000多名英法联军的士兵，在俄国人的带领下，攻上了北塘口，并从后面袭击了大沽口的清军，占领了大沽口炮台，还一直逼着清军退到了北京的近郊通州。

当英法联军又从天津向通州进军的时候，咸丰皇帝再一次改变主意，又想议和了。他派怡亲王载垣和尚书穆荫为全权代表，立刻前去跟洋人谈

圆明园复原图

判，答应完全接受他们在天津提出的额外要求，条件是英法联军不要进入通州。但是，英法联军的代表在英国人巴夏礼的带领下，却坚决要求进北京，向皇帝本人递交国书，互换《天津条约》。载垣没敢答应，和谈又破裂了。

这一次，咸丰皇帝真的下了决心，要跟洋人决战了。他一面命令把英法的和谈代表扣起来，当作人质；一面让僧格林沁死守通州，不让洋人向北京进犯。

主持北京军务的将军僧格林沁是一个有勇无谋的人，在谈判的过程中，他数次羞辱谈判代表，并让首席谈判代表巴夏礼下跪。巴夏礼不跪，清兵便摁着他的头往地上磕，让他立刻撤兵。巴夏礼说自己只是个谈判代表，做不了主。见巴夏礼拒绝自己，僧格林沁最后就把参加谈判的英法代表和前几天被清军俘虏的一小队英法士兵，共39人全部扣留，押解回京。

后来在英法的强烈要求下，清政府释放了他们。被俘虏和扣留的一共是39人，有人在此进程中病故和死亡，于是英法联军就借口报复。而且额尔金还特意提出了一点，那就是进了北京，一定要烧了圆明园，因为

英法联军入侵北京旧照

69

"他的使节就是被关押在那里的"。这些话后来证明，完全是为其烧毁圆明园的罪行进行捏造。

遍地都是宝

9月18日，英法联军攻陷张家湾和通州，21日攻下八里桥。咸丰皇帝吓破了胆，派他六弟恭亲王奕訢为钦差大臣，留守北京，主持和议。

9月22日清晨，咸丰皇帝带着后妃、皇子、亲王和一批大臣，慌忙逃到热河行宫（今河北承德避暑山庄）。名为"北巡"，实则置祖宗社稷于不顾，自逃性命。从而造成都城无主、百官皆散，军卒志懈、民心大恐的危急局面，这就从根本上动摇了对入侵者的坚决抗御。

为了迫使清政府尽快接受议和条件，英国公使额尔金、英军统帅格兰特以清政府曾"将英法被俘人员囚禁在圆明园"为借口，命令中将米启尔于10月6日率领侵略军3500余人直趋圆明园。

当时，僧格林沁、瑞麟残部在城北一带稍事抵抗，即行逃散。法军先行，于当天下午经海淀，傍晚即闯至圆明园大宫门。此时，在出入贤良门内，有20余名圆明园技勇太监同敌人首先交手。他们凭借冷兵器和自幼练就的拳脚功夫对敌，"遇难不恐，奋力直前"，虽然杀死杀伤敌兵数人，但终因寡不敌众，圆明园技勇"八品首领"任亮等人全部以身殉职。至晚7时，法侵略军攻占了圆明园。管园大臣文丰见无力护园，悲愤地投福海而死。

10月7日，英法侵华头目闯进圆明园后，立即"协派英法委员各三人合议分派园内之珍物"。法军司令孟托邦当天即函告法外务大臣："予命法国委员注意，先取在艺术及考古上最有价值之物品。予行将以法国极罕见之物由阁下以奉献皇帝陛下（拿破仑三世），而藏之于法国博物院。"英国司令格兰特也立刻"派军官竭力收集应属于英人之物件"。

法英侵略军入园的第二天就不再能抵抗物品的诱惑力，军官和士兵们成群结伙冲上前去抢劫园中的金银财宝和文化艺术珍品。据参与并目击劫掠现场的英法军官、牧师、记者描述：军官和士兵，英国人和法国人，为了攫取财宝，从四面八方涌进圆明园，纵情肆意，予取予夺，手忙脚乱，纷纭万状。他们为了抢夺财宝，互相殴打，甚至发生过械斗。

因为园内珍宝太多，他们一时不知该拿何物为好，有的搬走景泰蓝瓷瓶，有的贪恋绣花长袍，有的挑选高级貂皮皮衣，有的去拿镶嵌珠玉的挂钟。有的背负大口袋，装满了各色各样的珍宝。有的往外衣宽大的口袋里装进金条和金叶；有的半身缠着织锦绸缎；有的帽子里放满了红蓝宝石、珍珠和水晶石；有的脖子上挂着翡翠项圈。有一处厢房里有堆积如山的高级绸缎，据说足够北京居民半数之用，都被士兵们用大车运走。

一个英国军官从一座有500尊神像的庙里掠得一个金佛像，可值1200英镑。一个法国军官抢劫了价值60万法郎的财物。法军总司令孟托邦的儿子掠得的财宝可值30万法郎，装满了好几辆马车。一个名叫赫利思的英军二等带兵官，一次即从园内窃得两座金佛塔（均为三层）及其他大量珍宝，找了7名壮夫替他搬运回军营。该人因在圆明园劫掠致富，享用终身，得了个"中国詹姆"的绰号。

英法联军攻入北京

圆明园复原景图

侵略者除了大肆抢掠之外,被他们糟蹋了的东西更不计其数。有几间房子充满绸缎服装,衣服从箱子里被拖出来扔了一地,人走进屋里,几乎可遮没膝盖。工兵们带着大斧,把家具统统砸碎,取下上边的宝石。一些人打碎大镜子,另一些人凶狠地向大烛台开枪射击,以此取乐。大部分法国士兵手抡木棍,将不能带走的东西全部捣碎。这处秀丽园林,顷刻间就被毁坏得满目狼疮。

没见过这么不要脸的

正当清政府对侵略者屈膝退让,答应接受全部"议和"条件、择日签约时,英国侵华头目额尔金、格兰特,为了给其侵华行为留下"赫然严厉"的印象,竟借口"其被俘人员遭到虐待",悍然下令火烧圆明园。

这真是典型的强盗逻辑,在他国的国土上杀人放火,还要把自己置于正义的位置上,这种不要脸的流氓行径简直难以用语言形容。

10月18日、19日,三四千名英军在园内到处纵火,大火三昼夜不熄。这座举世无双的园林杰作、中外罕见的艺术宝藏,被付之一炬。

事后据清室官员查奏,偌大的圆明三园内仅有二三十座殿宇亭阁及庙宇、官门、值房等建筑幸存,但门窗多有不齐,室内陈设、几案尽遭劫掠。与此同时,万寿山清漪园、香山静宜园和玉泉山静明园的部分建筑也遭到焚毁。

北京城旧照

据有关材料记载,英国侵略军烧毁安佑宫时,因他们来得突然,主事太监又反锁着安佑宫的大门,所以,当时有太监、宫女、工匠等共300人,被活活烧死在安佑宫。

相距20多里的北京城上空日光黯淡,如同日食,大量烟尘灰星直落巷衢。

火烧圆明园这是人们说惯了的一个提法。其实"火烧圆明园"的真正情况不是只火烧圆明园,而是火烧京西皇家三山五园。焚毁的范围远远比圆明园大得多。

圆明园陷入一片火海的时候,额尔金得意忘形地宣称:"此举将使中国与欧洲愕然震惊,其效远非万里之外之人所能想象者。"放火的主使者把这种行径看作了不起的业绩,而全世界正直的人们却为这野蛮的罪行所激怒。

法国大文豪雨果对圆明园做出这样的评价:"你只管去想象那是一座令人心神往的、如同月宫的城堡一样的建筑,夏宫(指圆明园)就是这样的一座建筑……有一天,两个强盗闯进了夏宫,一个进行抢劫,另一个放火焚烧。他们高高兴兴地回到了欧洲,这两个强盗,一个叫法兰西,一个叫英吉利。他们共同'分享'了圆明园这座东方宝库,还认为自己取得了一场伟大的胜利!"

中国这一园林艺术的瑰宝、建筑艺术的精华，就这样化成了一片灰烬。一代名园圆明园的毁灭，既是西方侵略者野蛮摧残人类文化的见证，也是文明古国落后了就会挨打的证明。历史上的无数事实表明一个贫穷落后、弱小的国家和民族只能处于被压迫、被剥削、被凌辱、被掠夺的地位。

圆明园还在熊熊燃烧之时，奉命留守北京的恭亲王奕䜣，就承诺了全部侵略者的一切条件。不久即分别与英、法、俄诸国交换了《天津条约》文本，签订了《北京条约》。这样，帝国主义列强霸占了中国的九龙半岛和北部的大片领土，勒索去1600万两白银的巨额军费赔款。

就这样，轮番的掠夺偷盗将圆明园变成一片狼藉。自此，昔日的万园之园处处显示着衰败和狼狈之相。

一把大火过后，圆明园变成一片废墟，大多数圆明园国宝流失于海外，直到十二铜兽首再次出现，又掀起人们对圆明园的留恋。

圆明园中最著名的国宝就是十二生肖兽首铜像，又称为圆明园兽首、圆明园红铜兽首、圆明园兽首铜像等，是清朝乾隆年间修建的，由欧洲传教士意大利人郎世宁主持设计，法国人蒋友仁设计监修，清宫廷匠师制作的。十二生肖兽首自被英法联军掠夺后便流落四方，其中鼠首与兔首被法

英法联军火烧圆明园

国人收藏；牛首、猴首、虎首、猪首和马首铜像已回归中国，收藏在保利艺术博物馆；龙首、蛇首、羊首、鸡首、狗首仍然下落不明。

为什么十二生肖铜兽首这么珍贵呢？我们不妨回顾一下它们的前世今生……

外来的和尚会念经

有一天，乾隆皇帝闲来翻阅图书，看的正是一本绘有西方宫殿的图书。书上所绘的西洋石造建筑宏伟大方，尤其是那喷水池，精巧奇妙，乾隆皇帝一下子就被深深吸引了。他想，这等美妙之物，我堂堂大清怎么可以没有呢？于是，他决定在圆明园内也建造此类宫殿。

正好，当时有个"老外"在宫廷做画师，叫郎世宁，乾隆皇帝就把这个任务派到他头上了。郎世宁是个了不起的艺术家。他的原名叫朱塞佩·伽斯底里奥内，是个意大利人。康熙皇帝还在的

乾隆皇帝画像

时候，他就作为天主教耶稣会的修道士来中国传教了，在中国这一待就待了四五十年，历经康、雍、乾三朝，受到三位皇帝的重用。

郎世宁进入宫廷后，进入如意馆，成为一名宫廷画师。他带来了西洋绘画技法，向皇帝和其他宫廷画家展示了欧洲明暗画法的魅力。他还是一位艺术上的全能手，人物、肖像、走兽、花鸟、山水无所不涉、无所不精。他的《聚瑞图》《嵩献英芝图》《百骏图》《弘历及后妃像》《平定西域战图》等都是非常好的作品。但是郎世宁最大的成就，最为后人铭记的地方，不在于他的宫廷绘画，而是在于他作为"海晏堂"的总设计师，参与

了"万园之园"圆明园西洋楼的建筑设计工作。圆明园中观赏实用性建筑"海晏堂"是展现中西方文化交融的艺术珍品，在国际上具有极高的艺术价值和鉴赏价值。

乾隆皇帝将这个不太轻松的活儿派给了郎世宁。郎世宁工作几天，觉得一个人有点力不从心，就找到另外一个老外，蒋友仁来协助他。蒋友仁也是个了不起的人，他既是数学家，又是天文学家，同时还精通水力学知识，尽管他的头衔只是个法籍神父。

郎世宁画像

蒋友仁设计的作品，和十二铜兽首实在有着莫大的关联。那么他到底设计了一个什么呢？原本郎世宁是要建造具有西方特色的裸体女性雕塑，可是乾隆皇帝觉得这有悖中国的伦理道德，所以勒令重新设计。根据乾隆的授意，郎世宁和蒋友仁商议之后，便设计了一座别具西洋风格的报时喷泉，即"水力钟"。这座"水力钟"就在海晏堂的大门口，它的全称是"十二生肖报时喷泉"。因为它构思奇特，灵气十足，深得乾隆皇帝喜爱。

海晏堂正楼朝西，上下各十一间，楼门左右有叠落式喷水槽，阶下为一大型喷水池。喷水池的正中是一个高约两米、用三块巨石雕成的蛤蜊，远远望去像一朵盛开的莲花。池两旁呈八字形各排出6个石座，每个座石上雕刻着身穿袍服的兽首人身像，兽首是铜质，人身是石质。这些青铜生肖雕像高50厘米，呈"八"字形分列在喷水池两旁的石台上。南岸分别为子鼠、寅虎、辰龙、午马、申猴、戌狗；北岸则分别为丑牛、卯兔、巳蛇、未羊、酉鸡、亥猪。

它们按中国十二生肖规律排列，每隔一个时辰（合今天的两小时），代表该时辰的兽首口中就喷水，水呈抛物线状注入池中，即子时（23时

海晏堂十二生肖铜像

至次日1时）时分，鼠首铜像口中喷射水柱；丑时（1时至3时）时分，牛首铜像口中喷射水柱……正午12点整，除马首继续喷水外，其他十一个动物铜像的口中也一齐喷射水柱，刹那间场面极为壮观。因此，人们只要看到哪个生肖头像口中喷射水柱，就可知道时间。这一组喷泉就是一个巨大别致的水利时钟。

十二生肖铜像设计者充分考虑到中国的民俗文化，以十二生肖的座像取代了西方喷泉设计中常用的人体雕塑。生肖铜像身躯为石雕穿着袍服的造型，头部为写实风格造型，铸工精细，兽首上的褶皱和绒毛等细微之处，都清晰逼真。铸造兽首所选用的材料为当时清廷精炼的红铜，外表色泽深沉、内蕴精光，历经百年而不锈蚀，堪称一绝。

乾隆盛世，清王朝国力强盛，工艺水平处于巅峰，这圆明园十二生肖兽首铜像自然也不会逊色。它们所用的铜，系专门为宫廷所炼制的合金铜，含有许多贵重金属，与北京故宫、颐和园陈列的铜鹤等所用的铜是相同的。这种铜颜色深沉，内蕴精光，历经风雨都不会锈蚀，堪称一绝。制作这些兽首的都是专门为皇帝服务的宫廷造办处的工匠们，他们都有着丰富的工作经验。铜像上像动物绒毛等细微之处清晰逼真，鼻、眼、耳等重点部位及鼻上和颈部褶皱皆表现得十分细腻，不见一丝马虎，那是因为它们都是用精细的錾工刻画，都是一凿一凿锻打而成的。

1860年10月，英法联军火烧圆明园，十二生肖铜像以及大量艺术精品、宫廷典藏被抢劫至海外，成为中国历史上文物大规模流失的开端。现在，人们到圆明园遗址看到的就是"海晏堂"西洋楼的残石断柱。十二生肖喷水池进行了清理整修，那美丽的石雕蛤蜊依然吸引着游人。

4500美元的交易

十二生肖午时喷水示意图

说到这里，一定有很多人开始关心，十二生肖兽首铜像被英法联军抢劫之后，流落到了谁的手中呢？

火烧圆明园后，英法联军回到欧洲，在开始的前两三年的时间里做过一些针对圆明园文物的"拍卖会"，很多被掠夺盗抢的珍贵文物在那个时候就散落在欧洲一些王公贵族或大的商富手中。这期间几乎历经了120年，兽首开始下落不明。直到20世纪80年代，各方人士才开始发现其中几尊铜像的踪迹。

1985年的一个傍晚，一位美国人在法国散步。无意地往临近路边的一栋私人别墅看了看，他看到有铜做的虎首和马首被镶在游泳池边。这两只兽首在夕阳的映照下发出迷人的光彩。他十分喜欢。这时候殷勤的主人走了过来，看到了这位不速之客在呆呆地参观自己的泳池，并对铜兽首流露出浓厚的兴趣。主人很得意，便上前打招呼。

"可以卖给我吗？"美国人问道。

"当然了。"主人笑着说。

"需要多少钱？"

"我房内浴池里还有一个挂毛巾的牛头，可以一并卖给你。一个1500美元，你要是买的话就一起全买走吧！"

于是这个美国人花了4500美元买了这三只奇怪的牛兽首、虎兽首、马兽首。美国人回到美国后，他的妻子还和他大吵了一架，认为它们实在不值那么多钱！这也难怪，4500美元在当时可是一笔巨款了。

可是，无论是买家和卖家，他们谁也不知道这三只貌似普通的"铜制工艺品"的真正身世。它们默默无闻地待在普通的人家，任凭人家在自己的头上挂着毛巾或者是臭袜子。此后，这三个铜兽首又相继流转到他人之手，而且各自分散，尽管先后归属过几个主人，好在美国人对它们似乎还不错。假如遇到一个没品位的家伙，把它们化成铜水也不稀奇！

在多次的转手交易中，铜兽首一步步升值了。后来，终于有人发现了它们的神秘身世！这是圆明园中的皇家之物啊！于是它们顿时变得身价百倍，受保护的规格都异乎寻常了，甚至于它们开始有了自己的警卫和保姆。

牛虎猴猪的聚会

1987年，猴首和猪首率先公开出现在世人面前。美国纽约佳士得在当年的拍卖目录中，赫然出现了中国圆明园国宝——猴兽首和猪兽首。基于国宝不外流的想法，著名收藏经纪机构寒舍集团当时的负责人蔡辰洋亲自来到纽约参与竞拍。遗憾的是，由于某些原因，当时寒舍集团只选择了猴首作奋力一搏，而猪首则被美国的一家私人博物馆买走了。

1989年，在伦敦苏富比拍卖会上。寒舍的创办人蔡辰洋在这场拍卖会上，以约25万美元的价格拍到马兽首。由于寒舍收藏能力有限，后来将包括马首在内的圆明园两尊兽首辗转卖给了几个中国台湾省收藏家。

2000年，在佳士得和苏富比中国香港拍卖会上，圆明园海晏堂的牛首、猴首和虎首铜像意外现身。以弘扬中华优秀传统文化艺术、抢救保护流散在海外的中国珍贵文物为宗旨的中国保利集团参拍,最终以774.5万港元拍得牛首,818.5万港元竞得猴首,而虎首则以1544.475万港元成交。

2000年5月26日,中国十多位文物研究界权威专家对三件回归的圆明园文物进行了鉴定。专家认为,这些文物制作于200年前的清朝乾隆年间,具有特别重要的历史和艺术价值,应属国家馆藏一级文物,即国宝级文物。三件文物所用铜料与现存于故宫、颐和园的铜龟、铜鹤等的用料相同,绝非后人仿制,确实是真品。三件文物造型生动,栩栩如生,是难得的艺术精品。专家们还说,三件文物都有不同程度的被砸或磕碰过的痕迹,可能是当年英法联军在抢劫运输过程中造成的。

2000年5月29日,牛首、虎首、猴首铜像开始在保利大厦公开免费展出一个月,展出的背景墙是它们的原存放地点圆明园海晏堂的大幅照片。当时,北京市民对这次展览表现出了极大的热情,开展第一天的参观人数就将近6000人。三尊兽首先后在20多个中心城市展出,还到台湾省进行展出,无数人的心潮掀起一阵阵热浪。

2003年初,中华抢救流失海外文物专项基金在美国寻访到猪首的下落。经过努力争取,美国收藏家同意将猪首转让给该基金。2003年9月,全国政协常委、知名爱国人士何鸿燊向该基金捐款600余万港元将猪首铜像购回,并捐献给国家,存放于保利博物馆。

2003年10月18日,也就是圆明园被毁143周年这一天,保利博物馆将猪首铜像和原先收藏的虎首、牛首、猴首铜像一起在圆明园对社会公

圆明园海晏堂牛首 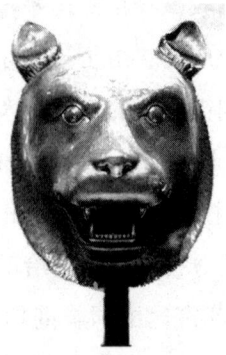　　圆明园海晏堂虎首 　　圆明园海晏堂猴首

开免费展出，反响热烈。

从展出的四兽首来看，设计者巧妙地将中西文化相结合，造型为写实风格。由于出水口设计在口中，每一尊兽首都是微张嘴巴，像是在微笑。"猪首"尖嘴獠牙，看起来像野猪，少了传统印象中的肥头憨态，但蒲扇般下垂的大耳朵又有着浓郁的中国风。再观"猴首"，犹如《西游记》中美猴王再世，线条流畅，铸工精细，尤其双眼炯炯有神。"牛首"弯曲向前的牛角，显示了它的不平凡。作为百兽之王的"虎首"，造型与中国虎的形象大相径庭，但其额头浅浅的"王"字还是昭显了它的地位，从制作工艺上看，其褶皱和绒毛等细微之处都清晰逼真，制作非常细致。

兽首虽为铜制，但肯定在眼睛、兽角等细节上加入了价值不菲的材质，使其在灯光下看起来润泽光亮，历经几百年而不锈蚀，堪称一绝。那种君临天下的泱泱气度，不可言说的深意微笑，洞悉百态的智慧神情，生动形象的体态风度，都深深震撼着观者的心灵。

法国人的捐赠

在所有已经回归祖国的兽首中，回归历程最为曲折的当属马首。作为圆明园享誉海内外的十二生肖铜像之一，马首铜像不仅做工精美，细节的刻画也非常生动传神，无论马的眼睛、嘴巴、耳朵，还是马毛的铺叠，都显得错落有致，自然逼真。据说因为乾隆属马，所以马首铜像在十二生肖中得到了格外的"关照"。

马首是十二生肖兽首中最为独特的一个，头顶上云朵一般的造型和卷曲的毛发，显示这是一个典型的欧式白马王子。也许郎世宁和蒋友仁在这件作品中，表达了对拥有胜景的乾隆皇帝无比的艳羡之情。

2007年9月，苏富比发布消息称，将以"圆明园遗物"专拍之名拍卖马首铜像。消息传出，

圆明园海晏堂马首

各界哗然。中华抢救流失海外文物专项基金率先发表声明坚决反对公开拍卖马首铜像，并提出应以公益方式实现马首回归。经过多方促成，最后，曾经为猪首铜像回归祖国作出贡献的何鸿燊，在拍卖会举行之前以6910万港元购得马首铜像，并宣布将其捐赠国家。马首铜像的价格是牛首、猴首、虎首铜像总价的两倍多。

2009年，圆明园青铜鼠首和兔首现身，这两件兽首很快在巴黎被拍卖，法国的皮诺家族从文物原持有人手中买下了这两件兽首。这引起了国际社会关注和谴责，中方明确表示了反对意见。

皮诺家族是世界第三大奢侈品集团PPR集团（已更名Kering，中文"开云"）的掌控者。1963年，法国人弗朗索瓦·皮诺创立了以其家族命名的皮诺集团公司，最早从事木材和建材销售，后发展成零售业巨头并成功上市。1998年后，皮诺家族陆续收购了古奇、圣罗兰、宝缇嘉、巴黎世家等奢侈品品牌，后公司更名为PPR集团公司。1998年起，皮诺家族还成为国际佳士得拍卖行的大股东。

2013年4月26日，法国的皮诺家族在北京宣布，决定将所购流失海外的圆明园青铜鼠首和兔首无偿捐赠中国。中方对此予以积极评价，认为这一意愿符合有关文化遗产保护国际公约的原则精神，是对中国人民的友好表示，也有利于更多中国流失文物的回归。

不管鼠首和兔首在到达皮诺家族时经过了几手交易，中国显然都拥有其主权和所有权。不用"归还"，而用"捐赠"，意在庇护其对"二首"所有权的"合法"性，这是对八国联军火烧圆明园抢夺国宝文物的诡辩。

皮诺家族为什么要"捐赠"，意图不明。很多人认为这件事是因为中国的综合实

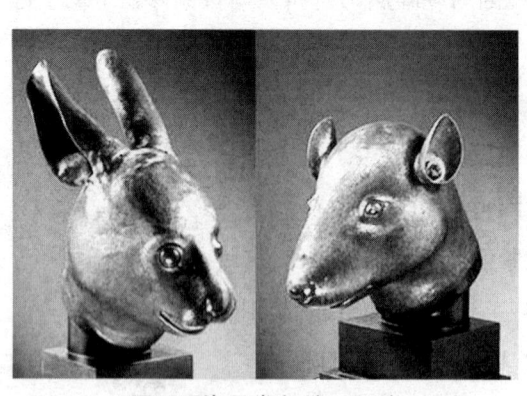

圆明园海晏堂兔首、鼠首

力提高了、世界影响力增加了，西方国家主动对中国政治示好。皮诺家族"捐赠"鼠首、兔首属于民间行为，因此，缘由与其说是政治示好，不如说是经济示好。据世界奢侈品协会2012年公布的报告显示，中国奢侈品市场年消费总额已经达到126亿美元，占据全球份额的28%，中国已经成为全球占比最大的奢侈品消费国家。显然，面对如此大的奢侈品市场，皮诺家族不想分一块是不可能的。

虽然皮诺家族的外交词汇和捐赠动机都显得很暧昧，似乎要说明什么，似乎又在掩盖什么，但把两件文物归还中国这件事本身是值得肯定的，符合有关文化遗产保护国际公约的原则精神。

2013年6月29日，法国皮诺家族无偿捐赠圆明园青铜鼠首、兔首仪式在国家博物馆举行。至此，圆明园十二生肖兽首铜像中，目前已经回归的有牛首、猴首、虎首、猪首、马首、兔首、鼠首共7件。另外5件龙首、蛇首、羊首、鸡首、狗首铜像一直不知所终。

永不停止的追索

今天在圆明园遗址公园，人们只能看到半废的山水和断壁残垣，很难想象这里曾享有"万园之园"的美誉。盛时的圆明园，有著名景群上百处，清朝数代帝王在150余年的时间里都在精心经营这座集中西建筑风格于一体的皇家园林。乾隆皇帝评价圆明园说："实天宝地灵之区，帝王豫游之地，无以逾此。"但如今，人们只能凭想象来揣测百余年前圆明园的风貌。

圆明园究竟有多少文物？这个问题至今众说纷纭。从清代档案史料、故宫博物院的研究文章以及《颐和园陈设清档》中推测，圆明园盛时文物不少于150万件，十二生肖铜像不过是圆明园流失文物中的沧海一粟。

道光年间内务府一份奏折，详尽载明道光十五年奉旨清查宫内及圆明园库贮物件情况：一两重银锞共存569390个，其中宫内存290505个，圆明园存280694个；各式如意1621款，其中宫内存1194款，圆明园存

450款；玉砚、笔洗等501件，其中宫内存142件，圆明园存337件；头等瓷炉、瓶、罐等共773件，其中宫内存337件，圆明园存291件……圆明园的收藏情况，由此也略窥一斑。

另外，雍正、乾隆、嘉庆、道光、咸丰五朝皇帝，每年居住在圆明园的时间达半年以上。以乾隆皇帝为例，据清内务府穿戴档记载，乾隆二十一年，全年共393天（因有闰月），乾隆去热河避暑山庄及木兰围场66天，去曲阜54天，居宫内（故宫）105天，居圆明园168天。道光二十四年，道光帝在圆明园居住时间达274天，其余时间在宫中居住。所以，圆明园内的陈设应不比故宫逊色多少。

圆明园园林建筑达20万平方米，比故宫的全部建筑面积还多4万余平方米。除去不会有什么陈设的亭轩的面积，用于园居、祭祀、读书、游乐、存储库房等的建筑面积在19万平方米左右。这些建筑内按一般陈设和库房存储计算文物数量的话，也应不少于故宫内陈设的文物数量。而据推算，溥仪退位时故宫实存文物应在150万件左右。按照这一比例，圆明

圆明园遗迹

园的国宝数量也大抵如此。

原本"出身"就在中国的国宝，正逐渐回归祖国，已是一个有目共睹的现象。然而，相比庞大的流失海外的国宝数量，这不过是冰山一角。让更多如珍珠般散落在异国他乡的珍贵文物重新回到祖国怀抱，为我们的文化和历史延续提供见证，是国人长期以来难以释怀的情结，也是每一个中国人的期盼。

我们追索国宝的诉讼在法律上的确有很多困难，之所以坚持，就是想表达一种姿态，希望引起海外民众对中国流失文物在海外现状的关注，同时引起中国民众对流失文物的重视。近年来，我国除了依据国际法不断向非法占有中国文物的国家提出严正交涉外，每年还拨出数千万资金到海外回购流失文物。即便如此，一切努力还都只是杯水车薪。

在目前由西方人主导的世界格局中，要想按照由他们制定的国际公约索回被掠夺的文物，困难可想而知。再加上，中国人民的爱国热情和民族情感高涨，易于被炒家利用，导致流失文物屡屡被拍卖者"漫天要价"。

追索海外流失文物是世界性难题。对流失海外的文物，我们要永远保持追索的权利，但追索不等于马上购回。而且，在不断付出追索努力的同时，还要尝试探索新的追索渠道，探索那些适合各国国情的、能够被广泛接受的新方式。同时，我们还要时刻关注龙首、蛇首、羊首、鸡首、狗首铜像的下落，期待它们有朝一日能够重新聚首，再现盛世辉煌。

第五章　孤芳难寻
——《兰亭集序》真迹流失之谜

王羲之的《兰亭集序》是中国书法上的"至宝"，尤以"天下第一行书"之名声闻天下。人们都知道它的诞生过程，可是很少有人知道，这件旷世之作伴随它曾经的主人在浙东的一座大山里度过了他人生的最后岁月后，就开始了传奇的流转历程，最后被皇家收入宫内。然而，这一风华绝代的书法传奇，自唐高宗之后逐渐消失于人们的视线，它扑朔迷离的去向牵动着无数人的情感……

大唐三藏圣教序碑

穿越几百年的碑文

穿越！穿越到几百年后，王羲之玩了一次离奇的穿越！

晋代大书法家王羲之竟然为几百年后的唐朝写了一篇碑文，你相信吗？

在西安碑林内有块《大唐三藏圣教序碑》，不少行家验看了碑上的每一字，确是王羲之的手笔；诵念碑文内容，也确是唐太宗为玄奘和尚撰写的《圣教序》。怪事自有根由，这座《大唐三藏圣教序碑》，是玄奘和尚从印度带回佛经，由他精心译成后，请唐太宗作序文，再加上太子李治作述记及玄奘的谢表，通称《三藏圣教序碑》。此碑立于唐高宗咸亨三年（672年），当时朝廷为了彰显此事的重要，要用晋代大书法家王羲之的字体来刻碑。长安洪福寺高僧怀仁知道此事后，感到是佛教界的光荣，因此，下决心承担此任。经过怀仁和尚到处寻觅，终于按序文把王羲之的字一个一个地搜集起来，成了这块王羲之字体的《圣教序碑》。

原来是这么一回事，王羲之早已故去几百年，只是唐人通过巧妙的方式促成了这件隔代合立一碑的奇事。传说怀仁在集字过程中，有几个字怎么也找不到，不得已奏请朝廷贴出告示，谁献出碑文中急需的一个字，赏一千金。后人把此碑的拓本称作《千金帖》。

王羲之的书法在唐朝广受欢迎，尤其是唐初的几任皇帝，是王羲之的忠实粉丝。

从贞观六年（632年）起，唐太宗下诏整理御府所藏历代法书，并广泛搜访，共得到王羲之书法真迹，"凡真、行二百九十纸，装为七十卷。草书二千纸，装为八十卷。"世上所传王羲之书法几乎被搜罗净尽。

王羲之书法上集张芝、钟繇之大成，下避小王（王献之，王羲之第七子）之媚趣，诸体兼备，质妍兼得，其在书法史上最终能够脱颖而出，当为历史必然。书家"四贤"的排名，在唐朝发生了彻底性转变，王羲之被确立为"书圣"，这很大程度是以唐太宗李世民为首的官方统治阶层推崇的结果。应该说，唐太宗的帝王意志是王羲之进位"书圣"的关键条件，但不是唯一条件，其实在《晋书》修成之前，初唐书法家欧阳询在其《用笔论》中就说"冠绝古今，唯右军王逸少一人而已"。

唐之后的人亦有不少人对"四贤"的成就反反复复作出评价，不过最为公允客观的，当属盛唐时期的张怀瓘，在《书断》的结尾处，张氏指出张钟二王"妙各有最"，无法用一个统一的标准贯彻到底。因此在其诸多著述中一直是使用分类排序法对张钟二王进行排位。

有唐一代，由于唐太宗的推崇，欧阳询、虞世南等书家的实践，李嗣真等论家的响应，王羲之终于被推上了神坛。到了宋代，洋洋大观的《淳化阁帖》一半篇幅竟为二王书迹，更可谓气势撼人。至此，千年以来"书圣"王羲之的光辉形象生成了。

书圣是怎样炼成的

王羲之是东晋伟大的书法家，他一变汉魏朴质书风，开晋后妍美劲健之体，创楷、行、草之典范，后世莫不宗法。他的行书字帖《兰亭集序》是他的代表作，被书法界誉为"天下第一行书"，千百年来倾倒了无数习书者，因此被后人尊称为"书圣"。

唐太宗李世民倡导王羲之的书风。他亲自为《晋书》撰《王羲之传》，搜集、临摹、欣赏王羲之的真迹，将《兰亭集序》摹制多本，赐给群臣。在中国书法史上，帝王以九五万乘之尊而力倡一人之书者，仅此而已。

宋代姜夔酷爱《兰亭集序》，日日研习，常将所悟所得跋其上。有一跋云："廿余年习《兰亭》皆无入处，今夕灯下观之，颇有所悟。"意思就是历时二十多年才稍知入门，可见释读之难。无数书法家孜孜不倦地释读过《兰亭集序》，何尝不想深入王羲之的堂奥，但最终只能得其一体而已。因此，《兰亭集序》可以说是由杰出的书法智慧所营造而成的迷宫。

王羲之（303—361年）字逸少，东晋时期人。祖居琅琊（今山东临沂），西晋末年南迁后，定居在会稽山阴（今浙江绍兴），遂为绍兴人。王羲之故居位于绍兴城内蕺山脚下的戒珠寺。他曾任会稽内史，官至右军将军，所以世称王右军。在他任职期间，薄功名利禄，为人耿直，关心百姓疾苦，是一个务实为民的清官。同时时常以作书养鹅为乐。晚年辞官隐退后，放浪形骸于山水之间，卒年59岁，葬于金庭瀑布山。羲之生七子，均有书名。第七个儿子献之得羲之真传，书法不下乃翁，世称"小王"。

王羲之画像

王羲之7岁拜师于女书法家卫夫人和叔父王广，勤学苦练，后又遍学李斯、钟繇、蔡邕、张昶等书法大家，并博采众长，独辟蹊径，自成一体。

王羲之的书法作品很丰富，据说梁武帝曾收集他书一万五千纸，唐太宗遍访王书，得三千六百纸，到宋徽宗尚保存二百四十三纸。可惜的是，王羲之传世墨迹，寥若晨星，真迹无

王羲之的《官奴帖》

一留存。除《兰亭集序》外，著名的尚有《官奴帖》《十七帖》《二谢帖》《奉桔帖》《姨母帖》《快雪时晴帖》《乐毅论》《黄庭经》等。他的行书名品《快雪时晴帖》唐钩填本，现为台北故宫博物院收藏。《快雪时晴帖》与王珣《伯远帖》、王献之《中秋帖》并为稀世之宝，合称"三希（稀）"，乾隆时藏于养心殿西暖阁"三希堂"。

王羲之书法主要特点是平和自然，笔势委婉含蓄，遒美健秀，后人评曰："飘若游浮云，矫如惊龙。"王羲之的书法精致、美轮美奂，极富有美的观赏价值。总之，他把汉字书写从实用引入一种注重技法、讲究情趣的境界，标志着书法家不仅发现书法美，而且能表现书法美。对王羲之这位"书圣"的生平，史书记载十分有限，偶有一些民间传说流传于世，但他召集的那次兰亭集会，千百年来却广为传颂。因为王羲之是酒后即兴创作，记录了那次盛会的《兰亭集序》，不仅是文学史上的不朽之作，也是中国书法史上无法逾越的高峰。

广告策划人

王羲之从小喜爱写字。据说平时走路的时候，也随时用手指比画着在衣服上练字，日子一久，连衣服都划破了。经过勤学苦练，王羲之的书法越来越有名。当时的人都把他写的字当宝贝看待。那个时候逢年过节，要

写一些祝福的文字，这些文字都是写在木板上的，这种文字叫"祝板"。王羲之也写过祝板，他写完后让木匠拿去雕刻，木匠在雕刻时非常惊奇，由于他笔力强健，落笔有劲，因此字迹渗入木板，竟然达到三分深，这就是"入木三分"的典故。

当时，王羲之正是意气风发之时。东晋，有个大官叫郗鉴，他有个宝贝女儿国色天香。当时，人们讲究门第等级，门当户对。王羲之的父亲也是朝中权贵，郗鉴就派人到他们家去选女婿。王家的儿子和侄儿听说太尉家将要来提亲，纷纷盛装打扮，希望被选中。只有王羲之，好像什么也没听到似的，露着肚皮躺在东边的竹榻上一手吃烧饼，一手在衣服上比画。来人回去后，把看到的情况禀报给郗太尉。当他知道东榻上还靠着一个不动声色的王羲之时，不禁拍手赞叹道："不媚俗，不矫情，这正是我所要的女婿啊！"于是郗鉴便把女儿嫁给了王羲之。这故事便成了"东床"和"令坦"两个典故。王羲之是不可能不对郗家之女动心的，但他知道自己应该怎么做，况且那个年代也流行这个样子。大家都熟悉的王冕，总是戴着高高的帽子，骑着牛吟着高深的《离骚》，就是为了吸引人。王羲之这场个人魅力推销策划极为成功。

还有一次，王羲之到一个村子去。有个老婆婆拎了一篮子六角形的竹扇在集上叫卖。那种竹扇很简陋，没有什么装饰，引不起过路人的兴趣，老婆婆十分着急。

王羲之看到这情形，很同情那老婆婆，就上前跟她说："你这竹扇上没画没字，当然卖不出去。我给你题上字，怎么样？"

老婆婆不认识王羲之，见他这样热心，也就把竹扇交给他写了。

王羲之提起笔来，在每个扇面上龙飞凤舞地写了五个字，就还给老婆婆。老婆婆不识字，觉得他写得很潦草，和鬼画符似的，

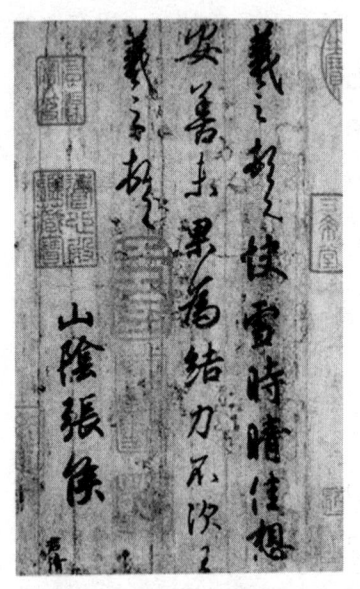

王羲之的《快雪时晴帖》局部

很不高兴，认为王羲之污损了她的扇子。

王羲之安慰她说："别急。你告诉买扇的人，说上面是王羲之写的字。"

王羲之一离开，老婆婆就照他的话做了。集上的人一看真是王羲之的书法，都抢着买。一篮竹扇马上就卖完了。王羲之的广告效应就是这么有效。据说老婆婆第二天带着很多扇子又去找王羲之，王羲之笑了笑，却没再为她题字。

许多艺术家都有自己的性格和爱好，有的爱种花，有的爱养鸟。但是王羲之却有他特殊的癖好。不管哪里有好鹅，他都有兴趣去看，或者把它们买回来玩赏。

山阴地方有一个道士，他想要王羲之给他写几个字。可是他知道王羲之是不肯写字卖钱的。后来，他打听到王羲之喜欢白鹅，就特地养了一批品种好的鹅。

王羲之听说道士家有好鹅，真的跑去看了。当他走近那道士屋旁，正见到河里有一群鹅在水面上悠闲地浮游着，一身雪白的羽毛，映衬着高高的红顶，实在逗人喜爱。

王羲之在河边看着，简直舍不得离开，就去找道士，请求把这群鹅卖给他。

那道士笑着说："既然王公这样喜爱，就用不着破费，我把这群鹅全部送您好了。不过我有一个要求，就是请您替我写几个字。"

王羲之哈哈一笑，毫不犹豫地给道士写了字，那群鹅就被王羲之带回去了。

王羲之爱鹅，也爱吃鹅。鲁迅先生曾写过一篇《魏晋风度及药及酒的关系》，在这篇文章中，他详细阐述了魏晋时期人们爱吃丹药的风俗，而王羲之也是其中的一员，他常常和道士许迈"服石采药，不远千里"。但是这种药的毒性很大，传说吃鹅肉可以解毒，所以王羲之买鹅也是为了食用。王羲之只活到59岁，也许就是因为他长期服用丹药导致健康出现问题所致吧！

王羲之的巅峰之作出现在他47岁那年，兰亭边的小溪旁，他写下惊世骇俗的《兰亭集序》。

我们做朋友吧

东晋永和九年（353年）农历三月三日，天朗气清，惠风和畅。王羲之和朋友们带着美酒在郊外举行了一次祓禊活动，地点选择在会稽境内的兰亭。所谓"祓禊"，是古代一种消除污秽的祭祀活动，一般多在农历三月三日春光明媚之时，选择水边，一方面祭神，同时大家也洗洗手脚，据说可免除邪恶不祥。这项仪式始于西周，但逐渐从最初的祭神发展到了游春赏景、饮酒赋诗的踏青活动。

这一天，会稽山阴的兰亭这儿十分热闹，时年50岁的王羲之做东，准备了一些美酒，邀了一些朋友前来游玩，饮酒作诗。兰亭雅集的参加者多半是潇洒的文官武将，据唐何延之《兰亭记》的记载，有谢安、孙绰、支遁……还有王羲之的3个儿子共42人。这个盛会是很有趣的，朋友们不是坐在酒席桌前，而是在清清的溪水边，浓浓的树荫下。这里真是美极啦。曲水绕亭，鸟语花香，春风拂面，使人神清气爽。换作今天，这样的野外酒会也是极其有趣的。不过古人很风雅，他们是对酒当歌，吟诗作赋；而我们当代人恐怕就是摆开烧烤炉，喝啤酒，烤肉串，秀自拍，最后吹牛皮……

兰亭遗址

魏晋风度是中国文化史上的一个专有名词，魏晋名士更是魏晋风度的典型代表。"风度"在魏晋时是用来品评人物的词语，它是个人文化素质与精神状态在言谈与仪表上的反映，同时也集中体现在人生观和世界观上。魏晋时代的人物是很另

兰亭曲水流觞壁画

类的，他们在动乱的世事下创造了一个又一个光辉的业绩，且个性十足、潇洒自然，他们用行动率真地表现着自己的情绪与思想。建安七子，正始名士、竹林七贤等人，都是魏晋风度的典型代表，或放浪形骸，或沉湎药酒，或侃侃而谈，视礼教功名如粪土。魏晋风度表现在当时的服饰文化中，男子服饰的特点是穿宽大的衣服、跟高齿屐，熏衣剃面，傅粉施朱，保持清秀的体形，望若神仙。魏晋妇女则襦衣长裙，大袖翩翩，饰带层层叠叠，当风飘逸，表现出优雅和摇曳的风格，似仙女下凡，如曹植笔下洛神的形象。

此时在兰亭旁的小溪边，一大群男子正在相互交谈，他们多穿着衣襟开敞，衣袖宽大的袍衫，敞胸露怀，头上加幅巾或戴小帽，力求轻松自然、随意的感觉。

王羲之站起身来，招呼大家就位。42位名士依次列坐溪边，曲水流觞，饮酒作诗正式开始了。一个书童将盛满酒的羽觞放入溪水，随水而动，羽觞在弯弯曲曲的小溪中缓慢前行，停在谁的位置，此人就得赋诗一首，倘若是作不出来，可就要罚酒三杯。

那些豪爽之士，当清澈的泉水载着盛满美酒的酒杯流到面前时，端起

《兰亭集序》摹本

来就一饮而尽。那些满腹才华的人等来酒杯，便赋诗一首。美酒、美景、良师益友，在场的人无不诗兴大发，人们陶醉在酒香美景之中，接着就饱蘸墨笔，吟诗作文，互相传看，朋友们免不了评点一番，边吟边唱。真是欢声笑语，不绝于耳。王羲之也喝得尽兴，内心十分舒畅。

正在众人沉醉在酒香诗美的回味之中时，有人提议不如将当日所作的37首诗，汇编成集，取名为《兰亭宴集》，后人多习惯称为《兰亭集》。37页诗文摆在一起，厚厚的一摞。这时众家又说，诗集有了，可是没有序怎能记录下今天我等愉快的心情呢？众人便公推王羲之写一篇《兰亭集序》。

大家都惊呆了

王羲之端着酒一饮而尽，然后提笔而立，虽然脚步有些踉跄，但是多年的功底立刻让他轻拈鼠须笔，在铺开的蚕茧纸上，用他最擅长的中锋行楷，洋洋洒洒28行，324字一挥而就：

永和九年，岁在癸丑，暮春之初，会于会稽山阴之兰亭，修禊事也。群贤毕至，少长咸集。此地有崇山峻岭，茂林修竹；又有清流激湍，映带左右，引以为流觞曲水，列坐其次。虽无丝竹管弦之盛，一觞一咏，亦足以畅叙幽情。是日也，天朗气清，惠风和畅。仰观宇宙之大，俯察品类之盛，所以游目骋怀，足以极视听之娱，信可乐也。

夫人之相与，俯仰一世，或取诸怀抱，悟言一室之内；或因寄所托，放浪形骸之外。虽趣舍万殊，静躁不同，当其欣于所遇，暂得于己，快然自足，不知老之将至。及其所之既倦，情随事迁，感慨系之矣。向之所欣，俯仰之间，已为陈迹，犹不能不以之兴怀。况修短随化，终期于尽。古人云："死生亦大矣。"岂不痛哉！

每览昔人兴感之由，若合一契，未尝不临文嗟悼，不能喻之于怀。固知一死生为虚诞，齐彭殇为妄作。后之视今，亦犹今之视昔。悲夫！故列叙时人，录其所述，虽世殊事异，所以兴怀，其致一也。后之览者，亦将有感于斯文。

在这篇短文中，王羲之既描写了兰亭优美的自然环境，又书写了与朋友相聚的欢欣，同时也抒发了人生苦短、及时行乐、快然自足的情怀。文章理趣深远，沁人心脾，而书法更是遒媚劲健变化无穷，20多个"之"字无一雷同，如有神助。

王羲之挥毫之时，现场鸦雀无声，停笔后，众人轰然大口喘气。原来众人看王羲之行书时，无不屏声敛息，看得心旷神驰、如痴如醉，更有的人看得心惊肉跳、暗自惭愧。

墨迹还未干透，朋友们就一致赞美王羲之，认为无论从文章的角度，还是从书法的角度看，都是一篇前无古人后无来者的绝妙精品。对于大家的称赞，王羲之并不觉得怎么样，他只觉得这是朋友们惯例的夸赞。

第二天早晨，王羲之酒醒之后，看到小儿子献之正在挥毫，他便走过去，只见献之正在临摹一篇洋洋洒洒的行文。献之连忙停笔，问候父亲大人。

王羲之眼睛扫了一眼那张纸，心里一震，拿起细看，竟然是一幅绝妙的书法行楷，书法的风格看着很眼熟，却有着一股说不出的风骨在其中，妙！这世上竟然还有如此出色的书法大家，王羲之忙问是谁的字。

王献之很奇怪地看着父亲，说这就是你自己写的啊。

王羲之再把手书的《兰亭集序》拿来仔细看，果然是自己的书法，可是比以前的书法要精彩得多，心中十分得意，看来自己的书法又到更高的境界了。

王羲之意犹未尽，当即伏案挥毫在纸上将序文重书一遍，却自感不如原文精妙。他有些不相信，一连重书几遍，仍然不得原文的精华。献之的书法虽然还未有日后的成就，但是眼光颇准，他也认为重写的这些字均不如昨日所写。

王羲之这时才明白，昨天酒后的这篇序文已经是自己一生中的巅峰之作了，自己的书法艺术在这篇序文中得到了酣畅淋漓的发挥。昨日挥毫之时可以说是自己达到了水火相济、龙虎交会、天人合一、法道自然的崇高境界。终自己的余生，都不可能再达到这种境界了，这就是书法艺术的奥妙。人的一生中，这样的机遇是可遇而不可求的！

王羲之哈哈大笑，将重新书写的几幅字全部撕掉，昂首而去。他知道，《兰亭集序》一文已经成为千古绝唱……

兰亭集会两年之后，王羲之就把他在《兰亭集序》中抒发的人生哲学付诸实现——誓墓辞官，带着家眷退隐田园。但他到底退隐何处？《晋书》上没有记载，只知道他归隐山林，从而留下了一桩历史公案。自然，被称为"天下第一行书"的《兰亭集序》原本，也随着王羲之辞别了纷扰的庙

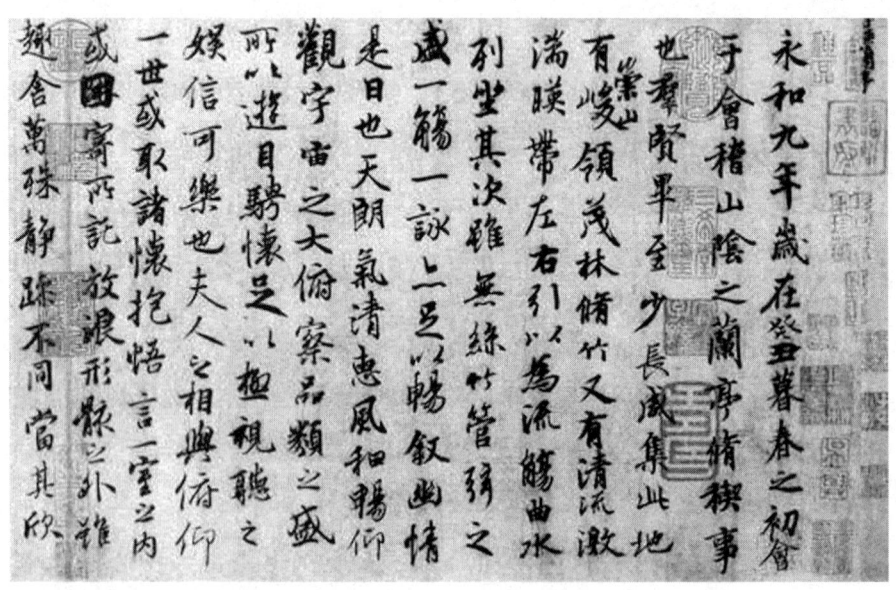

《兰亭集序》摹本局部

堂，来到了一个清静的休养之地。

王羲之的《兰亭集序》有如行云流水，潇洒飘逸，骨格清秀，点画遒美，疏密相间，布白巧妙，在尺幅之内蕴含着极丰裕的艺术美。无论横、竖、点、撇、钩、折、捺，真可说极尽用笔使锋之妙。《兰亭集序》凡324字，每一字都姿态殊异，圆转自如。

王羲之出神入化，不仅表现在异字异构，而且更突出地表现在重字的别构上。如出现的20个"之"字，各有不同的体态及美感，无一雷同。宋代米芾在题《兰亭》诗中便说："廿八行，三百字，'之'字最多无一拟。"重字尚有"事""为""以""所""欣""仰""其""畅""不""今""揽""怀""兴""后"等，都别出心裁，自成妙构。

《兰亭集序》为行书帖，但我们从其圆转流美的行书字体中可以感觉到楷法的完备，在妍美的行书中隐含着楷书的骨力。魏晋的楷书是很发达的，但从王羲之的传本来看，其突出成就显然在行、草方面。与汉魏、西晋比较，王羲之书风的最大特征是用笔细腻而结构多变，过去的书风都走古拙一路，如《平复帖》，而王羲之却能把书法技巧由纯出乎自然而引向较为注重华美而达到精致的境界。

王羲之将这种充溢韵致的书风与《兰亭集序》描写的良辰美景珠联璧合，有一种微妙的人和大自然融合在一起的境界。置身于"崇山峻岭、茂林修竹"之间，"极视听之娱"，抒发乐山乐水之情；与友人雅集，觞咏赏景之际，或悲或喜，情感跌宕，叹人生苦短，良辰美景不常，情景交融，文思泉涌，乘兴书之，为我们留下了旷世杰作。

《兰亭集序》的可贵之处就在于自然形态的美和人的情感之美和谐结合，似乎有天机入神，走笔如行云流水，进入书艺的最高境界。《兰亭集序》的书法，符合传统书法的最基本审美观。文而不华，质而不野，不激不厉，温文尔雅。其笔法刚柔相济，线条变化灵活，点画凝练，书体以散求正，具有敧侧、揖让、对比的间架美感，成为"中和之美"书风的楷模。欣赏《兰亭集序》，会获得一种非凡的艺术享受。

且行且珍惜

王羲之谢世后,《兰亭集序》的流向就成了一个谜。王羲之有七子一女,究竟谁承担了保管传承的重任?历史一下变得模糊不清,直到七世孙智永和尚这里,《兰亭集序》传承的链条才连接起来。

据唐张彦远《法书要录》所收录唐人何延之《兰亭记》的记载,《兰亭集序》自写成之后,王羲之自己十分喜爱,决意将其传之子孙。王羲之的第七代孙智永和其兄惠欣一起出家,继承了王羲之的衣钵,精勤书法,常居永欣寺阁上临写《兰亭集序》,前后历30年。毛笔笔头用坏就扔进大筐中,居然装满了整整五大筐!据何延之的记载,直到唐代,当年智永临书的阁楼还存在。

智永曾书写真草二体《千字文》800多本,分施于浙东地区的各个寺院,今天尚有墨迹原本传世。二人落发为僧时,住于会稽的嘉祥寺,嘉祥寺据说就是当年王羲之的旧宅。后来,为了方便给王羲之扫墓,将王羲之的坟墓迁移到了山阴县西的兰渚山下。崇信佛教的梁武帝萧衍因为智永、惠欣二人都落发为僧,就根据两人法号榜其寺为永欣寺。

智永禅师一直活了将近百岁才去世。临去世的时候,将《兰亭集序》墨迹传给了弟子辩才。辩才俗姓袁,是梁朝司空袁昂的玄孙,博学多才,琴棋书画无不妙绝。得到《兰亭集序》后,十分珍视,秘不示人,在自己居住的房间房梁上掏了一个暗龛,用来珍藏《兰亭集序》,对《兰亭集序》的珍视比之智永有过之而无不及。

唐朝建立后,唐太宗李世民对王羲之的书法十分推崇,还为此诏令天下,大量搜集王羲之的书法珍宝,对《兰亭集序》这一真迹更是仰慕,多次重金悬赏索求,但一直没有结果。其实,在唐太宗之前,王羲之书法就为

唐太宗画像

人称道。梁萧衍《古今书人优劣评》："王羲之书字势雄逸，如龙跳天门，虎卧凤阙，故历代宝之，永以为训。"董其昌在《画禅室随笔》中写道："右军《兰亭序》，章法为古今第一，其字皆映带而生，或小或大，随手所如，皆入法则，所以为神品也。"解缙在《春雨杂述》中说："右军之叙兰亭，字既尽美，尤善布置，所谓增一分太长，亏一分太短。"

唐太宗李世民对《兰亭集序》摹本十分珍爱，唐太宗赞叹它"点曳之工，裁成之妙"。唐太宗亲为王羲之作传云："详察古今，研精求篆，尽善尽美，其惟王逸少乎！观其点曳之工，裁成之妙，烟霏露结，状若断而还连，凤翥龙蟠，势如斜而反直，玩之不觉为倦，览之莫识其端。心摹手追，此人而已。其余区区之类，何足论哉。"摹本已经如此精妙，那么正本又该如何呢？李世民对《兰亭集序》日夜思念，后来，李世民得知，《兰亭集序》真迹在辩才和尚手中，李世民马上将辩才请到长安，委以官职，热情款待，然后借机向辩才打听《兰亭集序》的下落。但无论李世民怎样百般盛情，辩才只是装憨作痴，推说自己年轻时在侍候先师智永的时候确实见过《兰亭集序》，但经过几十年的战乱，早已不知去向。

如此几次三番，辩才就是不承认自己手中有《兰亭集序》，李世民无奈只好放辩才回去。但李世民并不死心。他不止一次和心腹大臣说起这件事："《兰亭集序》真迹肯定在辩才和尚手里，可以找个聪明有计谋的人，从辩才那里设法取来。"

感觉不会再爱了

尚书右仆射房玄龄知晓唐太宗的心思，就推荐了监察御史萧翼担此重任。萧翼是梁元帝萧绎的曾孙，为人狡黠多诈。当唐太宗要他去取《兰亭集序》时，他提出两个要求：一是不要公开派他去；二是请皇上借给他三四件王羲之的真迹字帖，以便见机行事。唐太宗欣然答应了他的要求。

萧翼就乔装打扮成一个穷愁潦倒的山东儒生，搭乘商船来到浙江绍兴。一天日落时分，他来到了辩才和尚所在的永欣寺，故意在庙廊里观看壁画。辩才看见萧翼一派落魄儒生的模样，顿生怜悯之心，便主动打招呼。

萧翼说他是北方人，这次是带了蚕种到南方来卖，凡有寺庙的地方，都顺便来观看一下。辩才邀他入房交谈，两人很投机，下棋、弹琴、谈诗论文，相见恨晚。辩才还打开新酿的酒待客，酒酣耳热之际，二人诗酒唱和，通宵达旦，一直玩到天亮。萧翼离开时，辩才和尚还依依不舍地说："施主有空就来玩儿啊！"

"萧翼赚兰亭"

于是，萧翼过了两天就"自带酒水"，再次来到永欣寺，专门找辩才喝酒谈诗。这样一来二去，俩人厮混了好几个月，慢慢熟络了起来。有一天，萧翼拿出了自己模仿梁元帝画的一幅《职贡图》，辩才十分欣赏，并就此和萧翼谈论起了书画。萧翼趁机说："我从小就跟家父练习二王的书法，现在虽然流落他乡，身边还带了三幅王羲之的真迹呢。"辩才说："明天带过来瞧瞧。"

两天后，萧翼果然带来了三幅王羲之的真迹，萧翼不断赞美自己的收藏，言辞间甚是得意。

辩才反反复复看了好半天，然后说："真迹倒是真迹，但却不是最好的。"

"最好的自然是《兰亭集序》了，可惜早就不在人世了。当今之世恐怕我手里的这三件是最好的了。"萧翼不无卖弄地说。

辩才争辩道："我师父曾有《兰亭集序》真迹！我多次看过。"

萧翼听了，假装不相信，哈哈大笑说："《兰亭集序》早就在兵荒马乱中烧毁了，现在哪儿还有？你师父的《兰亭集序》，也一定是假的！"

这一激将法果然起了作用，辩才从屋外搬进来木梯，从屋梁上的小洞里，把《兰亭集序》真迹取下来。萧翼看了之后，故意指出了几处"疑点"，并说："果然是假的。"俩人争论了半天，谁也没有说服谁。萧翼于是把他带来的那三件真帖，放在辩才那里，请他随时比较参看。

从此以后，辩才就不再把《兰亭集序》放回暗洞，而是把它和萧翼拿来的三件王羲之墨宝，一齐放在书案上，没事的时候，就翻出来看看。同时，萧翼也彻底取得辩才和他的弟子们的信任，可以自由来往。

有一天，萧翼得知辩才外出，趁机来到寺里，对他的徒弟说，有两本书，搁在辩才师父屋里了，要取回去。那些徒弟就叫他自己去取。萧翼就把书桌上辩才的《兰亭集序》和他带来的那几件墨宝一起拿走了。

出了寺门，萧翼立即找到当地的官府，亮明了身份，说明了事由，并让人请来了辩才。此时的辩才还在别人家里做客，听说御史召见，连忙赶来，一看这位御史就是自己的好朋友萧翼，再一听圣旨，知道《兰亭集序》已被拿走，当时就惊倒在地，很久才醒过来。

萧翼智取墨宝回到京城长安，唐太宗欣喜若狂，大摆宴席招待萧翼及群臣。宴席上唐太宗当众宣布：房玄龄荐人有功，赏锦彩千尺。萧翼加官五品，晋升为员外郎，并赏住房及金银宝器。对辩才犯欺君之罪，唐太宗起初很生气。后来想想《兰亭集序》既然已经到手，谋财又害命，未免太不仁道了，于是赐辩才无罪，另加绸缎三千匹，稻谷三千石。但辩才无心享用这笔巨款，又因为这件事惊怒攻心，深感愧对先师，后来慢慢地吃不下饭，只能喝点粥，一年多之后，辩才就去世了。

关于萧翼的结局，有两种说法：一是萧翼此后一直在朝为官；二是萧翼因骗得《兰亭集序》而内疚，出家做了辩才的徒弟。《贞观之治》用的是第二种说法，这样可以为皇家争回颜面，但史学界认为第一种说法更可信一些。

帝王之家做出这样巧取他人至宝的事情，让民间有识之士颇为不齿，但是大家又不能风言风语点评皇帝，只好把气撒在萧翼的身上。那时候，也没有新闻媒体，平面杂志什么的，绘画就是最好的媒介了。于是有人就把"萧翼计赚辩才"的事情编成故事四处传扬，著名画家阎立本还根据这一故事创作了一幅《萧翼赚兰亭图》。阎立本在画中将萧翼的机智、狡猾

阎立本《萧翼赚兰亭图》摹本

和辩才和尚的谨慎、疑虑刻画得非常传神，入木三分。可惜，这幅画作原本已经失传。

辽宁省博物馆现藏的《萧翼赚兰亭图》其实是北宋摹本，而台北所藏的是南宋摹本，在这幅画中一共有五个人，辩才和尚居中，他对面是萧翼。画面上辩才口沫横飞，萧翼恭谨又面露阴险，表现的是当时萧翼欺骗辩才和尚取得其信任的一个场面。

有钱就是任性

唐太宗得到了《兰亭集序》以后，将其视为神品，一边喜庆赏赐，一边命令当时的书法名家汤澈、赵模、冯承素、诸葛贞等人临摹数本，分赐给皇太子、各亲王及亲近的大臣。后来，唐朝的大书法家褚遂良和欧阳询，也都有临本。

唐太宗生前对《兰亭集序》爱不释手，曾多次题跋，并且经常放在座侧，朝夕览观。传说临终时唐太宗对儿子（即后来的高宗）说"我死后，你只要把《兰亭集序》随葬，就是尽孝了。"于是唐高宗依照遗嘱，将《兰亭集序》用玉匣贮藏梓宫，葬入昭陵。从此，"天下第一行书"就永远埋在黄土里，人间再也看不到了。

可是，昭陵曾经遭受过温韬的盗挖，并传说《兰亭集序》重新流入了民间。这在欧阳修的《新五代史》中有所提及：温韬于陵墓中发现"钟、王墨迹,纸墨如新",于是"韬悉取之,随传人间"。据《新五代史·温韬传》,后梁耀州节度使温韬曾盗昭陵:"韬从埏道下,见宫室制度,宏丽不异人间,中为正寝,东西厢列石床,床上石函中为铁匣,悉藏前世图书,钟王笔迹,纸墨如新,韬悉取之,遂传人间。"依此记载,则王羲之的真迹确实经"劫陵贼"温韬之手又复见天日。但是,这些真迹中究竟有没有《兰亭集序》并没有记载。在五代耀州刺史温韬自己写的出土宝物清单上,并没有提到《兰亭集序》,那么十有八九《兰亭集序》根本就没有入藏昭陵。

另外宋代蔡挺在跋文中说,《兰亭集序》偕葬时,为李世民的姐妹用伪本调换,真迹留存人间。然此后《兰亭集序》真迹消息便杳如黄鹤,其下落如何,更是谜中之谜了。

虽然真迹下落不明,但是《兰亭集序》传世本种类很多,或木石刻本,或为摹本,或为临本。著名者如《定武兰亭》,传为欧阳询临摹上石,因北宋时发现于河北定武(今河北正定)而得名。唐太宗命冯承素钩摹本,称《神龙本兰亭》,由于他的摹本上有唐代"神龙"小印,所以将其定名为神龙本《兰亭集序》,以区别于其他的唐摹本。此本墨色最活,跃然纸上,摹写精细,牵丝映带,纤毫毕现,数百字之文,无字不用牵丝俯仰袅娜,多而不觉其佻,其笔法、墨气、行款、神韵,都得以体现,基本上可窥见羲之原作风貌。公认为是最好的摹本,被视为珍品。冯承素摹的《兰亭集序》纸本,现故宫博物院收藏,高24.5厘米,宽69.9厘米,此本曾入宋高宗御府,元初为郭天锡所获,后归大藏家项元汴,乾隆复入御府。

那么,《兰亭集序》是否真的被温韬盗发,流入人间。如真的流入人间,茫茫人世,又到底为何人所据有?这就进一步加深了《兰亭集序》下落之谜。

让它留在乾陵

不过,还有另一种说法,唐高宗没有把《兰亭集序》为唐太宗随葬,而是葬入了自己的陵墓乾陵中。唐高宗李治埋下去的时候,据说是全国财富的三分之一被带到他的墓里面去了。隔了20多年以后，武则天去世，下葬的时候，据说天下财富三分之一又给她带到墓里去了。

从武则天所撰写的《述圣纪碑》碑文中考证，地宫里有很多珍贵书籍和名人字画，而最让世人感兴趣的就是那件顶尖级国宝——《兰亭集序》。乾陵一带的民间传闻中，早就有《兰亭集序》陪葬武则天一说。另外，史书上还有明确记载，唐高宗临死时，特意留下遗言，要求将他生前所喜爱的字画全部陪葬。由此推断，《兰亭集序》在乾陵地宫并不是没有可能。

乾陵是一座位于陕西咸阳梁山的唐朝墓葬，在唐代都城长安（今西安）西北方向约85公里处。是唐十八陵中唯一没有被盗的陵墓。该陵为唐高宗李治（649—683年在位）与武则天（690—705年在位）的合葬墓。

乾陵本是唐高宗李治的陵墓，陵号乾陵。实际上是一帝、一后的合葬墓。自郭沫若以来，现代人认为这是二帝合葬墓，但这并不符合古代（包括唐朝人）的观点。因为神龙政变之后，武则天被迫将大唐江山归还给李氏皇族。为了死后能有栖身之所，武则天宣布废去自己的帝号，请求她的儿子（唐中宗李显）将自己以唐高宗皇后的身份附葬于唐高宗的乾陵。唐中宗答应了母亲的这个请求。所以在礼制上乾陵仍然属于一帝、一后的合葬墓。

据文献记载，唐末农民起义，黄巢声势浩大。因缺少军资，他动用40万将士盗挖乾陵，直挖出一条40余米深的大沟，也没有找到墓道口。后因官军追剿，黄巢才不得不悻悻撤兵。至今在梁山主峰西侧仍有一条深沟被称为"黄巢沟"。

五代时，温韬为后梁耀州节度使期间，"唐诸陵在其境内者，悉发掘之，取之所藏金宝……惟乾陵风雨不可发。"

民国初年，军阀混战，盗掘古墓成风。国民党将领孙连仲以保护乾陵为幌子，率部下驻扎乾陵，用真枪真炮演习的办法掩护一个师的兵力盗掘乾陵。士兵们用炸药炸了许多处地方，却没能找到墓道口。后来，当士兵们盲目挖掘时，忽然雷雨大作，数日不歇，军中一时传言四起，称武则天

唐高宗与武则天合葬的乾陵

显灵了云云……盗掘不成，孙连仲匆匆率部离开了乾陵。

古往今来，多少歹人绞尽脑汁，费尽心思都找不到的乾陵地宫墓道口。

乾陵至今完好。如果《兰亭集序》确实在乾陵，那就让它留在那里吧。唐高宗和武则天是否真的把《兰亭集序》带进自己的坟墓抑或传给后世，史书对此都没有记载。《兰亭集序》真迹下落何处？是流失于民间还是已经损毁？这真的成了不解之谜。

第六章 盗贼请客
——慈禧陵国宝流失之谜

黎明时分，河北遵化马兰峪昌瑞山升腾起迷离的云雾，将其山脚下中国历史上最后一个封建王朝的皇家陵寝清东陵笼罩在威严与神秘的色彩下。在独揽朝纲47年之久，一生极度奢靡的慈禧太后的陵墓前，一大群嬉笑的士兵正三五成群地小声议论，他们都知道再过一会儿将会发生什么……

恢宏的清东陵

清代的帝王陵寝，分为清初关外三陵、清东陵和清西陵三个陵区。其中关外三陵在辽宁，清西陵、清东陵均在河北。清西陵为雍正所辟。清东陵于顺治十八年（1661年）开始修建，历时247年，陆续建成217座宫殿牌楼，组成大小15座陵园。陵区南北长125公里、宽20公里，埋葬着5位皇帝、15位皇后、136位妃嫔、3位阿哥、2位公主共161人。清东陵是中国现存规模最宏大、体系最完整、布局最得体的帝王陵墓建筑群。

清代帝王在选勘陵址时，以中国传统的"风水学"理论为依据，刻意追求"龙穴砂水无美不收，形势理气诸吉咸备"的山川形势，以达到"天人合一"的意象。清东陵正是这种理念的最佳体现。陵区东侧的鹰飞倒仰山如青龙盘卧，势皆西向，俨然左辅；西侧的黄花山似白虎雄踞，势尽东朝，宛如右弼。靠山昌瑞山龙蟠凤翥，玉陛金阙，如锦屏翠障；朝山金星山形如覆钟，端拱正南，如持笏朝揖。案山影壁山圆巧端正，位于靠山、朝山之间，似玉案前横，可凭可依；水口山象山、烟墩山两山对峙，横亘陵区之南，形如阙门，扼守隘口。马兰河、西大河二水环绕夹流，顾盼有情；群山环抱的堂局辽阔坦荡，雍容不迫。这天然造就的山川形势，对于镶嵌于其中的陵寝形成了拱卫、环抱、朝揖之势，实为不可多得的风水宝地。

清东陵的15座陵寝是按照"居中为尊""长幼有序""尊卑有别"的传统观念设计排列的。入关第一帝世祖顺治皇帝的孝陵位于南起金星山，北达昌瑞山主峰的中轴线上，其位置至尊无上，其余皇帝陵寝则按辈分的高低分别在孝陵的两侧呈扇形东西排列开来。

孝陵之左为圣祖康熙皇帝的景陵，次左为穆宗同治皇帝的惠陵；孝陵之右为高宗乾隆皇帝的裕陵，次右为文宗咸丰皇帝的定陵，形成儿孙陪侍父祖的格局，突显了长者为尊的伦理观念。同时，皇后陵和妃园寝都建在本朝皇帝陵的旁边，表明了它们之间的主从、隶属关系。此外，凡皇后陵

清东陵

的神道都与本朝皇帝陵的神道相接，而各皇帝陵的神道又都与陵区中心轴线上的孝陵神道相接，从而形成了一个庞大的枝状系，其统绪嗣承关系十分明显，表达了瓜瓞绵绵、生生息息、江山万代的愿望。

  这些叱咤风云的清朝皇族将清东陵建得恢宏、壮观，如乾隆皇帝的裕陵，修建于清朝国势鼎盛时，耗银200多万两，里面的奇珍异宝不计其数；统治近代中国长达半个世纪的慈禧的定东陵，工程前后耗银227万两，持续14年，里面的国宝更是价值连城。但如果不是1928年7月间发生的那起惊天盗墓大案，它或许也仅是中国封建王朝众多帝王后妃陵墓中普通的一座而已。那一次盗案，致使中国大量国宝下落不明……

  陵墓的奢侈引起了世人对陵中宝藏的窥视，整个清东陵，除了顺治帝的陵墓没有被盗掘之外，其余的几乎无一幸免。有人说，清东陵被盗和慈禧入葬时陪葬的财宝过多有关，以致招来盗墓贼。这种说法还是有一定道理的，我们不妨从慈禧说起，看看这位权倾一时的女人究竟是怎样一步步走上权力的巅峰，又为自己挑选了哪些宝物入葬。

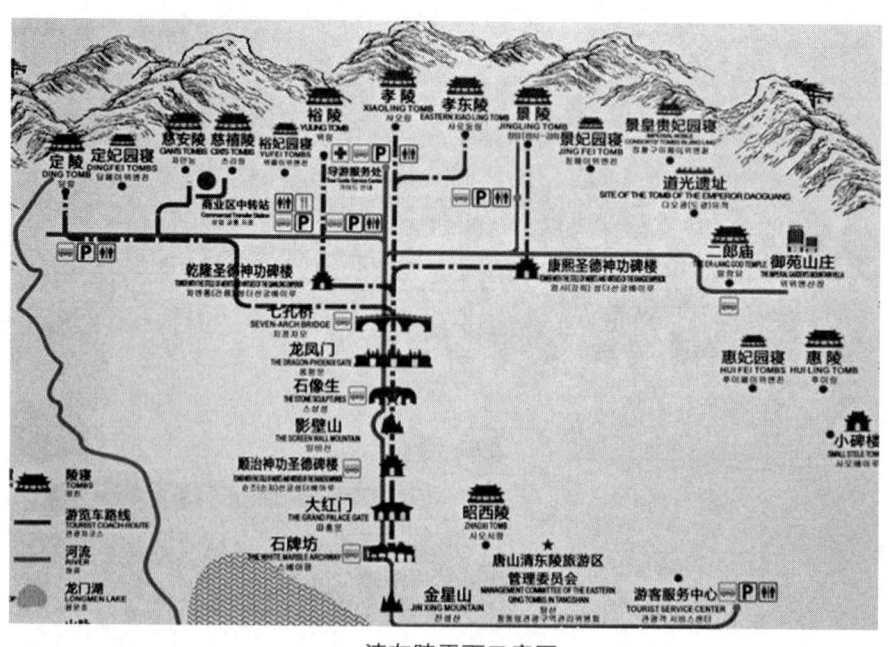

清东陵平面示意图

天皇皇，地皇皇，皇上娶我当娘娘

像雾一样，慈禧太后的身世一直是个谜。众多史学家研究结果也各不相同。百年间，海内外关于慈禧的著述和影视作品不下千部，但其中谈及其出生地及童年经历的却极为罕见，系统介绍其从出生到入宫这段经历的更是极少。因而，著名清史专家俞炳坤先生在《慈禧家世考中》说："对于慈禧家世的研究，却始终是一个较为薄弱的环节。这不但表现在所记史实过于简略，留有许多空白，而且众说纷纭。"

慈禧的出生地究竟在哪里？有这样一个说法让我们对这件事窥见一斑。

1989年6月，山西长治下秦村77岁的村民赵发旺带着他和上秦村宋双花、宋六则、宋德文、宋德武等人的联名信，找到长治市地方志办公室。赵发旺说，"慈禧是上秦村人"。他是慈禧太后的"五辈外甥"，宋双花、宋六则等人是慈禧的"五辈侄孙"。他们要求政府帮助澄清。数年后，刘奇撰写《揭开慈禧童年之谜》文章。

据书中所说，1835年，慈禧出生在山西长治西坡村一个贫穷的汉族农民家庭，取名"王小谦"。4岁时，慈禧被卖给本县上秦村宋四元为女，改名"宋龄娥"。12岁时，慈禧又被卖给潞安府知府为婢，改名"玉兰（兰儿）"，并在衙西花园专设书房中精心培养。咸丰二年（1852年），以叶赫那拉·惠征之女的身份，应选入宫，平步青云，直至皇太后。此外，长治有慈禧出生地遗址和慈禧生母之坟，分别位于西坡村旧宅西面、西坡村外羊头山西麓荒滩岸边。上秦村关帝庙后，有保存完好的"娘娘院"。慈禧进宫当"朝廷娘娘"后，村里乡亲就称慈禧童年住过的宅院为"娘娘院"，并且一直流传至今。西坡村王培英家的家谱，其中有慈禧的乳名及"王小谦后来成为慈禧太后"等文字记载。宋六则家中还有慈禧寄给其堂兄宋禧馀的信件残片和慈禧本人的单身照片。

此外，慈禧喜食长治人常爱吃的萝卜、团子、壶关醋、襄垣黑酱、玉米掺粥、沁州黄小米等；好吸长治人爱吸的水烟，不吸关东烟（旱烟）；

爱看上党梆子。慈禧善唱小曲,且多是山西民歌。一次,咸丰皇帝问慈禧:"为什么山西等地的民歌唱得好?"她说:"我幼年在潞安府长大,对那里的民歌熟悉。"史学家高阳在《慈禧前传》中说,慈禧"只认识汉字,不认识满文"。慈禧御前女官裕德龄在《清宫二年记》中写道:"太后说喜欢乡村生活,觉得那比起宫里的生活自然得多了。"

如今,"慈禧太后本是山西汉人"的观点还有人认同。这样一个女子为什么会蜕变成后来威风凛凛、骄横跋扈的西太后,我们不妨一一道来。

毁多誉少的女强人

慈禧是帝制时代中国史上,少数长期当政的女性,政治手腕堪称干练,尤其擅长操弄亲贵朝臣之间的权力平衡,以维系自身的绝对权威,清朝因为她的能力而续命数十年。

1861年11月2日,慈禧在以奕䜣为首的贵族、官僚和帝国主义的支持下发动北京政变(又称辛酉政变),从载垣、端华、肃顺等八位赞襄政务王大臣手中夺取政权,以"垂帘听政"的名义登上了统治者的宝座。但是,巩固政权比夺取政权要困难得多。为了维持统治,慈禧作出了一系列重大的决策。

慈禧当权时期,清朝的中央集权以及中国主权面临来自内部及外国的种种威胁,她从捍卫其本身权力的立场出发,所作之举措虽难以挽回清朝颓败之势,但放在历史脉络下做持平之论,并不比古中国众末代帝王做得差。为应对自鸦片战争以来欧美帝国主义列强的挑战以及镇压太平天国等,慈禧重用李鸿章、张之洞等重臣,在地方上开办洋务运动,是中国发展近代化工业的开始。在洋务自强运动成果的支持下,清廷得以弭平反对势力,在封建体制下维系中国相对稳定的局面,并且建设近代化陆海军军备,造就"同治中兴"的气象。尤其是慈禧坚定地支持左宗棠收复新疆,为中国保住这一版图作出了贡献,以上等等,表明慈禧并非一无是处。

慈禧的一生，经历了从1840年至1900年帝国主义侵略中国的五次战争。第一次鸦片战争，她还是一个5岁的孩子。第二次鸦片战争，她已是咸丰皇帝的懿贵妃。以后的中法战争、中日甲午战争、八国联军入侵，她则是清王朝的最高决策者，从慈禧的主战与求和决策，可以看出慈禧与帝国主义关系的变化。

1860年9月21日，清军在八里桥之战中遭到失败，英法联军进逼北京，咸丰决定逃往热河避暑山庄。当咸丰即将出发的时候，懿贵妃（慈禧）极力谏阻，请求咸丰留在北京，继续抵抗。为此，她触怒了咸丰，差一点引来杀身之祸。此后，奕䜣与英法联军签订《北京条约》，懿贵妃深以为耻，劝咸丰废约再战。因为咸丰病危，只好作罢。

此后的中法战争、中日战争，慈禧都是先极力主张抗战，在战事不顺时又随之妥协。到了1900年，八国联军侵华战争时，慈禧发布上谕，要"量中华之物力，结与国之欢心"。为了尽快地达成和议，下令接受帝国主义列强提出的全部条件。这种先扬后抑的处事风格，也许是女人天性使然吧。在希望渺茫时，又全盘听从命运的安排，不做抵抗。

1901年，《辛丑条约》签订以后，慈禧太后决定改革，希望因此能够避免清王朝走向灭亡。在袁世凯的襄赞下，清末新政的改革的深度、广度等都超过了戊戌变法，进行了官制改革、教育改革、税制改革和经济体制改革，废除了实行了1000多年的科举制度，建立了新军和新式警察，在直隶等地试行了现代司法和刑狱管理制度，但清末改革由于缺乏精明有力的领导者而最终走向失败，清王朝也在随后被辛亥革命所推翻。

从广泛角度研究，慈禧当政的多数结果确实得到负面评价。主要是中法战争后在许多中国人眼中获得了胜利却仍要签订放弃越南的《中法新约》，以及甲午战争失败后令中国丧失重大利权的1895年《马关条约》、1901年《辛丑条约》等的缔结以及1900年庚子事变之大祸。慈禧的执政及决策，于中国数次战败均有不可推卸的责任。慈禧虽然在当时专制政治体制上显得非常"干练"，但其最高目的仍然是维系本身对中国的统治，说到底也是误国殃民罢了。

自作自受

任何人大权在握时间久了，都不可避免出现傲气，慈禧自认为对清朝或者中国贡献甚多，所以在日常生活上日渐奢靡。慈禧在世时，贪图享乐，并不惜挪用军费来弥补开销不足。这一点许多资料都可以证明。

1894年，慈禧六十寿辰，拟"在颐和园受贺，仿康熙、乾隆年间成例，自大内至园，路所经，设彩棚经坛，举行庆典"。为此，清宫挪海军经费，缮修颐和园，布置景点，广收贡献。是年，适逢日本发动中日甲午战争。光绪主战，慈禧亦主战，"不准有示弱语"。但是，当有人提出停止颐和园工程，停办景点，移作军费的时候，慈禧却大发雷霆，说出了"今日令吾不欢者，吾亦将令彼终生不欢"的话。

生活中如此，在建陵时，慈禧更是花费甚巨。在中国封建社会的等级观念中，依慈禧的身份、地位，理应稍逊皇后慈安一等，在陵寝规制上也会有所体现，这样才能体现等级差别。然而，鉴于慈禧的特殊身份，本来设计的陵墓无论在规制与质量上都与慈安难分伯仲，她本应心满意足。但是，慈禧并不满足，无限膨胀的自大心理与无法遏制的贪欲，使她不能甘心与慈安比肩。既然在葬位的选择上必须屈于慈安之后，就要在陵寝的建筑与装饰上超过慈安，以显示她的与众不同。

光绪二十一年八月，东陵守护大臣为讨好慈禧，上奏朝廷说慈禧陵因连年雨水，多有糟朽，急需修整。慈禧命亲信庆亲王和兵部尚书荣禄为承办大臣。结果，陵内建筑无一不修，大殿和东西配殿都从原来的揭瓦维修改为拆后重建！此次大修工程浩大，到光绪二十五年已拨款白银150万两，以后的款项更是个无底之谜。中间，八国联军侵华使工程停顿，慈禧回京后，再次来到工地亲自检查。1908年10月18日，工程在历时13年重修后终于完工（巧的是4天后慈禧去世）。仅三殿所用的金叶子达4592两！陵内的丹陛石，为高浮雕加透技法雕成，图案为"龙在下，凤在上"。

隆恩殿周围的69块汉白玉板处处雕成"凤引龙追",74根望柱头打破历史上一龙一凤的格式,均为"一凤压两龙",暗示她的两度垂帘。慈禧陵建筑材料的贵重、工艺的精湛、装饰的奢华等方面均居于清朝皇后陵寝的首位。即使与清帝皇陵相比,某些皇陵也要比她的逊色很多。

自古以来,帝王殉葬品的具体内容,属于宫廷重要机密,官方大多不做具体记录,以免泄露出去,激发他人盗墓的欲望。在清宫档案中,关于慈禧随葬品也只做了简单、粗略的记载。而在民间,传说有一本神秘的笔记,记录了慈禧墓中随葬品的具体名称、数量。民间传说的笔记叫《爱月轩笔记》。对于笔记作者,民间和史学界所怀疑的首要对象就是大太监李莲英。李莲英是慈禧最宠信的太监。慈禧驾崩,李莲英亲力亲为、尽忠尽责地料理后事,并按照慈禧生前吩咐,将事先准备好的大量陪葬品,小心翼翼逐一、有序地放入慈禧棺椁之中。一切安排妥当之后,李莲英仿佛也完成了自己最后的使命,告老还乡,隐姓埋名,就此结束了自己长达52

慈禧出行时的照片

李莲英照片

年的宫廷生涯。

　　李莲英回到自己家里后，整天闭门不出，谢绝一切来客，每日以吸食鸦片消磨时光，两年后病故。临死之前，李莲英突然叫来自己的侄子，由自己口述，侄子执笔，一口气写下了这本《爱月轩笔记》。如今，我们很难看到《爱月轩笔记》的真实面目，唯一的流传，是在早期的一本《佛学大辞典》中关于《爱月轩笔记》内容摘录。也让我们了解到慈禧陵墓里各种珍宝的明细。

　　慈禧的随葬品分为两部分：生前置放于墓中金井里的珍宝与下葬时的随葬珍品。慈禧太后生前酷爱珍珠、玛瑙、宝石、玉器、金银器皿。据清宫档案《大行太皇太后升遐纪事档》记载，慈禧生前先后向金井中放了六批珍宝，各种奇瑰珍宝、金玉祭品1000多件。慈禧死后，又将穷其一生巧取豪夺的奇珍异宝，聚集棺中。那么，慈禧下葬时随葬的珍宝究竟有多少？据《爱月轩笔记》记载：慈禧尸体入棺前，先在棺底铺三层金丝串珠锦褥和一层珍珠，共厚一尺，上面镶大小珍珠12604粒，红光宝石85块，白玉203块，锦褥之上再铺一层绣满荷花的丝褥，上面铺5分重的珍珠2400粒。慈禧尸置荷叶、莲花之间，头部上方为翠荷叶，满绿碧透，精致无比，叶面上的筋络不是雕琢之工，均为天然长成，脚下置粉红碧玺莲花。

　　盖在慈禧尸体上的是一条织金的陀罗尼经被。被长280厘米，宽274厘米，明黄缎底，捻金织成。全被不但花纹繁多，而且还织有陀罗尼经文25000字。经被上缀有820粒珍珠。在经被之上又盖一层缀有6000粒珍珠的珠被，也是传世奇宝。

慈禧头戴凤冠，冠由珍珠宝石镶嵌而成，冠上有一颗重4两、大如鸡蛋的珍珠，当时价值1000万～2000万两白银，其凤冠价值可想而知。口内含夜明珠一粒，此珠分开是两块，透明无光；合拢时是一个圆球，可透出一道绿光，传闻夜间百步之内可照见头发。

慈禧脖颈上有三挂朝珠，两挂是珍珠的，一挂是红宝石的。她身穿金丝礼服，外罩绣花串珠褂。足蹬朝靴。手执玉莲花一枝，头前方有蚌佛18尊，头顶一翡翠荷叶，叶满绿筋，如天然一般，重22两5钱4分，当时价值285万两白银。头两侧有金、翠玉佛10尊，手边各置玉雕马8匹，玉罗汉18尊。在其尸体旁或足下共有金佛、玉佛、红宝石佛、翠佛108尊，每尊佛重6两；翡翠西瓜四枚，白皮黄籽粉瓤者两个，绿皮白籽黄瓤者两个，估价600万两白银；翠桃10个，绿色桃身，粉红色桃尖，难分真伪。翡翠白菜两棵，绿叶白心，在白色菜心上落有一只满绿的蝈蝈，绿色的菜叶旁有两只靛色的马蜂，俏色用得恰到好处，独具匠心，稀世珍宝，估值1000万两白银。

慈禧尸身左旁，放着一枝玉石制成的莲花，三节白玉石藕上，有天然的灰色泥污，节处生出绿荷叶，开出粉红色莲花，还有一个黑玉石荸荠。尸身右侧，放着一枝玉雕红珊瑚树，上绕青根绿叶红果的蟠桃一枝，树顶

慈禧出殡时的老照片

处停落一只翠鸟。还有宝石制成的桃、李、杏、枣200多枚。身左放玉石莲花，身右放玉雕珊瑚树。另外，玉石骏马八尊，玉石十八罗汉，共计700多件。

当宝物殓葬完毕，发现棺内尚有孔隙，又倒进四升珍珠和红、蓝宝石2200块，填补棺内空隙；四升珍珠中有八分大珠500粒、二分珠1000粒、三分珠2200粒；宝石与珍珠约值白银223万两。而按《内务府簿册》载，殓入棺中的珠宝玉器无论在数量和种类上都极为惊人，几乎是一个"珠宝玉器博览会"。这些珍品，均系天然材料雕成，单是选料就极为难得，更不用说构思之匠心独运，雕琢之巧夺天工了。

这一棺奇珍异宝的价值，据当时人估计，不算皇亲国戚、王公大臣私人的奉献，仅皇家随葬品入账者，即值5000万两白银，也有一说价值过亿！至于这些珍宝的艺术价值，那就更是无法估量，可谓价值连城。慈禧太后这一具棺椁，其珍宝之多，价值之巨，堪称世界之最了。

慈禧出殡时的情景

翡翠西瓜失而复得

说起慈禧陵墓中的宝物，最出名的要数翡翠西瓜了，它究竟是何等宝物呢？一般人常以为翡翠是绿色的，其实不然，除了常见的深浅不一的绿色，翡翠还有红、黄、白、黑、灰、蓝和紫之分，各色中又有深浅之别，一块同时并存有多种色彩的翡翠，不仅寓意丰富，也更加珍贵。传说中的翡翠西瓜正是有绿、红、黑三色之分。

这对翡翠西瓜是在昆仑山自然生成的，而且雕琢得非常精美。瓜皮翠生生、绿莹莹的，还带着墨绿的条纹，瓜里的黑瓜子、红瓜瓤影影绰绰还能看得见，可谓大自然的鬼斧神工。据说，这对翡翠西瓜是外邦进贡的翡翠珍品，当时就值500万两银子，可见其珍贵。慈禧对它爱若至宝，即使放在最坚实的橱柜里还觉得不放心，后来，又加上一把机械锁。如果想打开这把锁，必须把钥匙插入锁心左转五次才行，如果方向转错了，或者多转少转了一圈儿半圈儿的，就根本打不开了。

为了这对翡翠西瓜的安全，慈禧还特意派了几名亲信太监，三人一班，日夜轮流看守这间珠宝房。每到高兴的时候，慈禧太后就会让太监把翡翠西瓜取出来，在自己手里尽情地把玩观赏一番，她还经常向人夸耀说："这对儿翡翠西瓜啊！你找遍天下也就这么一对儿。"

有一年，颐和园里忽然发生了一连串被盗事件，就连慈禧的寝宫乐寿堂的摆设，也被人偷走了几件。看来，是园子里闹贼了！一名太监慌慌张张地跑过来禀报说，翡翠西瓜也没了！

慈禧听后，勃然大怒，立刻就把几名看守珠宝的太监打得死去活来，可奇怪的是，这几个太监没有一个人招认，只是一个劲儿地喊冤。

慈禧立刻又命人一边在颐和园里仔细搜寻，一边在京城内外张贴告示，悬赏寻宝。那时候，颐和园一带，岗哨罗布，严密探查，到处都在谈论翡翠西瓜这件事。就在这时，玉泉山西边坟户营住着的一个人引起了官府的注意。

这个人叫王老道，是半年以前从山东来的，住在开店的李家。他头

慈禧的棺椁抬出北京城

上盘着道髻，此人见多识广，为人仗义。人们看见他一不化缘，二不住观，却还不愁吃喝，还经常来往于颐和园和玉泉山一带。有人说，他练就了一身超群出众的武艺。还有人说，他能蹦高跳远、蹿房越脊、快步如飞，日行千里，简直就是一个武林高手。

自从王老道在坟户营住下以后，附近确实发生了不少稀奇古怪的事儿。比如像坟户营的李花子，他穷得叮当响，就靠给人看坟过着半饥半饱的日子。一天早晨起来，他发现窗台上放着两个元宝，下边还压着一张纸条，写着："家中贫寒，不能没钱；有钱别花，买地种田。"北坞村奥许和因80岁的老母亲得了重病没钱医治，正在发愁时，从灶上发现了一个纸包，包着两颗珠子。官府听说了这些怪事，经过反复探查，就注意上了这个行踪诡秘的王老道。

一天晚饭后，王老道对店主李掌柜说："我住店半年多，蒙你多方照料，我非常感谢，这是这个月的店钱。"说着，取出一个元宝递给李掌柜。

李掌柜说："哪用得了这么多？"

王老道说："你收下吧！你若是因为我受了什么损失，就算我付的赔偿费吧！"

说完，王老道背上一个小包袱，朝东走了。王掌柜刚把元宝收藏好，就闯进来一帮衙役，持刀挂剑，嚷嚷着要抓山东来的老道。他们审了李掌柜，又翻箱倒柜地折腾了半宿，却一无所获，只好扫兴地离开了坟户营。

衙役遍寻王老道不见，就在从颐和园到香山的必经之地设置关卡盘查。有一天，香山附近北坞村的简大爷捡粪时经过双水门，看到树下有一堆土，扒开一堆土一看，原来是两个西瓜。简大爷仔细一看，发现竟是一对翡翠西瓜。后来，宫里的太监们确认这正是颐和园里丢的那对翡翠西瓜。因为简大爷找回老佛爷的宝物有功，宫里特意赏了他一份从玉泉山往皇宫运送泉水的差事，这个差事的收入非常丰厚，简家也因此成了这一带的富户。

翡翠西瓜虽然又回到了颐和园的珠宝房，但盗宝的人却一直没有抓到。有一天，静明园的一个石匠到玉峰塔上去修理塔门，爬到第七层时，看见一个老道正在睡觉。他没敢惊动那个老道，就赶紧报告了领导。当手持刀枪的官兵前去捉拿时，塔上已经空无一人，只见塔壁上有三个大字，一看正是"王老道"三个字。

据说，慈禧太后对那个来无影去无踪的飞贼是恨之入骨，曾下令画影图形在全国通缉捉拿王老道。可说来也怪，从那以后，就再也没见过王老道的踪影，官府的追查最后也不了了之。

慈禧太后对于那对失而复得的宝物就更加精心了。1900年，八国联军侵略攻进北京的时候，慌张不定的慈禧太后带着光绪皇帝仓皇逃往西安，据说离开皇宫的时候，她还把这对翡翠西瓜带在身边。慈禧死后，这对翡翠西瓜就放在她的脚边，一起被埋进了东陵。

慈禧棺椁抵达清东陵

没钱怎么办

1908年冬天，享尽了一生荣华富贵和盛名权力的慈禧太后终于命归黄泉，被葬进了河北遵化的清东陵。从那以后，慈禧陵墓里的无数财宝就成了盗墓贼最想要得到的目标了。

1928年6月，一个杂牌军军阀这些天一直惦记着这件事。这个人就是被后人称作"东陵大盗"的国民革命军第六集团军第十二军军长孙殿英。由于军费吃紧，他的军队一直不满员，士兵也不肯出力。这在以人枪论实力的年代，孙殿英根本不受重视。虽然也是个军长，但孙殿英都不如一个王牌师里主力团团长有面子。

孙殿英早年游手好闲，靠赌博、贩毒起家，还当过土匪，所以行事无法无天。为谋取更大的势力，孙殿英先后投奔过豫西镇守使丁香玲、国民军军长叶荃等人，后又转投"山东王"张宗昌，受到同是土匪出身的张宗昌赏识。1926年春，张宗昌与李景林合力向国民军反攻，孙殿英率部袭击了国民军第三军所属徐永昌部，为张宗昌立下了显赫战功，张宗昌即将孙部改编为直鲁联军第三十五师，后又扩大编制，以孙殿英为军长。当直鲁联军在北伐军打击下节节败退之际，善于见风使舵的孙殿英又投靠时任国民革命军第六军团总指挥的徐源泉，孙殿英任第十二军军长。

最近几个月，孙殿英一直在剿匪。追捕土匪时，他偶尔也会审讯一下，总是会发现其中有一些盗墓贼。盗墓贼交代了一些盗墓罪行，孙殿英听得有滋有味，开始动了歪脑筋。恰好他的军队就驻扎在清东陵附近，他早就听说慈禧墓里有无数的奇珍异宝，如果能拿到手，不仅军费有了保证，军队实力增强，而且自己也有钱了，看谁还敢不把他当回事。

孙殿英的队伍是不属于国民党正规军的杂牌军，孙部粮饷被长期拖欠克扣，以至官兵半年没有发饷，军心浮动，常有开小差的事情发生，若

孙殿英

再不拨粮款，甚至有哗变的危险。孙殿英愁断了肠子，近在咫尺的大宝库清东陵不进入他的视野都难。

即使不缺钱，只要有机会，孙殿英也不会放过东陵宝藏，何况正缺钱的时候？不过现在他毕竟是有人管的军官，而不是绿林游匪，不能说干就干。于是他找到军团总指挥徐源泉，向徐源泉屡屡催饷。徐源泉也没有办法，只能说些空话拖延。孙殿英越催越紧，徐源泉不胜其烦。终于，徐源泉对孙殿英说："老兄啊，你自己想想办法嘛，咱们这群后娘养的有几个粮饷是够用的？不都是拆东墙补西墙，东挪西借，向下面多摊派点这么混着饿不死嘛。"

孙殿英要的就是这句话，既然徐源泉让自己想办法，这就好办了。回到驻地，孙殿英立即召集手下师长谋划起来。几个人一谋划，认为皇家陵寝的防盗系统肯定十分完善，说不定还会有机关、暗器等，盗墓者是很难找到并进入地宫里面的。这还真是个难题，不过孙殿英给众人鼓劲："咱们军的兵马虽然少了点，一万五六千人还是有的，我就不信，咱们这么多人，还有上千斤炸药，还炸不开那个墓？"

众人顿时喜上眉头，他们很快研究出来一个"剿匪"计划，以图瞒天过海。待一切布置妥当，就在一个月黑风高的晚上，他命令手下师长谭温江率领士兵向土匪马福田部发起进攻。两方在马兰峪镇展开激战，马福田部抵抗了一阵，就被击溃了。

随即，孙殿英以搜索土匪、检查防务为借口，名正言顺地将军队开进陵区。接着，他四处张贴十几张告示，宣布要在陵区举行军事演习，陵区将全行封闭。就这样，以"军事演习"为名，进入陵区的所有道路都被严密封锁，震惊国内外的炸陵盗宝开始了，一次大规模的洗劫就此展开。

慈禧墓被盗

1928年7月2日一早，孙殿英命令工兵营长指挥工兵首先挖掘慈禧陵墓。为找到地宫入口，孙殿英部队在最初的两天乱挖一通，却一点线索

清东陵被盗老照片

也没有。

狡猾的孙殿英派人把当地地保找来。地保听说是要为盗皇陵当"参谋"，顿时吓得脸色蜡黄，但又惹不起这个军长，只好说自己也从来不知地宫入口，此事老人也许知道。孙殿英感到有理，他立即派人找来五六个老人。谁知，这些老人也不知道入口，孙殿英以为他们是不肯说出秘密，开始还好言哄劝，然后就用鞭子抽、烙铁烙。老人哪经得起这样的折磨，不到半天就死去两个，有一个实在受不了，道出了离此地十多公里有个姜石匠，曾参加修筑陵墓，兴许还能记得进地宫的位置。

为了不让外人知道地宫入口，古时修筑皇陵最后一道工程的匠工，往往都会在竣工之时被埋在地下，以求秘密永不外泄，这也是封建皇权极端凶残的表现。而这个姜石匠实在命大。慈禧入葬时，在工匠中挑出81人留下最后封闭墓道，并告诉石匠们可以从另一事先挖好的隧洞出去。工匠们立即知道死期将至，既然被选中干最后一道工序，就别想活着出去。几天前姜石匠乡里人给他带信，说他老婆给他生了个儿子，现在要他连儿子也没看一眼就死去，无论如何也不甘心。他在搬动石头时走神，脚下一滑，一块大石头砸在身上，当场就昏死过去。当时正忙碌的监工以为他死了，怕玷污了金券（即地宫核心位置），赶紧叫人拖出去扔到荒山坡。姜石匠醒来时发现自己不在陵墓工地，又惊又喜连滚带爬跑回家，就这样捡了一条命，并保存了地宫入口的秘密。

士兵很快出发，把姜石匠抓到陵墓现场。在孙殿英的威逼利诱下，姜石匠只好妥协。随后，这位曾参与修建地宫的老匠人被套上一身军服，伪装成士兵协助寻找地宫。《民国东陵案资料》记载："该军工兵，有白发长须者，疑系昔年修陵之工人。"

按照工程的记载，慈禧陵的地宫入口在古洞门最北边，金刚墙和地面相交线的中点。工兵们在费尽周折后，终于找到了慈禧陵寝的大门。然而迎面的这道高大石门阻挡了盗墓者的脚步。清东陵地宫里的每扇石门都重达3吨多，门后有顶门石。慈禧地宫为五券二门，乾隆裕陵地宫为九券四门。按照常理，用一把拐钉钥匙，使用巧劲儿便可打开石门。但盗陵匪兵最初并不知道石门背后的奥秘，十几人用粗木杠用力撞击石门无效，又使用炸药，所以至今在慈禧陵第一道两扇石门上，仍遗留着当年被炸毁坏的痕迹。

慈禧陵墓地宫

慈禧陵墓夜明珠假想图

打开慈禧陵第一道门的时候，地宫口突然喷出一股强烈的气浪，把附近的士兵都喷出去了，把当时盗宝的士兵都吓坏了，以为里面有机关，而实际上这是由于20年的封闭，里外压差造成的。地宫里难以想象的漆黑，掺杂上封建迷信思想，异常的恐惧让很多盗匪在惊乱中出现了踩踏。匪兵们并不敢进去。据说一个连长对着地宫三拜九叩，说明为筹集军饷不得不盗墓等原因，并痛哭流涕一番后才进入地宫。

墓室里阴风习习，士兵们出于恐惧，只好摸索着，蛇行前进。从这个洞穴走进去，迎面是一条30多级汉白玉台阶的墓道，里面的气氛非常凄凉、森然可怖。所以后来人们就用电筒照射。但是前方又是一座石门，当慈禧地宫第一道石门打开后，匪兵们也恍然大悟了，他们再没有用蛮力打开后面的石门。因此，慈禧地宫第二道石门至今保存完好。打开第二道门后，又是一阵惨惨阴风从门里吹了出来。走了不多远就是一个宽敞的所在，一字排列着八口棺木，里面有不少珠宝首饰，可是都不是什么稀世之珍，衣着方面固然也都锦衣璀璨，至于气势排场倒不像有慈禧太后的遗体在内。于是士兵在这个地方东打打、西敲敲，终于发现正中的玉石屏风响声与别的地方有点不一样。人们非常高兴，因为石屏后面果然有一座暗门，通过暗门是一座寝宫。殿内非常宽敞辉煌，正中停放着一具巨型葫芦头（相似棺木前方都有一木制葫芦头）朱红亮漆金棺，比一般棺材要高大两倍有余。大家一看这殿堂严丽的势派，一致认定是慈禧的棺材。

梓盖一掀，顿觉异香馥郁，在火把和手电筒的照耀下，棺内飞光闪烁。身上盖着星编珠聚八仙过海锦衾，整个尸体埋在玉果璇珠琳琅莹之中，霞光流碧，冷焰袭人。慈禧口中含有鸽蛋大小椭圆形夜明珠一颗，金芒四射，宝光辉煌。匪兵有识货的伸手就拿，谁知腮颊看似完整，实际早已腐朽，稍一着力，立刻滑落到嗓子里头，在你抢我夺一阵撕掳之下，最终慈禧脸颊挨了一刀，那颗稀世瑰宝夜明珠，才被取出来。

这次盗陵所得殉葬珠宝，除了珠翠钻石珍玩、夜明珠和一座白玉雕琢

国宝离踪：流失之谜

的九级玲珑宝塔，另外就是闻名中外的那对黑籽红瓤绿皮的翡翠西瓜，望之鲜美，色可逼真。大家洗劫搜索，为了囊括垫棺材底的珍宝，甚至不惜把慈禧遗体抬出棺外，放在梓盖上面。后来，匪兵觉得地宫里没什么值得拿的了，才陆续退出。

安葬了三次的慈禧

盗案发生后，溥仪派载泽、耆龄、宝熙等人到东陵对慈禧的遗体重新进行了安葬。载泽等人下到地宫，见慈禧遗体趴在棺盖上，头朝北，脚朝南，左手反搭在后背上。在地宫里已曝尸40多天，遗体上出现了许多斑点，长满了白毛。当时的地宫里面阴湿郁闷，又是夏天，尸体就这样晾了将近50天，有这种现象也就不奇怪了。

载泽等人见内棺尚完好，可以继续使用，于是命人用一块黄绸子将慈禧遗体盖上，将一件黄缎褥铺在遗体一侧，然后慢慢翻转尸身，正好将遗体仰卧在黄缎褥上。众人帮扶着，用如意板将慈禧遗体抬入棺内，如意板未撤出。遗体上盖上一件黄缎被，把从地宫里拾到的慈禧生前剪下的指甲和掉的牙用黄绸子包好，放在被上。载泽又将当年得到的慈禧遗物，一件黄缎袍、一件坎肩盖在被上，盖上棺盖，用漆封上棺口，重殓完毕。然后封闭了地宫，重新填土。

1983年12月6日，清东陵文物保管所决定重新清理慈禧内棺。清理小组打开棺盖后，看到一件黄缎大被把棺内盖得严严实实，被上盖着两件衣服。很显然，这是1928年载泽等人重殓时的原状，55年来一直没人动过。为稳妥起见，保管所领导决定先盖上棺盖，封闭地宫，将此事向上级汇报。

1984年1月4日，国家文物局派来了几名专家，与清东陵文物保管所组成了一个清理慈禧内棺10人小组。第二天，清理小组依次揭取了被上的两件衣服，发现了包着慈禧指甲和牙齿的小黄包。将黄缎卷走后，慈禧的遗骸呈现在眼前，她的脸部及上身用黄绸包裹着，下身穿着裤子，裤子上绣满了"寿"字，一只脚上穿着袜子。遗体仰身直卧着，头微微左偏，右手放在腹部，左臂自然地垂于身体左侧，两眼深陷成洞，腰间扎着一条丝带。遗体仍是完整一体的，全长153厘米。

清理小组用她身底下的如意板将遗体从棺中抬出，放在地宫的地面上。在棺内喷洒了防腐消毒药液后，又将慈禧的遗体抬入棺内。这是她死后第三次被抬入这口棺中。然后将被、小黄包及两件衣服完全按原样、原位置放回。一切都恢复了原状后，又往棺内喷洒了一遍药液，盖上棺盖，封好棺盖口，木工们将残破的外椁修好后，套在了棺外。

如今，慈禧的遗体仍完整地躺在棺木内，保留着1928年第二次入殓时的原样。

只想安静地做个盗墓贼

经历了三次入殓，慈禧总算可以安息了。不过，孙殿英究竟盗走了多少财宝，人们不得而知。所有的推测大致源于《爱月轩笔记》上的记载，但是，《爱月轩笔记》里记载的很多珍宝，在清宫档案里却没有记录，令人不禁对它的真实性产生怀疑。但也有学者认为，不能仅根据与档案不符就轻易断定笔记内容不实。专家介绍说，20世纪40年代的文章里就提到过这份笔记，许多人的回忆包括孙殿英自己的回忆都提到了那些珍宝，与笔记不谋而合。另外，清宫档案没有记载慈禧入殓的情形，而笔记记录了这一重要时刻的情况。

笔记中提及在慈禧的身上盖有一件缀有820颗珍珠的织金陀罗尼经被，是一件大型织造精品，估价白银36万两，堪称国宝。而在清东陵文物管理处的库房里现在也保存着一件陀罗尼经被，它是文管处在清理慈禧地宫时发现的，发现时经被上的珍珠已全被拽走。它似乎从实物的角度印证了《爱月轩笔记》的真实性。

孙殿英部离去后，远近的散兵游勇和土匪闻风又奔向东陵，洗劫剩余的珠宝。慈禧墓被洗劫一空，一时全国舆论哗然，新闻报刊通载着谴责文章。事发后，溥仪等更是对孙殿英恨之入骨，纷纷要求严惩凶犯。这些都在当时造成极大的压力。

为应付舆论谴责，孙殿英向上级徐源泉上交了两箱珍宝；此外，还给士兵分发了一些珠宝，其中一名士兵在青岛被截获了一些珍珠

慈禧墓随葬的织金陀罗尼经被外层

还有一些珠宝被秘密运到上海交易，结果出境时被黄金荣截获；在山西，孙殿英被他的铁哥们骗了两箱珍宝；此外，一些珍宝被运到孙殿英在天津的三姨太的别墅，向外走私出境。慈禧、乾隆陵墓的大部分珍宝都是从这里走私出去的。

惶恐中的孙殿英还不惜忍痛行贿，用盗来的珍宝四处打点，托人说情。通过四处行贿，孙殿英终于达到了破财免灾的目的。那些得到好处的人自然睁一只眼闭一只眼。

有一种说法是孙殿英利用手里的珍宝，送给了当时执掌国民党政权的要人们。盗宝案事发后，全国舆论都在施压，要求严惩盗宝者，孙殿英一看势头不对，便通过戴笠向蒋介石、宋美龄、宋子文、孔祥熙、何应钦等要人送宝。

多年后，据孙殿英身边的参谋长文强回忆，孙殿英曾不无得意地对文强说："乾隆墓中陪葬的珠宝不少，最宝贵的是乾隆颈项上的一串朝珠，上面有108颗珠子，听说是代表一百零八罗汉。都是无价之宝，其中最大的两颗朱红的，在天津与雨农（戴笠）见面时，送给他作了见面礼。还有一柄九龙宝剑，我托雨农代我赠给委员长（蒋介石）和何部长（何应钦）了……"

孙殿英接着又说："慈禧太后墓被崩开后，墓室不及乾隆墓大，但随葬的东西就多得记不清楚了。从头到脚一身穿挂都是宝石。'翡翠西瓜'托雨农代我赠宋子文院长，口里含的一颗夜明珠，分开是两块，合拢就是一个圆球，我把夜明珠托雨农代我赠蒋夫人（宋美龄）。宋氏兄妹收到我的宝物，引起了孔祥熙部长夫妇的眼红。接到雨农电话后，我选了两串

朝靴上的宝石送去，才算了事……"

之后，盗陵风波逐渐平息，孙殿英又开始了他的销赃计划。有了这笔富可敌国的财富，孙殿英一下子成了土豪，用走私珍宝得到的钱购买了大量先进的武器，从而使自己部队的装备焕然一新。一场震惊全国的盗宝大案就这样无声无息地平静下来，却是不争的事实。慈禧陵墓里大部分的奇珍异宝或被变卖，或被毁坏，或被走私海外，至今下落不明。

领导也受水

徐源泉是孙殿英的领导，当时担任国民党第六集团军总司令。据说孙殿英离开东陵后，为了应付舆论压力，他曾经以"剿匪所获"为名向徐源泉上交了两箱珠宝。关于这两箱珠宝，有人说"东陵盗案"曝光后，徐源泉未敢私藏。据说北平卫戍司令部把它们存入大陆银行。后来随着高等军法会审理的不了了之，这批文物又去了何处就无迹可寻了。

有人说徐源泉私藏了这两箱宝藏，按照当时流行的说法是徐源泉将宝藏埋在了自家的地下密室中。那么东陵的宝物是否真的藏在徐公馆呢？

徐源泉公馆坐落于武汉新洲仓埠镇南下街。1931年，时任国民党陆军上将的徐源泉，耗资10万大洋在仓埠镇建成占地面积4230平方米的徐公馆，融中西建筑艺术风格为一体，极其富丽堂皇。公馆的地下室有个秘道，传说宝藏就埋在这条秘道里。秘道里到底有没有宝藏呢，很多"知情者"纷纷表述了自己的看法。

据徐源泉姐姐的养子林庚凡介绍，他小时候曾到过徐公馆玩耍，那时徐公馆富丽堂皇，地道里尽是值钱的宝贝。徐源泉的妻子当时有一顶凤冠金光灿烂。他认为，徐公馆的地下可能藏有清东陵财宝。

对于沸沸扬扬的藏宝之说，当地文物管理所的工作人员则认为东陵宝物藏于徐公馆没有任何证据，来源只是民间的一些传言以及某些研究人员的推测。文物部门曾对徐公馆进行过一次较大规模的维修工作，但未发现有传说中的藏宝地道。

对于徐公馆是否藏有宝物，徐源泉的儿子徐钧武也有自己的看法。徐钧武说，他的父亲自小离家并未和家人在此居住。抗战胜利后，徐源泉一直住在武汉市区。1948年徐源泉写信让徐钧武去广州见面，徐钧武去了才知道，父亲已决定不回武汉了。徐钧武说："如果说有什么东陵财宝的话，他肯定会要我带过去，或嘱咐我将财宝转移。而我们从未听说有东陵财宝的事，徐公馆藏宝的可能性不大。"

"东陵盗宝案"发生后，那些珍宝也像蒸发了一样从此杳无音讯，只留下后人无限的期许与无尽的感伤。

徐公馆大门

永远的谜

20世纪90年代初，美国费城的博物馆，展出了一些来自中国的文物，据说其中就有一对翡翠西瓜。孙殿英的参谋长文强在《文强的口述自传》中提到将翡翠西瓜送给了宋子文。如此，翡翠西瓜真的送给了宋子文。宋子文后来一直居住在美国，这样一来，翡翠西瓜在美国出现也就不难理解了。据传，当翡翠西瓜意外地出现在费城的展台上，一时间，一片惊叹之声。可是，之后再也没有翡翠西瓜的传闻，也许被人买走，也许只是以讹传讹。不过，据国家博物馆的工作人员分析，翡翠西瓜出现在费城博物馆的说法可能是假的，并无更多资料佐证。

1947年，孙殿英在汤阴战役中当了刘邓大军麾下六纵十八旅旅长肖永银将军的俘虏。

在战争年代，我军如果有缴获的文物，应该暂时上缴军事管制委员会，之后再交由博物馆收藏。像东陵里的文物肯定是属于国宝级别的，即使被地方博物馆收藏，国家博物馆也有权调出，但可以做复制品保留在地方博物馆内。孙殿英被俘地点在河南汤阴，但是河南博物院既无翡翠西瓜的复制品，更无真品，而且也从没有相关的记录。

汤阴一战中，抓住孙殿英的人是谁？又属于哪支部队？当时俘获孙殿英的，正是五十三团三营营部的书记和九连连长。当时在抓获孙殿英现场的，还有五十三团的一位作战参谋。这位参谋在第一时间也赶到了现场，目睹了孙殿英被俘的过程。

这位参谋回忆说："是我们五十三团的两位同志俘虏的，当时我就在现场，而且是我亲自检查缴获物品的！"当问起孙殿英被抓住了，他随身携带的物品中，到底有没有翡翠西瓜时，参谋坚定地说："绝对没有，我亲自检查了所有缴获物品，根本就没有什么翡翠西瓜，那么名贵的文物，如果我见着了，不会记不得的。"

参谋接着说："有人可能会问，也许真有翡翠西瓜，会不会是我偏巧没有看到呢？但只要东西在，总是会有消息传出来的，但我从未听任何一个人提过翡翠西瓜的事。我还听说，审讯时，孙殿英交代了东陵盗宝的一些事，比如为了摆平一些刁难他的人，他送了很多东西，其中就说到了玉石西瓜，说送给蒋介石身边的人了。不知道这玉石西瓜，是不是就是你说的翡翠西瓜。"

可是，无论是军事管制委员会还是博物馆均没有记载，那么，这对翡翠西瓜究竟去了哪儿呢？关于翡翠西瓜的调查，到了这里又陷入了重重迷雾。

慈禧陵墓里另一个著名的奇宝——夜明珠，是一块近似球体形态、重为四两二钱七分，相当于现在787.28克拉的金刚石原石。其估价在1908年时值1080万两白银。有传闻宋美龄曾把夜明珠缀在拖鞋上；还有人讲宋美龄将夜明珠磨成粉末喝了，所以宋美龄活了106岁。

但是，这都是传闻，没有确切的证据。慈禧陵墓中的无数国宝，就像是跟世人玩捉迷藏一般，不经意间从历史中浅浅地露出头，似乎有迹可循，但随即又隐藏于历史的暗处。这些国宝到底流失到哪里去了，却是个谜！

第七章 监守自盗
——清宫国宝流失之谜

清王朝灭亡后，先是军阀混战，后是日本趁机侵略中国，原存于故宫的那些国宝命运坎坷，沦为溥仪挥霍变卖的私产。短短的30余年间，溥仪偷带出故宫的大量国宝经历了无数劫难，有的得以保存，有的则灰飞烟灭。万幸的是有一部分藏品有惊无险，被有识之士得以珍藏，让人们唏嘘感叹……

溥仪的"迷你王国"

故宫即紫禁城，是明清两代的皇宫禁地。故宫始建于明永乐四年（1406年），完成于永乐十八年（1420年）。从建成至1911年清朝统治结束，共491年，先后有24位皇帝在此居住并执政。

1911年武昌起义爆发，辛亥革命宣告开始。1912年2月12日，清帝宣布退位，紫禁城的外朝部分为民国政府所有，而逊帝溥仪在内廷依然保持着一个微型小朝廷。

1924年10月，第二次直奉战争爆发，冯玉祥临阵倒戈，发动了北京政变，接管北京全城防务，修改《清室优待条件》，将逊帝溥仪迁至什刹海醇亲王府。苟延13年的小朝廷寿终正寝。与此同时，冯玉祥决定成立"清室善后委员会"，接管故宫，对宫内文物进行清点并筹建故宫博物院。

1924年11月20日，"清室善后委员会"正式成立，宣布紫禁城完全收归政府。李煜瀛出任善后委员会委员长，易培基、蒋梦麟、鹿钟麟、张璧等9人以及清室方面代表绍英、载润等5人为委员，监察员6人，会同行事。委员会成立后，着手对故宫文物进行系统查点。不到一年时间，将宫内物品大部分查点完毕，登记造册。这次普查和登记为故宫文物的保存作出了不可磨灭的贡献。

经初步清点，清代宫廷遗留下来的文物共有117万余件，包括三代鼎彝、远古玉器、唐宋元明各代的书法名画、宋元陶瓷、珐琅、漆器、金银器、竹木牙角匏、金铜宗教造像以及大量的帝后妃嫔服饰、衣料和家具等。可谓金翠珠玉，奇珍异宝，无不尽有。除此之外，还有大量图书典籍、文献档案等。

1925年10月10日，经过一年的筹备，故宫博物院宣告成立并举行庆典。这一天也是辛亥革命纪念日。典礼请柬发出3500份，邀请北京各界名流代表参加。下午2时，隆重的开院典礼在乾清门前举行。典礼过后，来宾与市民参观游览了宫内各重要殿堂。这是几百年来帝王居住的宫

故宫博物院

苑禁地第一次向大众公开。人们争先参观这座神秘的宫苑及其宝藏，北京市内万人空巷，交通为之堵塞。故宫博物院的创建，是中国精英力量在五四运动之后所作的一项新文化运动的重要成果，是中国知识分子在学习西方先进文化时吸收其精华并运用于中国实践的范例。

1928年6月，南京国民政府接收了故宫博物院。10月颁布了《故宫博物院组织法》及《故宫博物院理事会条例》，规定"故宫博物院直隶于国民政府"。国民党撤退台湾省时，带走了许多文物，台北故宫博物院被称为"有宝无宫"。

新中国成立后，故宫博物院十分重视流失文物的回收与保护，常不惜重金从境内、域外收购国宝。国内的收藏大家、海外炎黄赤子满怀爱国之情，纷纷慷慨献宝，掀起捐赠热潮。据统计，从新中国成立至今，故宫博物院共接收新文物23万余件，极大地丰富了院藏种类。但是，和溥仪退位时的收藏数量还是有很大差距的。

1911年辛亥革命以后，溥仪继续在紫禁城内待了13年，这13年也是皇宫文物流失最严重的时期。清朝遗老遗少、后妃和太监、宫女乘皇权倾覆皇宫文物监管松懈之机，大肆盗窃文物。而溥仪也利用"清室优待条件"作庇护，以"赏赐"的名义将大量宫中财物盗运出宫，流失的国宝级珍贵文物难以计数。

偷运国宝

溥仪3岁进宫，6岁退位，但继续留在宫廷，森严的礼仪制度和内务府的严密控制，使他几乎没有跨出过紫禁城一步，一群遗老旧臣和太监奴才，时时对他灌输着"恢复祖业"的复辟思想。溥仪在毓庆宫读书时的英籍教师庄士敦，告诉了他宫外的世界，使他产生了出洋留学的念头，但遭到了小朝廷内几乎所有人的反对，唯恐溥仪一出紫禁城，便失去了民国的优待，失去了他们的奢侈享乐。

溥仪坚定了离开紫禁城的想法，便找到弟弟溥杰，英文伴读载涛之子溥佳，商议筹划，暗等时机出走。出国，首先要解决的便是经费问题，溥仪没有别的来钱渠道，就打起了近在咫尺的传世国宝的主意。可是将大批珍宝随意拿出宫外显然不太可能，于是，溥仪偕同其弟溥杰、溥佳共同制定了监守自盗的方案，即以"赏赐"溥杰、溥佳为名，将珍宝名正言顺地运出宫外。

从1922年起，溥仪等人就秘密地把宫内收藏的古版书籍和历朝名人的字画分批盗运出宫。由于溥杰十分了解编目的程序，溥仪便与他共同商议了一个计划，即让溥杰把已经登记造册的文物偷偷带出紫禁城。当时清单上每一卷册、每一本书都按照其价值做了标记，质量最好的画五个圈，最差的画一个圈。溥杰每天在紫禁城上完课回家时都要带走一些书画卷册，都是从被鉴定为上等品的物件中挑选出来的。

在溥杰带出文物的过程中，首选的目标是那些稀有的典籍，由于这些典籍与溥杰上课用的课本尺寸相似，而且体积小，用黄缎包袱裹起来与平日太监们携带的黄绫包裹很难分辨，不致引起"内城守卫队"的怀疑和盘问。因此，溥杰把这些典籍混在课本里，用黄色锦缎包好，带出了紫禁城。溥仪自己回忆说："运出的总数有一千多件手卷字画、二百多种挂轴和册页，二百种上下的宋版书。"

《历代帝王图》局部

经过两个多月的偷运，溥仪尝到了甜头，也总结出了许多携带经验，他们的胆子也开始大起来。溥仪开始将"赏赐"转向晋唐以来的书法名画。由于溥仪文化底蕴尚浅，对这些国宝的价值也不太了解，他们商议的结果便是先从名人的卷册下手。王羲之、王献之父子的墨迹《曹娥碑》《二谢帖》，钟繇、怀素、欧阳询、宋高宗、米芾、董其昌等人的真迹，司马光的《资治通鉴》原稿，唐王维的人物画，宋马远和夏圭以及马麟等人画的《长江万里图》，张择端的《清明上河图》，唐阎立本的《历代帝王图》，还有宋徽宗等人的作品都被盗运出宫。

清宫收藏的书画都有特定的装帧包装，立轴有锦套，册页有绫锦包袱，手卷有淡黄或淡青花绫包袱，由软缎作里，上面钤有品名、等级、收藏地等印记，包袱外面都有楠木匣盛装。值班的守卫都是不识字的兵丁，当然不了解这一情况，误以为是课本书籍，听之任之，盗运进行得畅行无阻。看到溥杰每次从容地偷带国宝出宫，这种愉悦的心情和刺激几乎让溥仪都想亲自体验一下。

为了加快盗运的速度和数量，"赏赐"的规格和数量一次次升级，从开始的一次10件发展到35件。如此"赏赐"从9月28日起到12月12日止，中间除去少有的休息外，基本上是按天来的。半个月内原藏书画卷子已基本上被洗劫一空，册子所留有限，仅有轴子尚未搬动。溥杰、溥佳兄弟俩几乎每天都从紫禁城带走大包书画，时间长了，引起了宫内人们的注意。不久，就有太监和宫伴问溥佳："这些东西都是赏您的吗？"溥佳当时含混地对他们说："有的是赏我的，也有的是修理之后要还回宫里来的。"可是，那些要修缮的字画只见出不见进，内务府心里已明白了大半，只是不知道古物被弄到什么地方去了。溥仪都这么做，下面的太监自然也跟着模仿，一来二去，宫里的国宝被盗运的越来越多。

为了确保运出故宫的国宝的"安全"，溥杰等人将它们运往天津英租界。当时也费了一番周折。这些书籍、字画共装了七八十口大木箱，体积既大数目又多，在出入东站时，不但要上税，还要检查。恰巧当时的税务督办孙宝琦是庆亲王载振的胞弟载抡的岳父，溥佳找到载抡，说是醇王府和载涛家的东西要运往天津，请他转达孙宝琦办一张免验、免税的护照，果然很顺利地得到护照，就由溥佳将这批古物送到天津，全部存放到英租界13号路166号楼。

出洋经费的筹备工作似乎大功告成，溥仪已经按捺不住离开故宫的迫切心情，准备先秘密逃出紫禁城到外国公使馆，然后再前往天津搭船出海。在庄士敦的帮助指导下，溥仪亲自与荷兰公使馆电话联系好，约定出宫的时间和地点，又派溥佳到公使馆当面敲定，同时，他们还买通了宫内太监。但1923年2月25日这天，在预定时间的前一小时，不知哪个太监发现了溥仪要出走的秘密，就报告了内务府。溥仪还没来得及走出养心殿，就听说下令了，各宫门一律断绝出入，紫禁城全部进入戒严状态。溥仪出洋留学的计划以彻底失败告终，他又回到了宫中。然而，那批字画珍品却很难再安然回到宫中了，从此，它们开始了在民间的流浪生涯。愤愤不平的溥仪认为是太监坏了他的好事，他便暗中调查，准备找个机会狠狠地处罚这些出卖主子的奴才……

皇宫里的一把火

　　1923年5月间，溥仪的英籍教师庄士敦建议把放在建福宫里清朝历代皇帝的画像和行乐图取出拍照，然后出版一个图册。溥仪觉得有意思，就叫太监每天到建福宫取出十几张，由一个美国摄影师来拍。结果有几次太监竟然取不出来了，说是宫里物件太多，一时找不齐。溥仪开始没怀疑，可是连续几次，太监们总是拿不出需要的东西，再加上以前要他们拿某件宝物时他们心虚的样子，溥仪越发怀疑太监们有偷盗行为，有了清点宫内藏宝的想法。

　　溥仪没有可以相信的人，这件事在他心里憋了很长时间，最后和庄士敦商量此事。庄士敦明察暗访了一段时间之后，告诉溥仪，最近在地安门大街上新开了不少神秘的古玩店，许多卖主都是太监，而且有许多店就是太监开的。太监从哪里弄来的古玩？当然是宫里的。溥仪听后很震惊，当即就要到建福宫去看一看，却遭到内务府官员的强硬阻拦。盛怒之下，溥仪宣布明天就派人清点宫内藏宝。没料到，清点还未开始，当晚一场离奇的大火就发生了。

　　1923年6月26日深夜，紫禁城的西北角突然红光满天，火焰高达十丈余，内里夹杂着叫喊和哭号。原来是神武门内建福宫的德日新斋起火，并迅速延及其他建筑。意大利使馆的消防队员、北洋政府警察总署薛之衍、北京卫戍司令王怀庆、步兵统领聂宪藩、提督三堂田德山、统带高柱臣督察等，都来到神武门，准备进宫扑救。但是门卫却以"清室向例未奉谕旨，外人不许入神武门一步"为由，不为他们开门。消防人员只能在宫门外等着溥仪下"谕旨"启门。

溥仪听闻需要下旨，便立刻命令门卫放消防人员入宫灭火。但是内务府总管绍英却以"外人不得入宫"的祖训，抗衡溥仪的下谕。溥仪便召集临时"御前会议"，等御前的几个要人赶到时，大火已经燃烧1小时20分钟了。经过"御前会议"的同意，溥仪下"谕旨"，准许各消防人员入宫救火。可惜错过了救火的最佳时间，消防人员赶到现场的时候，建福宫花园已经成了火的海洋。院内参天的松柏成了一棵棵火树；静怡轩、慧耀楼、吉云楼、碧琳馆、妙莲花池等诸多建筑都被牵连，在人们眼前一点点消失。

另外，宫内没有自来水，水井的水位又不足，这让救火人员傻了眼。情急之中，有人建议把水管接在一起，汲取神武门外筒子河的水。但是水顺着一根不算太粗的管子，从400米外的筒子河慢慢流到这里，很难解决燃眉之急。人们当时能做的也只是尽力拆除房屋、阻断火道，一直折腾到第二天7时左右，大火才渐渐被扑灭。等到大火的余烬被完全扑灭，已经

建福宫大火后的情景

是两三天之后了。

事后追查起火原因，聂宪藩、薛之衍等目击者向国人发布的通电说："本月26日夜12时，神武门电线走火，由德日新斋内延烧。"当时，妃嫔们为了消遣，经常在宫内放电影，德日新斋就是电影场所在，电影机、电灯房也在这里。负责管理的太监等缺乏用电知识，漏电失火不无可能。

大火过后，内务府事后呈报说：这次大火共烧毁房间120间，金佛2665尊、字画1157件、古玩435件、古书几万册。其实这也不过是内务府的一笔糊涂账，究竟建福宫原有多少东西，监守自盗的内务府本来就搞不清楚。反正，一切亏空都被这场大火消弭了。

到了8月初，内务府找来100多人清理火场，虽然灰烬里已经找不出字画、古瓷，但是金佛、金塔烧熔后有的成了碎块，有的化成金水，结成的半土半金板块还有很多。内务府曾经找来北京各个金店投标，一个早已经打通关系的大金店以50万元的价格买下了灰烬处理权，从中拣出金块金片17000多两。金店拣完了，内务府又把余下的灰烬装麻袋，分发下去。据说，有人后来施舍给雍和宫、柏林寺的黄金"坛城"就是从麻袋里的灰烬中提炼出来的。烧剩下的尚有这么多，可想损失有多大了！

尽管众人都说是电线起火，但溥仪和逊清皇室却怒而不语，他们怀疑是宫内偷盗珍宝的太监放火灭迹的。因为建福宫花园建于清乾隆五年（1740年），乾隆皇帝将生平搜集到的珍宝玩物都存放在这里，里面古玩、字画、瓷器、彝器、珍宝堆满了库房，数不胜数，可以说是整个故宫文物的精华所在之地，自然也成了遗老遗少和太监宫女们盗窃的重点。

溥仪退位后，宗人府、内务府等一套宫廷机构照常奉职不变，官员上百，太监宫女有上千名，宫内开销巨大，民国政府所支付的优待费越来越入不敷出。为了获得更多的钱财，小朝廷的上上下下、明里暗里都将贪婪的目光投向了宫中的珍宝，致使大量珍宝流出宫外。首先是公开拍卖珍宝古物，或者抵押给银行，当然他们根本无力赎回。

仅1923年，估价卖给汇丰银行的珍贵古董就有80件之多。而遗老、大臣们为了满足个人的私欲，利用职务之便盗窃宫内文物，为自己开辟了各种生财之道，有人竟办起了古玩店。太监宫女们偷盗珍宝到外面古玩店抵押变卖的情况非常多见。甚至，溥仪结婚当天，婚礼刚刚完毕，皇后凤冠上的珍珠玉翠装嵌就整个被换成了赝品。连皇后凤冠上的珠宝都敢做手脚，可见这些太监气焰有多嚣张。

中国是一个文明古国，同时也是一个文物大国。自西周以来的各朝各代都进行古物的收藏，而清朝为集大成者。到了晚清，官员和太监进行偷窃，或有不经意的损坏，以至于后来对于故宫究竟收藏了哪几类珍宝，其数量究竟有多少，一度是人们无法了解的谜。

为了防止这样的悲剧再次上演，民间开始有呼声让政府管理清宫国宝。1924年10月，冯玉祥发动"北京政变"。11月5日，北京警备总司令鹿钟麟和警察总监张璧率领20名短枪手闯入紫禁城，命令溥仪"在半个小时之内离开紫禁城"，于是，在不到一个钟头的时间里，将溥仪驱逐出宫。溥仪离开时，只带了一点随身穿戴的衣物，可是谁又知道，他早已经为自己准备好后路了。

从寓公到伪满傀儡

溥仪被逐出宫后，只好去醇王府居住。这个不受欢迎的末代皇帝，一时间成为无处安身的人，他本以为自己将这个样子了此一生，不料日本人却找上门来，大献殷勤，于是溥仪很高兴地住进了日本驻华公使馆。

1925年2月3日，在日本警察的护送下，溥仪偷偷潜到天津，在日租界原张彪的私宅张园安顿下来。溥仪寓居天津期间，先后在张园和静园共度过了七年的寓公生活。

在天津的7年，是溥仪人生中的重要时期。在这里，他摆脱了宫廷和王府的束缚，接触到了现代化的生活；在这里，他频频和各界人士接触；在这里，他的思想逐渐定型，甚至决定了他后半生的人生轨迹。

早在紫禁城时，溥仪就对西方文化产生了浓厚兴趣。他的自传《我的前半生》中记载，15岁那年，他决心按照他的"洋师傅"庄士敦的样子打扮自己，并叫人到街上买了一大堆东西。显然，那时的他还不知道如何才能把自己打扮得时髦、得体，于是，"穿上一套完全不合身、大得出奇的西服，而且把领带像绳子似的系在领子的外面"，这副样子把庄士敦气得发抖。

此外自传中还提到，溥仪从画报上得到灵感，让内务府给他购置西式家具，在养心殿装设地板，把紫檀木装铜活的炕几换成了抹着洋漆、装着白瓷把手的炕几，把屋子里弄得不伦不类。他还按照庄士敦的样子，大量购置怀表、表链、戒指、别针、袖扣、领带等，并给自己和弟弟、妹妹全都起了英文名字。只不过，在紫禁城中，溥仪的这些行为是受到限制的，大多数时候，他还得穿着龙袍。但是在天津，他经常穿的是普通的袍子、马褂，更多的时候穿西装，天津让他过上了现代化的生活。

溥仪在天津的生活颇为时尚，中原公司则是溥仪和婉容经常购物的场所。溥仪和婉容经常去起士林大饭店购买正宗的德式点心和糖果，而且很喜欢那里的饮料，此外，奶油冰激凌、果料刨冰和奶油栗子粉是他们的最爱。

溥仪在天津学会了开车，曾开着别克六缸宝石蓝色小轿车去马场道俱乐部打球，频繁进出万国赛马场等豪华游乐场所。而《我的前半生》中则描述得更为细致，每逢这样的场合，溥仪都"穿着最讲究的英国料子西服，领带上插着钻石别针，袖上是钻石袖扣，手上是钻石戒指，手提文明棍，戴着德国蔡司眼镜，浑身散发着密丝佛陀、古龙香水和樟脑精的混合气味，身边还跟着两条德国猎犬和一妻一妾。"溥仪还曾学着打台球、高尔夫球、网球，其球衣和球具都是最讲究的。

天津让溥仪开阔了眼界，而这一切，正如溥仪在自传中说的那样：在天津生活了一段时间后，"觉得这个环境远比北京的紫禁城舒服。我有了这样的想法：除非复辟的时机已经成熟，或者发生了不可抗拒的外力，我还是住在这里的好。"

到天津之后，溥仪还积极拉拢各派军阀头目，企图利用军人的力量复辟。当他看到这些努力都无济于事时，做着复辟梦的溥仪，便开始与一些日本的军人政客频繁接触，把日本视为其复辟的"第一外援力量"。为了庞大的复辟计划，就要多方拉拢有实力的人，而且过惯了奢侈的宫廷生活的溥仪，在天津的生活开支过于浩繁，因此在经济上很快便捉襟见肘起来。为了筹备开支，应付生活开销，溥仪将从宫中带出的一些珍品拿出来托人变卖。

方兆麟在《溥仪与清宫珍宝》一文中说："当时天津北门外锅店街有家名气较大的万昌古玩店，听说此事后，几经运作，以一万大洋买下这几件珍宝，一时轰动京津两地，古玩同业无不眼红。"

有人眼红，还有人气愤呢！几件珍宝才卖一万大洋，溥仪也觉得不划算，便又拿出几件国宝，想货比三家，多跑几家打听行情。可是，不管是在位于日租界旭街（今和平路）的恒利金店，还是在附近的物华楼、天宝金店以及东马路、锅店街几家较大的古玩店，出价基本都只有五六万元，溥仪只好将这些国宝送到万昌古玩店，最终以6万元成交。

这些国宝真的仅仅值6万元吗？当然不止，这只不过是古玩商集体运作用来压价的把戏。原来在溥仪吩咐人拿着这批国宝第一次在恒利金店估价时，就被一位北京古玩商盯上，他提议几家古玩店联手买这批货，然后利益均分，于是天津的几家大古玩店便约定：凡见到这批货估价都不要超过6万元，无论哪家成交都利益均分。因此这批货拿到哪家出价都在五六万元，最后由万昌古玩店做成了这笔生意。据说后来经办人还从中获得了300元"跑路费"。

溥仪在天津究竟卖出多少书法名画，已无案可稽，但据王庆祥先生撰《伪满小朝廷覆灭记》书中所述，溥仪在天津时曾"赏赐"经手人陈宝琛的外甥一批书画，其中就有唐人阎立本的《历代帝王图》《步辇图》《阆苑女仙图》等极为珍贵的作品。陈宝琛得到赏赐后，也因为开销大变卖了这些国宝。《历代帝王图》最终流入美国，现藏于波士顿美术博物馆。所幸买到《步辇图》《阆苑女仙图》的主人没有转售给外国人，新中国成立以后捐献给了政府，现藏北京故宫博物院。

赏赐都这么慷慨，显而易见，溥仪卖国宝得来的钱一定不是个小数目。就这样，溥仪虽然没有了稳定的收入，但是依靠卖国宝小日子过得非常滋润。

1931年，九一八事变后，日本军国主义分子在长春制造了"满洲国"伪政权。九一八事变后，已占据东北的日本关东军，为了稳定局势，日本关东军首脑人物在大和旅馆聚会，密谋成立伪满洲国。因此他们急需让这末代皇帝溥仪来当傀儡。11月2日，日本关东军司令土肥原贤二跑到天津夜访溥仪，并用甜言蜜语征服了他，然后将他偷偷带到东北的抚顺。

1932年2月，奉天日本特务机关长板垣征四郎去抚顺通知溥仪出任"满洲国执政"的伪职，并发表所谓"宣言"。后来板垣征四郎任伪满军政部最高顾问。

1932年3月1日，溥仪在"新京"（长春）南郊杏花村，成为日本帝国主义扶持的傀儡伪皇帝。伪满这个伪政权被中国政府和人民和世界绝大多数国家唾弃。

接受审判的板垣征四郎

过了一段时间，舆论安稳下来，溥仪悄悄派人与婉容接触，将其接到东北，同时把天津的私藏国宝也运来。据当时在天津专门管理这批珍宝的严振文1952年初回忆，溥仪从天津转移国宝时，带走书法名画手卷约30箱，内装1300件；书法名画册页4箱，内装计40件；书画挂轴一箱，内装21件；宋、元版书31箱，内装200部；殿版书3箱，内装部册不详。

这些国宝全部运往东北，藏于伪宫中藏书楼，其中古籍和书画部分，整箱置于伪宫东院的图书楼楼下东间，在这座时称"小白楼"的建筑中一晃就沉寂了13年。

一个非常艰难的决定

1945年8月8日，苏联召见日本驻苏大使，通告苏联接受《波茨坦公告》，并宣布对日作战。8月9日，苏联出兵中国东北和朝鲜北部，对日本关东军发动全面进攻。

末任关东军司令山田乙三来到溥仪的伪皇宫，报告说，苏联向日本宣战了。在溥仪印象里，山田乙三平时举止沉稳，而那天他语气急促地讲述，说日军如何准备十足，如何具有必胜信心。溥仪回忆说："他那越说越快的话音，十足地证明他也没有十足的准备和信心。"从溥仪得知苏军进军东北时起，他的精神就几乎陷入了崩溃。不知道溥仪是怎么想的，他很快下了一个决定，从这天夜里开始再没有脱衣服睡觉，他的衣袋里总是放着一支手枪。

8月10日早晨，山田乙三宣布伪满迁往通化，溥仪和他的"大臣"都将一起前往通化。

负责监管溥仪的形影不离的"御用挂"日本关东军司令部中将吉冈扔了一句话："如果不走，必定首先遭受苏军的杀害！"这句话让溥仪受到了一种新的精神折磨，他"大大地犯了疑心病"，害怕地猜测，日本人怕他这个人证落在盟军手里，可能会杀自己灭口……

溥仪为了在吉冈面前表"忠诚"，叫人把张景惠和武部六藏找来，命令他们要抗拒苏军到底。这时的溥仪，心理防线已被击垮。一看到有日本兵端着枪向他住的房间走来，他就感觉到"魂简直飞出了窍，以为是对他下毒手来了"。他认为，死亡已经向他招手了。

日本人严令溥仪明天必须动身。溥仪只好匆匆择选晋、唐、宋、元书法名画精要及少量明清时精品百余卷、册和一批珠宝玉翠携逃。其余文物因为数量太多，没办法携带只好都丢弃在"小白楼"里。

8月11日早晨，长春伪宫大门前来了几辆日本军车，一直开到院内门前。车上人下来嚷道："快装快装！时间紧迫！"只见侍从们慌忙地往军车上装木箱。很快，这几辆车就被装满了，可是屋子里还有很多木箱没被拉走。

这些被装走的国宝及物品木箱清单如下：

伪满皇宫

1. 手卷字画4箱，约80件。这是溥仪从伪宫所存的手卷字画中挑选出的珍中之珍品，是溥仪平日最为满意的珍藏。其中包括著名的《清明上河图》，唐代阎立本，宋代赵佶、苏轼，元代赵子昂，明代唐寅、文徵明、沈周，清代张若霭等人的作品，皆为无价之宝。

2. 18个手提金库和手提宝物小匣。这是原存在溥仪客厅和溥仪卧室中的，这次也全部被带走。手提宝物小匣内，装有原明、清两朝皇宫中的宝物，件件都是中华民族文物中的瑰宝；手提金库内，装有金盾2个、金手表和金怀表50～60块、金表链20条左右、大小珍珠约2000颗、镶各种宝石的金领带针、金镯子、金袖扣、红绿宝石、大块钻石、金小刀、金项链、金别针等珠宝首饰。这些文物均是国宝级，金银珠宝也皆是巧夺天工之作，其价值无法估量。

3. 宫廷陈设品4箱。内装各种玉器、玉石图章，小件陈设品，包括乾隆皇帝当太上皇时用田黄石刻的三颗印等少数、文物。后有人觅得其中一枚和田玉刻章，出价达150万美元。

4. 日本早期的《大藏经》4箱，30多套。

5. 医疗药品14箱。其中多是珍稀的名贵中草药，有东北虎虎骨、千年野山参（现今早已绝迹）、野灵芝、冬虫夏草、仙鹤草等。

6. 其他杂品130箱，其中包括锦绣行李、毛皮衣服、书画纸张、宫室摆件、茶叶罐头等日常生活用品。

上述156个木箱和18个手提金库、小匣等物品均是日本人开车给拉出宫的。拉走的这些国宝是否都装到去往大栗子的火车上，包括溥仪在内的同行人员，可以说谁都不太清楚。但可以肯定的是，送到车站供溥仪坐的"展望号"行李车上的箱子应当是大多数，但肯定也不够数。装国宝的箱子被拉走后，只剩下溥仪、婉容、李玉琴、溥杰及其家人以及几个随从。

当天傍晚，婉容及侍候她的太监和老妈子先去了火车站（现在的长春东站）。午夜，溥仪、李玉琴等一行十余人分乘4辆小汽车去的火车站。因当时苏联红军已逼近哈尔滨，为了逃命，溥仪他们来到车站后，钻出汽车就急匆匆地登上他"巡幸"时专用的"展望号"专列火车。至于行李车上装载了多少宝物，溥仪也没时间过问和清点。就这样，"展望号"专列在黑漆漆的夜幕中别离所谓"新京"（长春）。

日本人给苏联的见面礼

逃往通化的溥仪，只顾带珍宝，没有带食物。当时伪满货币已失去价值，溥仪一行人只能用携带的珠宝和名贵书画，以低廉的价格换取生活用品。在路上，他们一帮人没有吃的，就拿这些价值连城的字画、古董和当地农民换馒头吃，让一些珍宝流失民间，后来在土改中发现的唐韩幹《神骏图》、传为南宋初期赵伯驹作的《莲舟新月图》以及20世纪60年代北京琉璃厂宝古斋购得的元赵孟頫的《水村图》等卷，都是在溥仪逃难路上流落的。

1945年8月13日清晨，经过一天一夜的颠簸，火车抵达临江大栗子沟火车站。

大栗子沟是与朝鲜隔江相望的边陲小镇。风光秀丽，物产丰富，森林、矿产应有尽有。20世纪30年代，大栗子沟发现有铁矿之后，日本侵略者就在这里修铁路、建公司，对铁矿进行掠夺性的疯狂开发。

溥仪和日本人吉冈选择大栗子沟作为他们的"临时行宫"，不仅因为这里气候宜人风光美，更是看中这里能攻能守、能进能退的地理优势。在大栗子沟，溥仪和婉容、李玉琴、太监等人住进了"东边道开发株式会社大栗子采矿所"所长染谷之前的住宅——"丁字房"。

丁字房其横五间，其竖三间。横五间为东西走向的正房，竖三间为厢房。李玉琴住在正房最东头的一个大间，西头的一个大间是溥仪存放40箱文物的库房。溥仪的侄子带着一队亲兵日夜巡逻，戒备森严。溥仪及婉容分别住在竖向房的两个卧室里（不明白溥仪为什么不住正房，而住厢房）。丁字房位于一个十字路口的西北角，斜对面是一栋二层的旧式黄楼，长约30米，宽约8米，分为两个单元。溥仪的弟弟溥杰一家人及部分日本人就住在这里。

8月15日中午12时，溥仪在大栗子沟的房间里打开了收音机。因为苏联向日本宣战，日军退守，身为伪满傀儡皇帝的他提心吊胆。此时收音机里正在播放裕仁的讲话，宣布日本接受《波茨坦公告》，宣布无条件投降。

溥仪的弟弟溥杰回忆说："溥仪通知我到他房里听广播……他严肃而悲哀，后来他哭了。我想安慰他，可实在说不出话来。我俩手拉手，相对流泪。完了，彻底完了，日本都投降了，哪还有我们的生路？"

8月18日，张景惠、武部六藏以及众"大臣""参议"来见溥仪，并拿出一篇早就拟好的"退位诏书"，让溥仪照着念了一遍。溥仪读毕，和与会者依

溥仪在大栗子沟的住处

次静静握手，悄然地退出会场，他又一次成为平民了。短命却遗臭万年的伪满一共经历了13年零5个月，就在大栗子沟这个偏僻的地方土崩瓦解！

傍晚时分，负责监管溥仪的日本关东军司令部中将吉冈忽然通知溥仪，大栗子沟已经不安全了，必须立刻动身，前往通化搭乘小飞机去沈阳，再换大飞机去日本。

溥仪要去沈阳，但不可能所有人都随行。在大栗子沟，溥仪亲选了几位随行人员：弟弟溥杰，两个妹夫润麒和万嘉熙，三个侄子，再加上医生黄子正、贴身侍卫李国雄。婉容和其他大部分人员则留在了当地。同时，为了日后在日本仍旧可以过上舒适豪华的贵族生活，溥仪从运来的国宝当中选了一些容易携带的惊世之作带走，同时还拿了大量黄金、珠宝、首饰等，放在一个皮质摄影包里，由侍卫李国雄负责保管。

在美军舰上举行的日本投降仪式

溥仪在大栗子沟居住的院落

溥仪一行先是乘火车到通化，之后又改乘汽车去机场。通化机场停的都是小飞机，溥仪乘的是"双发"（两个发动机）首先起飞。吉冈、溥杰、润麒和万嘉熙乘一架邮政飞机，其他的人乘另一架。飞机于8月19日上午8点多钟起飞的，直至下午一时飞抵沈阳。但飞机到了沈阳上空一直都在转圈，就是不落下，溥仪当时觉得挺怪，心想别是日本人搞什么名堂吧！

果不其然，飞机刚着陆，苏联伞兵便从四面八方围了上来，当溥仪走出机舱门时，飞机已被全副武装的苏联士兵团团包围了。溥仪下了飞机便直接被押往候机大楼，而此时最先落地的溥仪、溥杰、吉冈等人也都成了苏联军队的俘虏。

一位苏联军官走过来，对溥仪说："谁身上有武器？都交出来。"溥仪先掏出自己的小手枪放在桌上，又转身说，"你们也都拿出来吧！"随从都没有武器，只好把随身携带皮包里的国宝及金银珠宝让苏联士兵给收走了。

就这样，溥仪没能到日本，而是和溥杰一道被苏联飞机载往苏联。关于溥仪被俘的事一直有诸多猜测，溥仪的随侍李国雄在他口述的《伴驾生涯》一书中也怀疑溥仪被俘是日苏之间的秘密交易："我亲身经历了这次被俘过程的一切细节，我认为溥仪是作为日本献给苏联的投降礼物而去沈阳的。"

苏方对身份特殊的溥仪实施了特别优待。莫罗科夫卡收容所专门为他举行了一个小型宴会，向他交代了政策，并询问他们有什么要求。随后的生活待遇，更是出乎溥仪等人的意料。苏方对待他们就像对待疗养者一样：在膳食上，他们每日四餐，早餐有面包和各种点心、咖啡、茶等；午餐至少两菜一汤；下午三四点钟还要开一餐，叫"午茶"；晚餐常吃西餐，内容更为丰富，有牛舌、牛尾、果酒、点心等。

溥仪等人不知道，当时苏联的经济还相当困难，百姓的生活水平非常低，商店里出售一种叫"黑列巴"的面包，里面掺杂着草秆、糠皮等东西。在起居上，收容所为溥仪准备了单间，还专门安装了有线广播，播放音乐和俄语新闻等节目。闲暇时间，溥仪等人不需要劳动，可以散步、聊天。开始苏方对他们的活动范围还有一定限制，后来限制逐渐减少，溥仪可以在山上、山下、河边、树林随便走走，活动范围比他当傀儡时都大。更有甚者，当苏方知道溥仪会弹钢琴，还将一架钢琴搬到了他的住处。这一切都使溥仪感到意外，更有些忘乎所以。

溥仪对他带来的随从一直都端着"皇帝"的架子，天天接受他们的请安。他整日诵佛念经，打坐修行，还让随侍放哨，好让他摆弄诸葛神课、金钱卦等玩意儿，占卜自己未知的命运。他的这些做法从未受到苏军的干预。而且苏联还把扣留的溥仪从大栗子沟带出来的奇珍异宝还给了溥仪，其中有珠宝、首饰、翡翠、玉石、怀表、画册等，溥仪经常用这些宝物讨好苏联军方。

刚到苏联时，一位苏军军官看上了溥仪的手表，那是一块白金外壳的长方形手表，价值不菲。军官伸出没有手表的手腕，望着溥仪笑。溥仪心领神会，立即将手表摘下，戴在军官的手腕上。在伯力看守所时，苏方要求代他保管所有物品。在登记时，看守所所长看见一条项链十分华美，带着羡慕的神情说："我要是有这样一条项链送给我妻子，那她该多么高兴

溥仪在苏联囚居的房子

啊！"溥仪当场将这条项链送给了他。

　　一天，苏联当地的内务局局长邀请溥仪到隔壁的别墅去吃饭，溥仪不知道苏方为什么要宴请一个俘虏。当见到那位局长时，溥仪才明白了苏方的用意。局长告诉他，苏联虽然胜利了，但还需要恢复战争创伤，遇上了今年的干旱，收成不好，有很多困难，希望溥仪将贵重物品贡献出来，以解燃眉之急。

　　回到看守所，溥仪左右为难：如果将珍宝全部献出去，实在是舍不得；如果不献，留在苏联的愿望肯定实现不了。最终通过与其他人商量，决定将金碗、金瓶等一些价值低、体积大的物品献出去，其余的藏起来。藏在哪里合适呢？恰巧他们弄到了一个装电影机的箱子，溥仪的随从李国雄找来工具和铁丝，在箱子里做了一个夹层，将468件国宝放了进去。还有一些既舍不得献又放不下的宝物，则分给其他人，如溥仪的侄子分得一个宝石金手镯、一个钻石袖扣和一袋珍珠；李国雄分得一块钻石、一个蓝宝石帽花和一个祖母绿帽花；其他人也各得三四件。

　　然而，溥仪的百般讨好并没有获得最终的避难，苏联方面一直都没有答应他留在苏联。所以，在整个俘虏生活中，溥仪始终惴惴不安，每当见到说中国话的陌生人，就会误认为是共产党或国民党派来接收他们的人员，总是被吓出一身冷汗。

后来，随着囚居场所的变换，溥仪怕这些珍宝被苏方发现，落得个欺骗苏联政府的罪名，决定将部分珍宝销毁。他派人将一些钻石、手镯扔进了江里，将一些珍珠投入火炉。

1950年8月，溥仪回国后将部分保存下来的国宝带回，交给了人民政府。这些历经劫难的国宝只是他离开大栗子沟时携带的其中的很小一部分了。

顺手牵羊

苏联截获的奇珍异宝只是溥仪盗运国宝的一小部分，大栗子沟有一批，长春伪宫还有一大批。溥仪离开长春没多长时间，伪宫的"禁卫军"便开始将财物盗出，欲为脱身之谋。

最先是一个值班的伪"禁卫军"路过"小白楼"，从窗外窥见里面许多木箱叠在一起，于是破窗而入，砸开大木箱后，发现重叠有更多的小木匣，开匣后再打开黄地白里的花绫包袱皮，见画卷包首的色锦及刻字填金的玉别子，美轮美奂。此"禁卫军"虽然觉得新发现没什么用，但还是顺手拿了几卷回到值班室。排长何某见后，就开始盗运。很快，越来越多的"禁卫军"获知内情，其中有些念过高中或当过小学美术教员的"禁卫军"，见猎心喜。于是，由暗偷到明取，直到哄抢。争夺中，有些经卷字画被严重破坏，如北宋大家李公麟的《三马图》至少被撕裂为三截，现分藏于故宫博物院和香港私人处；米芾书于澄心堂纸上的传世名迹《苕溪诗六首》被撕抢为碎片，有些被毁得竟不能再现人间，如初唐虞世南的《积时帖》墨本。

"禁卫军"中一位姓孔的军官，仅手卷、字画就劫走了一皮箱，有唐寅、赵孟頫、董其昌、文徵明、严嵩等人的作品。1982年吉林省博物馆在吉林市征集到的苏东坡传世墨迹《洞庭春色》《中山松醪》二赋卷，就是一个姓刘的"禁卫军"连长带出伪宫的。

伪宫的守卫者知道，一旦让人知道自己的身份，重者丧命，轻者服刑，所以有不少人得到宝物后不敢回到自己的家乡，有的迁居，有的流浪，靠出卖古董为生。有些人即使回到家乡，也将所得古董再次入土埋藏，甚至有的怕事者还将古董付之一炬了事。据一个伪军交代，王羲之的《二谢帖》和《岳飞文天祥合卷》等珍宝就是被他的妻子放入灶火中烧了。虽然这一千多件被哄抢的文物有些为收藏家所收购，后来又回到了各地的博物馆，但究竟有多少被毁，有多少被埋入地下，有多少仍在收藏家的手中，已经无法知晓。

当时的伪宫处于混乱不堪的状态，不仅"禁卫军"抢夺盗取物品，附近的一些百姓也进来拿走一些东西。他们怀着好奇心斗胆到这昔日不敢看的地方逛上一逛，有的人也顺便拿去了一些东西，而一些不为人所重视的珍贵文献书籍倒保留下来了。

1945年8月19日，苏联空降部队进入长春，开始接收长春重要部门，伪宫也在接收之列。伪宫有了苏军的警卫，老百姓不能随意进出了，但苏联红军的接管并没能制止伪宫物品的流失。

苏联红军到长春后，发行了流通券，老百姓称之为"老毛子票"，100元一张。据一些老百姓回忆，当时苏联红军将伪宫中所剩笨重的家具、物品等来了一次拍卖，只要交500元"老毛子票"就可以进去拿一件东西。在这样的情况下，伪宫里其他一些笨重的大家具和一些陈设品也被拿走了。

后来，国民党占领长春后，接收了13箱宋版书，并交给了长春大学图书馆，现在存于东北师范大学图书馆。其余的珍贵古书和珍品文物，一部分收回、收购，一部分入藏故宫博物院，其他则流失各处。

1945年9月开始，北平的古玩店突然红火了一阵，不少古玩家都在交易、谈论着一批"东北货"，而这些"东北货"其实都来自伪宫里的那座"小白楼"，也就是被溥仪盗运出宫的那批故宫文物。这批价格低廉的顶级国宝，里面每一件文物都是流传有序堪称经典，这让整个古玩业兴奋不已。

这是我国文物流失史上影响最大、损失最惨重的一次。伪宫收藏的

展子虔的《游春图》

许多国宝由北向南流转，长春、沈阳、北京、天津、上海等大城市的古董商、收藏家都瞄准了流出来的书画作品，连国民党的军政要员也不惜重金收藏，外国的商人、收藏家也闻讯赶来，插手收购。这些人迢迢千里奔赴东北，对伪宫珍宝趋之若鹜，最后甚至不以白银论价而只认黄金。著名的收藏家张伯驹为了能买下隋朝展子虔的《游春图》，不惜变卖住宅，一时间"东北货"炙手可热，如火如荼。

伊美朵旅馆的"娘娘"

溥仪8月18日当晚就离开了大栗子沟，临走时，只是匆忙挑选了一箱轻便的珠宝玉器和顶级字画，其余的都留在了临时行宫。

据溥仪的侄子回忆说："晚上，溥仪带着经过挑选的人，提着一箱子珠宝玉器等贵重物品上火车，准备从通化乘飞机去日本。这时溥仪命我去取传国的两件宝物——皇帝的冠上珠和传代玉玺。这两件宝物是我和大李亲自放在库房西北角的箱子里，任何人都不知道，可是却找不到了。当时，他逃亡心切，也没追究。"

当时，日本人也只顾逃亡，顾不得劫持溥仪的珍品宝物了。溥仪走后，以张景惠为首的伪满大汉奸们纷纷离去。留在大栗子的"皇亲国戚"及职员、侍从、仆人等于11月中旬也迁到了临江县城。"主子"的离去，失权的"重臣"逃离大栗子沟时，难免要抓一些国宝救急。婉容虽然没走，可是她整日依靠大烟生活，病情也日益加重，对那些文物根本不在乎，所以留在大栗子沟的一百多箱国宝流失了很多。

20世纪40年代的临江城是辽东仅次于通化的县城，交通虽不发达，但是梅河口至大栗子沟的铁路畅通无阻，鸭绿江的水运可以直驶安东（今丹东），是木材、矿产和山货的集散地。县城商铺林立、旅馆和大车店配合着餐饮业应运而生。当时，在临江城的中心地带，有一处日本人开设的旅馆，这就是当地称为伊美朵的旅馆。伊美朵旅馆是个两进的平房大院，室内布置得比较豪华，30年代是东北居室的一流房间。"宫内府"留下的所有人员都住在这里。日本投降后，该旅馆倒闭了，改为县公署的集体宿舍，又叫临江公寓。

溥仪"宫内府"人员，在当地的反抗行动之后，总觉得安全没保证。虽有人保护，他们还是不放心。"宫内府"的严桐江是溥仪的忠实奴才，为讨好"主子"和保护他自身的利益，多次去联系并花钱买通，租下了这所旅馆，据说买一所旅馆也花不了这么多钱。

边树芳以"宫内府"人员在大栗子沟"不宜保护"为由，于1945年11月下旬将留下的40多人接进了县城。边树芳派人联系了一列火车专列，沿途保护并亲自带人到车站接。当事人马文周回忆说："那天到临江是晚七八点钟，市民大多没睡觉，天还下着小雪，约一手指厚。"

溥仪的二妹韫和，人称"二格格"，聪明能干，是溥仪比较喜爱的妹妹，她主事，联系其他人，同时也监视她们。其夫郑广渊是郑孝胥的儿子。她回忆说："近40人被安排在临江公寓。婉容、李玉琴、溥仪乳母二嬷嬷和她的孩子住在左边的几间房子里。溥杰的妻子浩子和次女零生我们几个住在后院。"

李玉琴是溥仪第六个妻室，年轻貌美，15岁还是学生时被溥仪选中。父母都是闯关东的山东平民。李玉琴也回忆说，她曾住在前院最东头，旁边住着婉容,"二格格"等人都住在后院。婉容,是旧臣荣源之女,16 岁册封为皇后。她为人霸气,但多才多艺,风流潇洒,耐不住皇宫的空虚与寂寞,染上了大烟瘾。后来又与两个侍卫通奸,受到溥仪长期冷落而酿成其悲剧结局。

这些人员经过从大栗子沟迁往临江之后,刚一住定,李玉琴就去看望婉容,还将自己的一万元分出一半给婉容零用。婉容对李玉琴原来有所轻视,但逐渐亲密起来。婉容的身体稍好,神志清醒的时候,也能和李玉琴说笑、拉家常。在临江期间,尤其是我地方部队进驻临江期间,有些新战士和一些老百姓常到她们住处看"娘娘"。李玉琴回忆说,"我屋里的拉门成天关不住,我索性紧靠窗户坐着,让大家看个够。后来设岗把守,来看'娘娘'的人逐渐少了。"

从大栗子沟带来的一些文物国宝开始放在储藏室集中保管。后来怕被没收,严桐江征得主事人的同意,将一些贵重的文物分散到了个人,特别是侍卫、随从等人员分散保管。期间盗窃事件时有发生。

这些人员从大栗子沟迁往临江城住定以后,半个月左右,我地方部队奉命接管临江,剿灭敌伪残余势力和土匪。12 月中旬,中共通化地委和专署责成罗衡同志成立了临江县民主政府,罗衡为县长。这时,军队和地方都发现溥仪的这些人员正在分散、盗窃、转移他们带来的国宝。

郑广渊回忆说:"严桐江把溥仪的一些宝物交给随从们,分头藏起来。"郑广渊的父亲郑孝胥懂金石鉴赏,他儿子当然也能明白一些文物的价值。

马文周回忆说:"我曾拣到一个很精致的烟盒,带有一块东洋表,还有女人装胭脂等化妆品的装置。严桐江看见后,就用两幅画换我的。这两幅画用黄布包着,其中一幅有 5 尺多长,我叫不上是什么画,他说'你收起来吧,这两幅画可值银子啦!能换一座大楼',我当时不相信。""……还有人把金戒指等珠宝玉器藏到炉子里,被烧炉子的伙计捡去了!"

韫和夫妇回忆说:"不知是谁在后院把溥仪的三大柳条包照片给烧了。这些照片有清朝皇帝、皇后、皇妃及溥杰等人的各种照片。"

155

还有一次，部队炊事员到伊美朵旅馆敞口辘轳井去打水，捞水罐时，发现井内有一块金饼子。这块金饼子是赤金的，据说是熙洽献给溥仪的宝贝。"宫内府"分散、转移、隐藏、销匿国宝的种种迹象，引起了当地军政领导的注意并层层上报，经通化地委有关领导批准，一场收缴国宝的行动开始了。

这个可以有

1945年12月下旬，通化办事处的武清禄同志受后勤部谷政委的委派去临江收缴国宝。谷政委分管通化地区敌伪物资的接收工作。他找武禄说："老武，给你一个新任务，你到临江县去收缴溥仪'宫内府'的珍贵文物。这些文物是我国的国宝，是中华民族的文化遗产，它是一个国家文化及生命的代表。最近，种种迹象表明，'宫内府'人员正在隐藏、转移、处理他们从大栗子沟带来的这些国宝。为了制止宝物的失窃，我们必须采取果断措施，尽快地收缴起来交给有关单位。这个任务复杂而艰巨。你到通化卫生学校挑几名助手和一些警卫人员组成收缴工作组，立即出发。"

武清禄从谷政委办公室出来，立即赶到辽东军区卫生学校。当时的卫校在"飞机楼"附近，他冒着凛冽的寒风，大步流星地来到卫校，通过领导找学员队长张芹同志研究派人问题。接着武清禄又物色警卫人员和联系去临江的火车。工作很顺利，通化车站领导大力支持，派铁道摩托护送他们去临江。当天下午4点前，他们将应带的行李、路费等一切准备工作都做好了。晚饭后，一行7人乘马车赶到了通化火车站。铁道摩托从通化站开出时，天已黑了。车子在长白山的崇山峻岭中急速前进，爬越山岭时，一个山洞接着一个山洞，尽管烟尘不浓，但也呛得人直打喷嚏。天快亮时，铁道摩托抵达离临江20多公里的珍珠门车站。这时，汽油已经耗尽，站长立即与临江车站联系。一小时左右，临江站才把汽油送到珍珠门车站。吃过早饭，车子继续前进，一个多小时就顺利到达了目的地——临江城。

到达临江，武清禄立即去找通化支队的谢凤山副政委（兼政治部主任），向他报告了国宝收缴组的情况和任务。谢副政委说："军区政治部已告诉我了，还有什么问题需要我们解决？"武清禄说："需要警卫部队的大力支持和配合。"谢副政委接着说："这个问题，我们已作了部署，你可以再督促检查一下……"

12月21日下午，武清禄等人安排好食宿，立即开会研究工作计划和措施。经过热烈讨论，统一了认识并明确了收缴组的纪律。最后议定：在进一步摸底的基础上，首先召开"宫内府"全体人员大会，进行动员，交代政策，宣布纪律。其次，在动员的基础上，让他们上交应交的文物珍品，边交边查，进一步调查摸底，着重弄清转移、变卖和隐藏的情况。第三步，在进一步摸底的基础上，进行强制性的普遍搜查。同时，要求收缴工作组人员：深入细致，严肃认真，态度和蔼，严守政策纪律，不许打骂、逼供；物品不论大小、多少，一律登记造册，绝不许私拿或隐藏。

工作组首先找到老管家严桐江，命令他交代库存。严桐江交出一些无足轻重的物品，企图蒙混过关。第二天上午八九点钟，工作组将"宫内府"全体人员，上到婉容，下至太监、随从和仆人都集中到伊美朵旅馆的大厅里。由武清禄进行动员，着重指出溥仪是战争罪犯，已被苏联红军带走，其他人员要和他划清界限，不要害怕，打消顾虑。共产党的政策是：首恶必办，胁从不问，优待与我们合作共事的人，并给予出路，还可以遣送回家或安排工作，改造成为新人。溥仪战犯所有的宝物和珍品都是人民血汗的结晶。供皇帝、皇后、王妃及大臣们挥霍的各种金银财宝都是劳动人民创造的，本来就是人民的，只是被统治者掠夺和占有。因此，应全部没收，归还人民。转移、隐藏或出卖都是不允许的，而且是违法的。欢迎大家主动交出，如发现私自转移、隐藏或变卖，一经查出不仅没收，对本人还要加重处理，破坏、对抗者要依法治罪。

动员之后，会场气氛大不一样。有的人表现沉闷，绝大部分人比较活跃，意味着收缴工作已初步打开了局面。婉容神态疲惫，有所顾虑，默默地坐在那里深思着，口里打着哈欠，好像犯了大烟瘾似的。李玉琴神情自若，精神头十足，不时地左顾右盼，原来紧张、害怕的面孔顿时消失。年纪较大的医生徐思允当场发言表态说，部队和政府早就应该收缴这些国宝和珍品，咱们也应该主动上交，不能再隐藏或据为己有了，谁有就赶快交出来吧！他的一番话的确打动了大家。当场就有人交出了一些物品，开始多是各种皮衣。

工作组除将珍贵皮衣收上来以外，其他一般侍从、佣工的皮衣当时就退了回去。通过收缴皮衣发现了一个问题，这些皮衣多半没有扣子。原来，其中有不少是金扣子，色泽比铜扣子稍暗，但分量重。这样，工作组便抓住时机，动员大家把金扣子都交上来。接着交出来的是一些金银首饰，金银碗筷、酒具；各种玉器、翡翠、玛瑙、各式钟表等，收上来的宝物，收缴组都仔细登记和收存。

头几天没有交字画，可收缴的重点就是历代名人字画，因为这是宝贵的艺术珍品。所以收缴时特别强调私藏的字画一律要交出来。这样就逐渐有人交字画了，但为数不多。据一位侍从说，个别士兵拿了他们两幅字画，他们花言巧语地说，字画没用，结果就用两件皮衣换回来了。有一幅乾隆御笔的条幅，他们用5元钱又买回来了。收缴组分析：这些人迟迟不交字画，是认为"土八路"不懂艺术，不识货，还想继续欺骗工作组。

千年老人参

工作组虽再三宣布政策纪律，晓以大义，但是，这些人还存在侥幸心理，千方百计拖延时间。这样，收缴组除继续做思想工作外，便采取了坚决的行动措施。头天晚上通知要送他们回长春，第二天早饭后，收缴组又突然通知，所有人都留在自己房间里不许外出，听候检查。三位女工作人员负责对女眷及女佣们进行检查，三位男同志检查男人。果然不出所料，从他们的行李、包裹、被褥中检查出了不少字画，还查出一些金银珠宝。她们有的把一些小型贵重的珠宝缝在随身穿着的棉衣里。更狡猾的女人竟把珍宝小件缝在内裤前的地方。侥幸地认为这样就可以蒙混过关，保住她们的珠宝。当收缴组把搜查出来的国宝摆在他们面前时，这些人一个个像打了败仗似的，低头认错，乖乖地服从检查。

马文周回忆说："记得有天晚上，通知我们，明天送我们回家。于是，我们都高高兴兴地把所有藏的、借出去的大大小小的东西全部收集起来，第二天早晨老早就打好行李。早饭后，通知开会，男女分开，男的集中到一个屋，女的集中到另一个屋，经过一番动员，便开始搜查，衣服全部解开，检查很细，一个接一个地进行，检查完谁，就由谁领着工作组的同志到自己的住室，把行李、包袱打开，一切检查完结，你就坐在自己的铺上。就这样应收的东西基本上全收了回去。我是一个佣工，没啥玩意，就是把我用烟盒换的两幅画从行李里给搜走了。别的东西一样也没动我的。"

李玉琴在《坎坷的三十年》中也提到过类似收缴国宝的情况。她这样写道：过了些天，来人告诉我们说，明天就送你们回长春，我们高兴极了，开始收拾东西……第二天，午前七点多钟我们就都收拾好东西，准备出发。不一会儿，叫我们男女分别集中开会……我们女的由两三名女军人来搜，一个一个叫到我屋里搜身检查。

搜查完毕，武清禄和警卫部队联系，将搜缴上来的宝物集中保管，由警卫部队负责看管。武清禄收缴国宝工作组收上来的艺术珍品有：名贵字画30多幅，其中最宝贵的无价之宝是汉朝的一幅丝绢山水画；最罕见的是一棵千年生的老人参，这是献给溥仪的"贡品"，参体三寸多长，全长二尺有余，装在一个精致的玻璃盒内，红绒布托底，包装盒左下文，注明该参的重量、长度、生长年限以及采集时间等数据；其他是金银器皿（一套金碗、金酒具等）；还有金银首饰、珍珠、玛瑙、翡翠、玉器等。另外，还有日、法、意、英、美等的礼品，光各

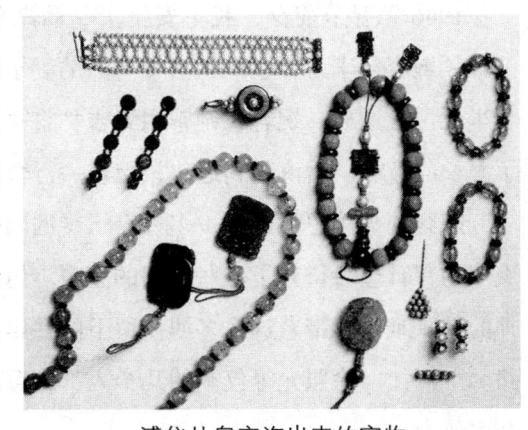

溥仪从皇宫盗出来的宝物

第七章　监守自盗——清宫国宝流失之谜

159

种钟表就有几十件。金扣子、金戒指、名烟、洋酒的种类更多。

收缴国宝工作组专门研究了包装、起运及安全措施等问题。之后，他们亲自包装，责任到人、到车。总共装了28个皮箱，在警卫部队的护送下，用汽车运抵通化。这批国宝运抵通化后，按军事系统上交。至此，由武清禄同志为首的收缴溥仪"宫内府"国宝的艰巨而复杂的任务，便圆满地画上了一个句号。

收缴上来的部分文物

婉容的最后岁月

1946年春节前夕，我军安排了一辆汽车接收了婉容等人。于是严桐江带领婉容、李玉琴、嵯峨浩（溥杰的妻子）等一行人上了汽车。婉容冻个半死。就这样，婉容在她曾祖父吉林将军当年的辖地，被押解着，开始了漫长的迁徙。后汽车到通化，婉容一行暂住在市公安局宿舍中。

婉容的身体更加虚弱，多亏李玉琴的同情和照应，才使这位饱尝世态炎凉的昔日皇后得到了一些人间的温暖。但是，由于战争的动荡，负责收押的部队难以再带着这么多溥仪留下的眷属行军作战，所以让他们自谋出路。严桐江、徐照允等仅剩的几个人都先后离去，最后连关心婉容的李玉琴也要走了。

李玉琴事后曾忆及:"当时她看我来请安,就伸出枯瘦如柴的手握住我。我悲痛难忍,泪流满面。她眼光露出惊慌焦急的样子,已出现了语言障碍,嘴里只能发出两声'呵!呵'带哭腔的凄凉声音,含混不清说了一句什么。她也流泪了!我给婉容扯平衣服,盖好被子,摸摸她枯瘦如柴的手。她转过脸来看看我,一脸的痛苦表情,很快又变成冷淡的样子,又转过脸去。"

人们都走了,唯独婉容有家难回,虽然她还有不少亲友,这时候却没有一个人肯收留她。她的胞兄润良干脆紧闭大门,把病弱的胞妹拒之如瘟疫。溥杰之妻嵯峨浩是日本人,也无处可去。

在极度困难的战争条件下,她们颠沛流离地到处转移。到了吉林市后,婉容等人被暂时关进了公安局拘留所。没过多久,国民党飞机轰炸吉林。婉容、嵯峨浩等被押上火车,经敦化,于5月末到了延吉。延吉监狱很大,一栋院子约有40间房子,但每一间都满员,只得将她们送进混凝土造的仓库。婉容的住处是一张两层床。她被放在下床。这时的她已神志不清,生活不能自理,有时从床上滚落到水泥地上,一动不动,饭也不吃,大小便失禁。多年的精神压抑和鸦片的依赖已使她精神严重错乱,形容枯槁,憔悴不堪。

后来,延吉战事趋紧,决定经图们向牡丹江转移一批犯人。战士已为婉容准备好了马车,到小仓库一看,她已病入膏肓,不省人事,难以承受旅途颠簸,所以,临时改变了主意,将她留下由狱方照料。嵯峨浩等5人忍痛与婉容分离。

6月20日早晨5时许,婉容结束了她复杂的一生,时年仅40岁。据最近《延吉晚报》报道,当时狱方巡监见婉容已僵死,就为她拍照,登记,然后由张排长等6人用一扇门板抬走,尸体瘦而轻。在一向阳的山坡,择一平坦处挖坑埋葬,埋葬的时间为中午时分。和那些流光溢彩却又被毁灭的国宝一样,在辉煌的闪亮之后,一切都复归平静。无棺材,无花圈,无亲属相伴,更无追悼会,亦未立碑。起一坟头,日久而被风吹平了。一代皇后,就以这样的方式消失在天地之间。20世纪末,婉容的亲属曾经寻找过她的墓穴，但是哪里还找得到！

据李玉琴回忆：溥仪仓皇离开大栗子沟时，留下了很多国宝，其中就有一幅《清明上河图》。婉容虽然与溥仪夫妻多年，但是一直无缘观赏此画。溥仪逃走的当晚，婉容拉着李玉琴和几个宫女，要夜赏名画。她们打开箱子，找到了《清明上河图》，在袅袅依依的烛光下，婉容足足观看了两个多小时。她边看边抒发着内心对此画的喜爱，谈论着汴河两岸的风土人情。这种欢快的神情，已经很多年没有过了。直到她耗尽了力气，才兴尽而回。那一夜，婉容睡得很踏实。可是婉容至死都不知道，她秉烛夜观的《清明上河图》只是一个高仿版，并不是张择端的真迹。真正的《清明上河图》已经被溥仪带到沈阳去了。

1948年11月，东北文物管理委员会在哈尔滨正式成立后，将战时缴获的清宫散佚国宝，暂存于长春东北人民银行。清宫流失的国宝终于有了一个安稳的家。而这些国宝的曾经拥有者一个被关在苏联，一个已经离开了人世。

1949年7月7日，东北解放后成立的第一座博物馆——东北博物馆正式对外开放，暂存于东北人民银行的清宫散佚国宝一并转入该馆收藏。随即，原东北局文化部门组成国宝调查组，在其后不到半年的时间里，在能够找寻到的线索内，迅速将散佚东北、华北各地的部分清宫书画搜集入

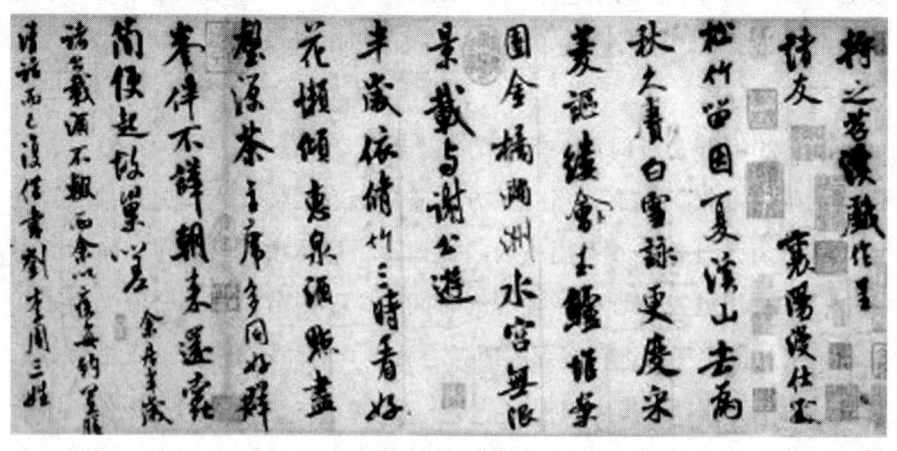

米芾的《苕溪诗》

馆，并在这里对清宫散佚国宝进行鉴定和整理。有一天，考古学家杨仁恺在整理苏联转过来的几件文物时，在其中的一个箱子里发现了北宋张择端的《清明上河图》真迹，东北博物馆从此名震天下，成为中国收藏古代书画的三大藏宝地之一。

如今，清宫散佚书画的下落及各自的归属，已经基本能够理清一个眉目。目前，辽宁省博物馆所藏的清宫散佚书画60多件，是全国博物馆中收藏清宫散佚书画最多的博物馆。同时北京及各地博物馆也分别收藏一些，其中不乏美国等国博物馆。但令人遗憾的是，目前，还是有一部分《清宫散佚国宝目录》中所述及的书画依然下落不明。

背包袱的年轻人

1963年4月的一天早晨，一个背着包袱的青年来到北京荣宝斋门市部，说包袱中是一些古字画，希望出售。工作人员打开包袱一看，满满一包裹既有完整的字画，也有残片，有的小残片仅蚕豆般大小，从纸质来看，确实是有年代的。工作人员于是要求青年住下，过一天给予答复。专家和工作人员进行了拼合研究，经过一个昼夜的努力，终于拼合成数件珍贵的书画作品，其中有米芾的《苕溪诗》，仅缺损了引首和作品的8个字，基本恢复了原貌。还有北宋名画《三马图》的跋。荣宝斋支付了令这个青年满意的价钱，同时向他询问姓名和家庭地址，青年人却不愿意回答，只说还有一包袱残片，便离去了。专家和工作人员继续进行艰难而又复杂的拼合工作，竟然拼出了《故宫书画佚散目录》所著录的37件作品残迹。

1964年3月的某一天，那位奇怪的青年再次背了一个包袱来到荣宝斋，又将一包裹古字画残片售给荣宝斋。具体接待的人一个叫王大山，一个是营业科的副科长田宜生，都在荣宝斋干了多年。他们问："这东西打算卖多少钱。"青年说："给我1500元行吗？"店员们心里清楚，这可不是1500元的东西，可是也不好挑明，只能说，你看这样好不好，现在快中午了你先吃饭，吃完饭咱们再商量好不好？

为了进一步确认这批文物的真伪，判断它们的实际价值，国宝出现的消息被迅速汇报给了国务院、文化部和在京的文物鉴定专家，所有的人都激动不已。当时文物局的局长张葱玉、副局长王冶秋、荣宝斋经理侯恺等领导都来了。

这批东西都是国之重宝，是没法用金钱来衡量的。那个青年要价1500元钱，跟这批东西的实际价值相差太远，在当时，就是给他15000元、15万元也不为过。但是经验告诉他们，在这种情况下不能给多了，给多了会使卖主产生很多想法，甚至把他吓跑，当务之急是想办法把这青年稳住，把东西留下来。他们觉得对方要价1500元，还他1400元比较合适，因为这样比较接近他的要价，比较自然。下午3点之后，那个青年按时来到荣宝斋，他没二话就接受了荣宝斋1400元的还价，办完手续点了钱就走了。

当时的荣宝斋经理侯恺觉得，这么多重要的文物能保存下来，是给国家作出了巨大贡献，同时1400元和实际价值相差悬殊，所以报请当时的国务院有关领导同志，希望能给予那个青年奖励，但由于青年留下的地址不详，这件事竟成了一桩悬案。

光阴流逝，到了1996年3月30日，哈尔滨《新晚报》记者圆小铃寻访到那个青年及其母亲孙曼霞，才透露出在这批文物背后还隐藏着一起鲜为人知的凶杀案。

孙曼霞老人介绍了当年卖画的缘由：这个青年人叫丁心刚，他的父亲丁征龙早年曾留学德国和法国，卢沟桥事变后回国，在张学良北京办公处工作。1945年9月8日，他告别妻子，与朋友骆大昭、王学武一起去长春看望同学和老师。时值日本投降不久，长春街上许多小摊贩手里都有从伪宫流散出来的文物。丁征龙懂得这些古物的价值，花钱买下了一批字画和字画碎片。

9月20日，孙曼霞在营口听到了不幸的消息：有人在营口附近的铁路边发现了自己丈夫的尸体。原来，与丁征龙同行的骆大昭见到古画红了眼，暗起贼心，在搭乘货运列车回营口的路上将丁征龙杀害，夺走了字画。孙曼霞当即告发骆大昭的罪行。骆大昭在铁的事实面前供认不讳。孙曼霞终于为丈夫昭雪，并在枪毙骆大昭那天，拿回了那批字画和丈夫的遗物。丁心刚当时年纪还小，并不知道自己的父亲是因为什么事情遇难的，只是知道爸爸再也不能回来了。

20世纪60年代，孙曼霞日渐感到这些字画长期放在家里不是回事儿，万一有个闪失，对不起国家，也对不起死去的丈夫。最终她下定决心，为它们寻找一个更为妥善的去处。这就发生了小青年向荣宝斋捐献文物的一幕。而荣宝斋则把这批国宝无偿捐献给了故宫博物院，国宝最终得以回归。当然，这只是故宫流失文物中极少的部分。

《十咏图》回归之谜

时间过得很快，溥仪盗运的故宫国宝已经很难再有新的发现，似乎尘埃落定了！

1995年8月末的一天，北京一如既往炎热无比，在一些街头巷尾可以看到某些工地正在施工，偌大个北京俨然就像一个大工地，稍微有点风，就飞沙走石，呛人口鼻。

在全中国最著名的古玩一条街北京琉璃厂这里，像往常一样，挤满了前来淘宝的人们。虽然大家都热得汗流浃背，但是兴趣盎然。来这里的人要么就是卖东西，要么就是买东西。卖东西的希望卖个高价，买东西的自然希望捡个漏，淘点物超所值的宝贝。

这一天下午4点多，位于琉璃厂最繁华地段的北京文物公司办公室的门被敲响，正在工作的文物鉴定专家秦公抬起头来，喊了声请进。随后，一位衣着简朴的陌生人走了进来。他手里提着个竹筒，小心翼翼地说："秦老师，我这有幅画，我想了解它的价值，您给看看好吗？"

秦公本想推辞，看到陌生人满头大汗，显然是长途跋涉而来，有些不忍，便点头同意。来人打开竹筒，拿出了里面的画。秦公一过眼，就看出这幅画有点名堂。秦公示意来人把画放在屋子中间的方桌上，斑驳的质地表明这还真像一幅有年代的东西，每天都要接待不少来访者的秦公态度谨慎起来。尽管如此，刚刚打开画作的卷首部分，让秦公还是惊呆了。阅宝无数的他敏锐地感觉到，眼前的这幅画应该是一件极其珍贵的文物。秦公不由得激动起来，他深深呼吸了一口气，扶画的手也有些颤抖了。

观察到秦公的异常反应，持画人忙问："这幅画是不是很珍贵？"鉴定文物从来都是实话实说的秦公回答："这很可能是著名的《十咏图》，是北宋词人张先根据其父张维的10首诗作出的画，现在看到的卷首部分的内容应该是第一首诗中描绘的情景。"

当兴致勃勃的秦公尚在兴奋之中，奇怪的事情却发生了，只见来人把画又卷了起来，剩下的部分也不让秦公看了。看到持画人顾虑重重的样

《十咏图》局部

子,秦公劝他把画留下来,以便做出进一步的鉴定,但来人还是决定要走。眼看就要与国宝失之交臂,秦公心急如焚,在他的再三劝说下,来人总算是留下了自己的住址,随后便匆匆离开。

当夜,秦公调来了有关《十咏图》的全部资料,仔细参详。史料记载,《十咏图》原本珍藏在紫禁城的,后来流失到了民间。原来,这又是闭守宫中的末代皇帝溥仪做的盗运国宝的丑事。若干年后,人们在清点故宫遗存时,从登记清单上查到《十咏图》,却只见其名不见其物。哪知此时已充任伪满傀儡皇帝的溥仪早将《十咏图》等国宝偷运到了长春了。溥仪仓皇逃亡后,伪宫遭到乱兵哄抢,"小白楼"千余件书画被瓜分殆尽,《十咏图》便随着大量珍贵书画散落到了民间。

事隔 50 年,原本以为消亡于战火中的《十咏图》神奇再现,真是不幸中的万幸。秦公觉得,应该不惜代价收购,让国宝回归它的老家——故宫博物院。于是,他一次次登门拜访,向藏家解读文物政策以消除对方的疑虑。但谨慎的藏家提出,拍卖公司须预付 200 万元定金才能将这件作品从他家中带走,而且如果有专家提出异议而不能拍卖,定金不退。藏家这样做,是给自己一个保障,即便藏画是假的,他也会拿到 200 万元,不至于空欢喜一场。

这可是给秦公出了一个难题!如果他看走眼了,这个脸可就丢大了,不但名誉俱毁,还会附带经济赔偿。经过再三考虑,自信心极强的秦公还是认定这是一件国宝级的珍品,身兼瀚海艺术品拍卖公司总经理的他力排众议,答应了藏家的要求。藏家的顾虑终于被打消了,同意让这幅画进入鉴定和拍卖的程序。

从现存资料可以知道,关于这幅《十咏图》最早的记载,出自南宋周密所著《齐东夜语》。而张先有江南才子之称,一生著作颇丰,有《安陆集》一百卷行之于世,他是北宋时期与柳永齐名的著名词人。据说,张先平生仅作一画,可事实上仅此一画,就让他在中国画史占有了一席之地。但因此也有人提出,张先一生从没作画,到晚年却画了这幅上乘之作,此画应该是代笔之作。

在纷纷扬扬的争议声中，全国文物鉴定委员会主任启功先生和副主任徐邦达先生来了，书画鉴定专家谢稚柳、刘九庵、傅熹年也来了，这几位国内最顶尖的权威组成的鉴定小组对这张已经押上了200万元"赌注"的《十咏图》进行了认真严谨的鉴定，他们的结论是：该画卷具有北宋绘画的典型风格，并有南宋贾似道、陈直斋、元代鲜于枢等名家的题记，应属清宫流失的北宋上乘画作，是张先的真迹无疑。徐邦达先生在考据文章的最后写道："总之，此卷一切均无破绽可疑之点，必为真迹。"至此，怀疑之论尘埃落定。

鉴定小组立即把这一结果报告给了国家文物局，并建议国家购买此画。国家文物局很快做出批复，同意此画进入拍卖市场，同时做出了"本拍卖品仅限于境内博物馆、国有企事业单位竞买"的限定，并拨出专款，要求故宫博物院志在必得。

1995年深秋的一天，北京一个容纳800人的拍卖大厅里座无虚席，连走廊过道也挤满了人。然而，临近9时拍卖开始时，现场却鸦雀无声。很显然，这样紧张的气氛来自当天最重要的拍品——《十咏图》。

600万元的起拍价一宣布，现场聚集已久的能量立刻被释放了出来，一次次的举牌，让气氛达到了白热化，一旦有人高过故宫的出价，有"大内总管"之称的故宫文物处处长梁金生就会再次举牌，价码被一步步推高。终于，有人喊了起来："不要争了，把画留给故宫吧！"就这样，当梁金生举起1800万元的牌子时，全场安静下来，所有人都听到了拍卖师发出的颤音："1800万元，三次，成交！"

伴随着小锤子砸下的那一刻，《十咏图》终于被请回了故宫，而这一成交纪录，一直到近7年后的2002年，才被来自同一时期的宋徽宗赵佶的《写生珍禽图》长卷打破。

因为溥仪盗运导致流失的清宫国宝，每一次出现都给人们带来惊喜和震撼，它们的身价也与日俱增，重金收购也是一大难题。尽管如此，只要看到那些流失的国宝还在人间，那些爱宝护宝的人心情也就平和了……

第八章 秃鹫的盛宴
——斯坦因盗宝流失之谜

西域，一个令人向往，充满无限生机的地方，这里是丝绸之路的必经之地，沿线布满了一个个古代邦国、城国，当风沙、战乱、疾病肆虐绿洲时，那些古国渐渐消失了。20世纪初，一支西方的"考古队"走进沙漠，1500多年前的古国遗址被重新开启。瞬间，世界上最著名的"探险家"盗贼趋之若鹫，一幕幕贪婪掠夺、令国人唏嘘不已的文化悲剧在茫茫的戈壁中上演。斯坦因正是这样的一个国宝大盗，他对中国文化遗址和中华国宝的破坏罄竹难书……

黄沙古道中的西域风情

拂去自然和历史的风沙，我们穿越时光，回到那车马杂沓的丝绸古道，那一口口流淌着清泉的古井边用陶罐汲水的少女、喧嚣的古国城堡、拈花微笑的佛陀和匍匐在佛足下的芸芸众生，都在向我们展示着西域的繁荣富裕。城堡内的路两边，中原的丝绸、瓷器，甜甜的大枣和葡萄干，香喷喷的馕和羊肉串，飘香的美酒，还有风姿绰约的美女，留着卷曲胡子、豪迈地歌舞的大叔，更有那说不尽的西域风情。

当繁华散尽，功名利禄皆归于尘土之后，西域留下的只是一片片废墟。不明就里的，即便站在城垣面前也会不为所动，因为那只是些不起眼的土堆，似乎与历史的浩瀚与深邃无关。但这就是岁月，这就是历史，曾经的繁华并不会被时间留恋,相反,很多痕迹都已灰飞烟灭,也许只有那日渐风蚀的黄沙下面的人类文明成果最有发言权,但它们缄默、缄默,从过去到永远,不发一语,不作任何评判。

千百年来,西域一直是丝绸之路的重要通道,因而文明在这里荟萃,兼收并蓄,最终促成其灿烂辉煌。可是,曾经辉煌的西域古国在存在了数百或者上千年过后,无一例外地神秘消失在了历史的烟云之中。

这是一个难解的历史谜团,但又是一个必解的历史之谜。有的仿佛命中注定。乌孙、大宛、高昌等占据着丝绸古道上的最有利地形。军事形势的变化和中央政府的态度,在一定程度上决定了其命运。有些毁于战火。

西域是连接着东西方文化的陆上丝绸之路的必经之处,在中国历史的舞台上扮演着重要的角色。其历史更是源远流长,从新石器时代的刀耕火种到两汉时期的归汉设郡,到隋唐时期的闾阎相望。然而,从北宋开始,丝绸之路由陆路逐渐转移到海路,西域开始衰落。之后,几百年朝代更替,西域的命运也起起伏伏。嘉靖七年,明政府关闭嘉峪关。

至此,西域曾经的繁华一去不复返,渐渐被人们遗忘。清康熙后期,清王朝渐次收复了嘉峪关外的广大地区。雍正三年(1725年),清政府在敦煌建立沙州卫,并开始从甘肃各地移民2400户到敦煌垦荒定居,同时又迁吐鲁番、罗布泊大批兵民于沙州一带。雍正末,沙州已有耕地10万余亩,引党河水分10渠灌溉,农业得到很快的恢复和发展,形成河西走廊西部的戈壁绿洲。到乾隆二十五年(1760年),改沙州卫为敦煌县,隶属安西直属州。通过移民、屯田、垦荒等措施,西域的民生略有恢复。

当人们再次对西域行注目礼时,已经是清朝末年了。原因只是这里发现了一系列古国遗址,还有敦煌莫高窟的藏经洞。出土的文物种类繁多,其价值难以用金钱衡量,可惜的是,国力衰退的清朝,认识不到这些国宝的重要性,没有有效保管,反倒成为许多外国文物大盗的乐园,其中最臭名昭著、也是盗取文物最多的人就是奥里尔·斯坦因。

大明军队画像

奥里尔·斯坦因（1862—1943年），匈牙利籍犹太人，他四次深入中国大西北，写了四本书，三份考古报告共11卷，为英国"收集"（很大一部分文物是通过偷盗、偷运的方式带出中国的）了大量的中国出土文物，造就了他在西方的声誉，因此获得加入英国国籍，被授予爵士勋号，牛津和剑桥大学赠以名誉博士学位。可以想象当年斯坦因的探险收获带给不列颠人怎样的"骄傲"。我们熟知他是因为他的贪婪掠夺，这个"盗宝特使"从中国盗走的文物不计其数。今天，我们捶胸顿足地鞭挞他的文物强盗行径。国弱人欺，向来如此！中华国宝在清末大量流失，至今无法追回，令人心痛！

斯坦因生平

斯坦因1862年出生于匈牙利首都布达佩斯一个犹太人家庭。他的父母都是虔诚的犹太教徒。他的父母为了儿子的前途着想，决定让他接受基督教的洗礼，马尔克·奥莱尔便是他的教名。这样做的目的是为儿子开辟平坦前途。后来的事实完全证明，他们精心的选择的确很有远见，这对斯

坦因的一生都产生了重大而深远的影响。

斯坦因童年时，匈牙利是奥匈帝国的一部分，而德语是奥匈帝国唯一的官方与教育语言，所以，斯坦因除了本民族的匈牙利语（马扎尔语）之外，自幼精通德语，这为他接受后来的教育铺平了道路。斯坦因10岁时就被送到德国德累斯顿市的克留兹舒勒学校读书，在学校里又系统地学习了德语、英语，还精通希腊文和拉丁文。

斯坦因

1877年，斯坦因小学毕业后，返回匈牙利，进入作为大学预科的信义会中学，在这所学校中他开始了东方学研究。首先他经常聆听匈牙利地质研究所所长拉约斯·德·洛克齐的演讲与报告，这位洛克齐曾于1879年考察过敦煌千佛洞，是第一个将敦煌艺术介绍到欧洲的人，斯坦因对亚洲产生浓厚的兴趣与洛克齐有很大的关系。其次斯坦因还顺便参观研究了当时匈牙利科学院收藏的印度、波斯、中亚文物，这些都引发了他对东方文明的向往。

按当时中欧的习惯，预科毕业后的学生可去任何一个大学听课、选择导师，然后获得博士学位。其后，斯坦因先后在奥地利的维也纳大学、德国的莱比锡大学和图宾根大学专攻东方学。他的导师中最著名的有两位，一是土宾根大学印欧语言和宗教史教授、梵语写本研究的最大权威鲁道尔夫·冯·罗特，另一位是维也纳大学印度哲学和文物学教授乔治·比累尔。斯坦因跟随他们学会了梵语和波斯语，这两种语言为他后来在亚洲带来很大的便利。同时，斯坦因也接触了更多的介绍东方的书籍，尤其是介绍古老中国的图书。

通过几年的学习，斯坦因更深刻地认识了自己崇拜的偶像亚历山大大帝，同时也认识了两个让他终生难忘的人：马可·波罗和玄奘。从这时起，在《马可·波罗行纪》和《大唐西域记》的

马可·波罗画像

感染下，到东方去，通过自己的探险和考古，去寻找、印证书中记载的那些历史地理，让历史湮没的辉煌，重现在自己手中，已经成了他实实在在的人生目标。

1883年，年仅21岁的斯坦因获得图宾根大学哲学博士学位。由此可见，斯坦因在学生时代的成绩就已预示出他日后所为。从西方帝国主义列强的逻辑而言，斯坦因确实是一个"杰出的人才"，对他在之后数十年间的考古发现也是倍加推崇。

1884—1886年，经罗特和比累尔力荐，斯坦因获匈牙利政府奖学金，赴英国伦敦大学、牛津大学和剑桥大学从事博士后研究工作，主攻东方语言学和考古学。这个阶段是他人生的又一个转折点。在伦敦期间，斯坦因认识了三位大人物：匈牙利科学院通讯院士西奥多·杜卡博士、亨利·罗林森爵士（1810—1893年，曾任英国皇家地理学会主席、皇家亚细亚学会主席，而且在印度议会中地位显赫）、英国印度委员会委员亨利·玉尔爵士（1820—1889年，当时全英最著名的东方学家）。在同三人的交往中，斯坦因感触最深的，除了三人渊博的东方学知识，就是英国式的派头和傲气。从此英国成为斯坦因终身选定的国家，还有他随后选择的"事业"但他没有选择学习汉语。

1885年，斯坦因回到布达佩斯，参加了义务军训一年，入匈牙利培养军事制图人员的鲁多维卡学院工作。导师卡罗里·库斯上校是一个杰出的地形测量专家，教给他当时进行军事测量的最先进方法，在后来斯坦因的活动中大大地派上用场。

1886年，军训结束后，斯坦因返回英国，这一年的大部分光阴都花费在研究伦敦大英博物馆和牛津阿什莫尔博物馆的钱币上。斯坦因了解到古钱币是论证历史事件的一个重要途径。

1887年6月，年仅25岁斯坦因发表了第一篇学术论文《印度-斯基泰钱币上的琐里亚斯德年代》，刊布于该年的《东方与巴比伦报告》，给他的博士后研究画上了一个句号。

盗贼的狠

1887年秋,斯坦因独身一人来到印度,从此开始"探险、测绘和考古"。他是以一个地理学家为开端,进而成为一名"探险家和考古学家"。他终身没有结婚。

在英国和印度政府的支持下,他先后进行了四次所谓"中亚探险"(主要是在中国新疆及甘肃地区):

第一次"中亚探险"(1900—1901年)主要盗挖中国新疆和田地区和尼雅的古代遗址,其旅行记为《沙埋和田废址记》(*Sandburied Ruins of Khotan*, London, 1903),正式考古报告是《古代和田》(*Ancient Khotan*,全二卷,1907)。

第二次"中亚探险"(1906—1908年)除了"重访"和田和尼雅遗址外,还盗挖古楼兰遗址,并深入河西走廊,在敦煌附近长城沿线掘得大量汉简,又走访莫高窟,拍摄洞窟壁画,并利用王道士的无知,廉价骗购藏经洞出土的敦煌写本、绢画和丝织品等。其旅行记为《沙漠契丹废址记》(1912),其中有敦煌骗宝经过的详细记录;其正式考古报告为《西域考古记》(1921),共五卷。

第三次"中亚探险"(1913—1915年)又"重访"和田、尼雅、楼兰

斯坦因盗取的中国国宝

遗址，并再次到敦煌，从王道士手中非法获得五百七十余件敦煌写本，还盗挖了黑城子和吐鲁番等地的遗址，其正式考古报告为《亚洲腹地考古记》（1928），全四卷。还著有《在中亚的古道上》（1933年），对二次探险做了简要的记述。

第四次"中亚探险"，1930年，斯坦因拟进行第四次"中亚探险"，被中国政府拒绝，在中国做了一个简短的考古之行便结束了，这一次所获文物数量较少。

斯坦因四次"中亚探险"所获敦煌等地出土文物和文献，主要入藏伦敦的英国博物馆、英国图书馆和印度事务部图书馆，以及印度德里中亚古物博物馆（今新德里的印度国立博物馆）。藏品由各科专家编目、研究。斯坦因本人除上述考古报告和旅行记外，还编著了《千佛洞：中国西部边境敦煌石窟寺所获之古代佛教绘画》（1921年）一书。

斯坦因虽然不懂汉语，却异常懂揣摩中国人的心思，能准确把握中国人的心理。他在新疆塔里木盆地南沿和田、尼雅、楼兰等地许多古遗址进行发掘时，盗取了大量文物和古代写本，有相当多的阴谋伎俩，这一点在他骗取藏经洞经卷时最为明显。

千年之前的藏书室

历史往往给人以无情的捉弄。中国老祖宗留下的那些珍贵的历史文物和古代遗址，往往最早被那些贪婪的外国掠夺者先发现。斯坦因就是其中的一个急先锋！19世纪末20世纪初，中国处于动荡、混乱之中。一批接一批的外国强盗趁机潜入中国，肆意盗取中国人的文明成果。英国人斯坦因就是其中最臭名昭著的一个，他在印度工作了十余年后，终于耐不住了，向清政府递交了入境申请，便匆匆奔赴大西北。

在新疆和田东北部塔克拉玛干沙漠深处，有一座废弃于唐代的重要佛教遗址，名字叫"丹丹乌里克遗址"。自19世纪末被另一个臭名昭著的文物大盗斯文·赫定发现后，这里开始显露名气。

1900年10月，斯坦因到达和田，他先是考察了于阗古国遗址约特干。当他听到一个叫吐尔迪的探宝人说，在沙漠中有一座"象牙房"，那里边有许多宝物时，他立刻联想到了斯文·赫定发现的丹丹乌里克遗址。于是他决定，丹丹乌里克这座神秘的城市废墟，就是他的第一个探险目标。

　　12月初，和田已是寒冬季节。斯坦因雇了30多个民工，开始向丹丹乌里克遗址进发。这是斯坦因第一次进入沙漠，好在他的向导吐尔迪对沙漠中的地形非常熟悉，所以他们仅仅用了11天就比较顺利地到达了丹丹乌里克，并且很快就开始工作。

　　丹丹乌里克遗址散落在低矮的沙丘之间，一群群古老的建筑物在沙漠中半露半掩着，残垣断壁四处可见，就是被沙丘埋没的废墟，仍可从立在沙埋层面上的一排排木桩或房屋框架上分辨出来。"低矮的沙丘之间，分布着一群规模不大，但显然十分古老的建筑遗迹……沙土已被吹走的地方，露出来的残垣断壁都是木料框架上抹上了一层厚厚的灰泥所构成，断壁都只有几英尺高。"这是当时斯坦因写下的文字。

　　因为带来的帮手很多，斯坦因就命令他们四处挖掘。对于初次到塔

丹丹乌里克遗址

克拉玛干沙漠考古的斯坦因，他把丹丹乌里克当作一座课堂。他在这里研究如何在沙漠里进行考古，因为似水的沙子的流速之快非常惊人，挖掘人刚把沙子抛出来，它就又流进去了，在这方面斯坦因没有先例可循。另外他还得学习沙漠里的房屋和佛教寺院建筑的基础知识：它们典型的场地设计、建筑和装点，以及佛教文化艺术所包含的一切。

发掘很快就有了重大的考古发现，最使斯坦因激动的是陆续发现了一些各种文字的文书，进而又在一所建筑物中发现了藏书室，这更使他喜出望外。在这座藏书室里，墙壁上残存的比真人还要大的佛和菩萨像的痕迹，立刻清楚地说明他们已经站在了佛教寺院的遗址中。最让人感叹的是，藏书室里珍藏的佛教经典，竟比玄奘历经千辛万苦从印度取回的"真经"还要早几百年。玄奘到达印度的时候，丹丹乌里克念的佛经已经在印度消亡很久了，谁都不会想到它们会在遥远的塔克拉玛干保存下来。它们重现于世的时候，玄奘去世已经1200年了。

丹丹乌里克佛像壁画

荷花池里的女子

藏书很好整理，直接打包装入大口袋中就可以了，难的是那些精美的壁画！丹丹乌里克佛教寺院壁画所绘的神、佛形象，多有奇异者，有的难以分清楚是来自佛教内容，还是来自古老的萨满教信仰。

面对脆弱而美丽的壁画，斯坦因也用尽了所有可以想的办法，切割下了结实的可以带出沙漠的，把那些酥脆的扔在了沙漠里。有一个荷花池中出浴的美丽女子的壁画，那是丹丹乌里克最美的壁画，被斯坦因称为《龙女图》。

在一个开满莲花的水池边，一个全身赤裸的女子似乎刚刚从水中出来，她的身上，除了颈上、手臂、手腕和臀部装饰着珠络之外，全身赤裸。浓密的头发高高地在头顶堆起来，以一根轻薄的丝绸纱巾束起，纱巾

和佛画在一起的龙女壁画

恰到好处地垂下一角，在额前飘飘荡荡。她的身姿充分地显示了女性"S"形曲线的优美。丹丹乌里克的"S"形美女让人首先联想到的就是维纳斯，也让人联想到曹植的《洛神赋》里那个"其形也，翩若惊鸿，婉若游龙"凌波而行的女子，但相比而言，丹丹乌里克的这个女子更性感。

佛寺的墙上大多是为神留的位置，她显然不像神，她没有常见的印度菩萨饱满的面庞和深长的眼睛。她长眉入鬓眼角微挑，并非古典的西方美女也不似东方女子，似乎更多地结合了两者的美。我们在今天的沙漠绿洲里还能找到这样的美丽女子。

那么她是谁？她讲述的是一个什么样的故事？她的身份成了一个谜。斯坦因甚至说她更像一个早期印度雕塑艺术中的舞女。还说她可能是唐玄奘《大唐西域记》里记载的、一个有点荒诞的"龙女求夫"故事里的龙女。因为在水池前面画着一匹没有骑者的马和其他一些人物。

她如果真是出水索夫的龙女，那么这个故事又起源于哪里？为什么会画在佛寺的墙上？这座遗址东墙上发现的是一组泥塑与壁画结合的造像，内容是于阗佛教护法神——毗沙门天王泥塑，脚踏着小鬼。在毗沙门天王塑像的身后是一幅壁画，左侧是释迦牟尼和大弟子迦叶，右边是这个身姿呈S状的裸体女子。根据这些佛教内容的主题，有专家否定斯坦因的龙女索夫传说，而认为是佛教中的鬼子母形象。

这个龙女身体S形曲线的出现，似乎包含着一个故事：她的脚步似行非行，身体似前非前，就在她要向前移动脚步之时，突然的一个信号阻止了已经抬起的脚步，她不得不向那个阻止她前行的事物回眸低头侧望。两条纤纤手臂环抱着身体，右手护着丰满的胸部，左手轻抚腰部，使本来扭着的腰更加不足一掬的纤细。一个赤身的童子抱着她的腿，似乎要留下她前行的脚步，他们的眼神交流在一起，于是世上妇人最优美的姿态便定格在墙壁上。这个童子便被认作是嫔伽罗，而龙女便是鬼子母。

龙女的腰臀上，仅仅左右各挂了四串珠子，私处只有一片疑似葡萄叶的遮蔽。她很妖冶，但妖冶之中含着某种宁静，她很妩媚，但又很温柔；她很媚惑，但又很纯洁。总之，她身上混杂了很多东西，牢牢吸引着你，让你看一眼后很难将目光从她身上挪开，很难将她忘记。无论哪一种解释都不是最终的、最后的解释。龙女的身世，就如经过多种文明淘洗的丹丹乌里克文明一样，不再有纯粹的颜色。

龙女壁画

最让人遗憾的是，这幅美丽的壁画已经不存于世了。斯坦因在他的报告里说，由于壁画的泥灰层很容易碎裂，他没能完成他惯常的壁画录取工作，并且彩色退损得很厉害。他熟练的照相技术也不能帮助他拍下满意的照片。所幸的是他的好友艺术家临摹了它，我们现在看到的刊印在斯坦因的报告中的画片，就是这些临摹的作品。尽管它们和原来刚刚拂去沙土展现于世的样子相去甚远，但那经千年而不曾黯淡的光芒，依然照亮所有看到她的人的眼睛。

这幅壁画使斯坦因高兴地发出了"荒漠的冬天如今充满了生命力"这样由衷的感叹。除了这个《龙女图》之外，斯坦因还发现了几幅画，这就是后来轰动世界美术界的《鼠神图》《传丝公主》《波斯菩萨》。颇为神奇的是，除了《波斯菩萨》之外，其他三幅图的内容完全与玄奘法师《大唐西域记》的记载符合。但对这几幅版画的解释却一直是众说纷纭，难下定论。我们只能从中遥想古国当年的一幅幅生活画卷了。

斯坦因在丹丹乌里克度过了一个"喜获丰收"的圣诞节。这个遗址的发现远远出乎他的预料。斯坦因在他的笔记里写道，他从这里"获得了150片适合于运往欧洲的灰泥浮雕"，同时，他把那些又美丽又带不出去的壁画挖洞集中埋了起来，只有他自己知道这些宝贝埋在什么地方，他设想着有一天他可以回来把它们再弄出去。荷花池里的裸女壁画就是这样被他给损毁了。斯坦因在丹丹乌里克发掘了大量文书、绘画和珍贵文物，经他回到印度向外界披露后，这个遗址更加引人注目。

丹丹乌里克遗址是死亡了的城市，在这座死亡的城里，有无数的奇珍异宝。每当人们在沙漠边的绿洲里，喝着冰凉的雪山之水遥望远方的一片死亡之海的时候，都会萌生出一种强烈的冲动——到丹丹乌里克废墟的沙子里，挖宝去。但奇怪的是，自斯坦因在丹丹乌里克考察之后，这个遗址就突然从人们的视野中消失了。无论是"寻宝人"还是后来的专业考察人员，都再也没有找到这个遗址。

切割下来的壁画被斯坦因偷运出境

百年后的救赎

直到1997年，新疆的文物考古工作者才宣布，他们在策勒县北部约90公里的沙漠中，发现了隐匿近百年的丹丹乌里克遗址，中国学者从而首次进入该遗址，这已经比斯坦因等晚了近一个世纪。

丹丹乌里克遗址位于策勒县北塔克拉玛干沙漠中，在沙山环绕的狭长地带，干涸的古河道自南向北贯穿而过。遗迹沿河分布，东西宽约二公里，南北绵延10余公里。重要遗迹集中在南部，包括圆形城堡、民居、寺庙在内，共发现近20处建筑群废墟，它们与古灌溉渠道、果园、田地一道，构成一个统一的结构完整的聚落遗址。暴露在沙丘地表的遗迹很多，木柱苇墙的居室、"回"字形佛教寺院、围篱、枯死桑树林等，均清晰可辨。

强劲的沙漠风和流动沙丘，仍是遗址面临的主要威胁，许多建筑物已被侵蚀殆尽。寺庙建筑占相当比重，在发现的不到20处建筑群中，有将近一半是或含有佛教寺庙。其中还有一处大寺院——护国寺。寺庙装饰着与大乘佛教有关的雕塑与壁画，人物造型主要有佛、菩萨、乾达婆、供养人等，还有其他表示佛教故事的壁画。

1998年的10月，瑞士人鲍默组成的所谓"中瑞探险队"，根据中国考古工作发布的消息，悄悄潜入丹丹乌里克，并违反中国考古发掘的有关禁令，私自进行了发掘。石膏佛像、于阗语佛典、陶罐和壁画，灿烂的文

丹丹乌里克现状

明再一次被翻了出来。更让人担心的是，在一处遗址中发现大量的石膏佛像残片。当年斯坦因在丹丹乌里克挖掘之后，大量的文物无法运出沙漠，便将它们集中埋了起来，准备有条件时再来取。鲍默是否挖开了斯坦因的藏宝处无法断定！这是个让人非常焦灼的消息，如果是真的，那么当年侥幸没有被运到大英博物馆里的东西，将面临再一次的毁坏和遗失。

2002年，中日联合考察队走进这座古城遗址，进行系统的考古，他们被巨大的惊喜撞击。曾经被人翻拣过无数遍的倒塌的佛寺，在风的作用下，再次暴露出它五彩斑斓的原貌：原来被沙子埋没几千年的佛寺壁画，还是那样的鲜艳，就像是佛寺仍然香火鼎盛一样，而更多的仍然埋于沙子中。保留有壁画的佛寺位于遗址区北片西区，佛寺基本坍塌，有的地方还保持着20厘米到100厘米的残墙，壁画就保留在那些脆弱的残墙上。

或许在1000年前的某一时刻，佛寺的东墙在一个巨大的外力下，整体向外坍塌了，坍塌后不久，沙子就掩埋了它们。正是由于那整体的坍塌，丹丹乌里克保留最好的壁画就这样侥幸地留存了下来。佛寺的墙倒塌之后，上面的浮雕佛像一起倒塌了下来，埋进了土里。所以，当拂去沙子，这些佛像色彩保持得很鲜艳。根据这些残片，可以推断出，原来的这座佛寺的顶部、四檐和四壁都装饰着浮雕和壁画。拂去沙土，8世纪的佛的笑容灿烂于沙漠的晴空下，历史就在这一刻迅速后退到大唐时代的西域，让人们看到了那个赫赫有名的佛国于阗的景象。佛像的姿容都很正统，呈现出"受古典艺术影响而发展起来的佛教艺术风格"。但由于壁画是直接绘在细草泥墙壁上的，很酥脆，加上墙体的倒塌，震动伤到了墙体的骨里，整个壁画不仅表面有细裂纹，里面也有纵横贯穿整个泥灰层的大裂痕。

这个发现实在出乎中日联合考察队的意料。他们没有想到的是丹丹乌里克仍然是一座宝库，而让考察队尴尬的是，他们的准备不够，没有能力将这些壁画保护下来并运出沙漠。所能做的只有再用沙子将它们埋起来，这是最原始的，也是最佳的保护方式。

2005—2006年秋冬季，考古队又两次进入，这一次专家们采取了很多的办法，先是用特殊的溶液对壁画进行封护，再用镜头纸做一个表面贴面，连泥土一起进行揭取，然后再用特殊溶液进行背面加固，由骆驼驮着出了沙漠。

虽然距离斯坦因发掘丹丹乌里克遗址已经过去100多年了，但是我们的专家在当代做了这些努力和挽救，总算将斯坦因当年没能发掘和破坏的文物完好地带了出来。但是，100年前斯坦因发掘完此地之后，并没有离开中国，他又四处打探，很快将目光投向了另一处奇异之所。我们不妨寻着他的路线，破解斯坦因对中华文明和国宝造成的严重破坏。

一座完整的城市遗存

斯坦因首次新疆考古的第二站完全是一个意外。在第一次考古过程中，他跟随向导一路走来，看到沙漠中的风沙不断，稍有不慎就有可能迷路，一旦迷路就会有危险发生。这是斯坦因来到沙漠后的最大感触。因此，雇到有经验的向导是必须的，为此斯坦因不惜花高价聘请当地最熟悉沙漠的老向导。这些向导不仅长年穿行沙漠，最关键的是他们还知道许多不为人知的沙漠中的秘密。

在和向导吐尔迪不断地聊天中，一个当地人引起了斯坦因的注意。据吐尔迪说，几年前伊普拉欣从北方沙漠一处被黄沙埋了一大半的土屋里带回来了两块写有字迹的木板。这些书写木板其实就是通常所说的竹简。回到聚居区后，斯坦因按照吐尔迪给的地址登门拜访了伊普拉欣。伊普拉欣拿出来这两块竹简，斯坦因很惊讶地发现：它们竟然是用一种早已消失了的古代文字写的。佉卢文最早起源于古代犍陀罗，是公元前3世纪印度孔雀王朝的阿育王时期的文字，全称"佉卢虱底文"，最早在印度西北部和今巴基斯坦一带使用，公元1—2世纪时在中亚地区广泛传播。公元4世纪中叶随着贵霜王朝的灭亡，佉卢文也随之消失了。到了18世纪末，佉卢文早已经成了一种无人可识的死文字，直至1837年才被英国学者普林谢普探明了佉卢文的奥秘。斯坦因认为佉卢文在沙漠中的出现不是偶然的。这很可能是沙漠中一个不为人知的王国曾经存在的证明。

斯坦因极力按捺住自己喜悦的心情，并不失时机地邀请伊普拉欣做他的向导，还保证：如果他能把斯坦因带到那所他发现过的被埋没了的房屋去，就可以得到200两银子的报酬，并先支付50两银子作为定金。伊普拉欣本来就是个经常在沙漠中寻找宝藏的人，他见斯坦因出手大方，而且这次寻宝似乎也没什么危险，双方就一拍即合。随后，根据伊普拉欣的要求，斯坦因准备了一些沙漠中的必需品，同时又雇了一批身轻体壮的帮手。

伊普拉欣要领他们去的地方在新疆塔里木盆地的尼雅绿洲，古代时有一条叫"尼雅"的大河从那里流出。它发源于昆仑山，沿塔克拉玛干沙漠南缘中部自南向北流入卡巴克阿尔斯汉村附近的大沙漠，长约210公里。在出山口地势平缓的地方河水盘旋，形成了一片冲积绿洲，所以叫尼雅绿洲。

1901年1月下旬，刚刚结束了丹丹乌里克的"考古"没几天的斯坦因顾不得休息，便率领探险队来到了尼雅绿洲。古时候这里有一个叫尼雅巴扎的城市，许多人就在这里生活。尼雅河最亲近的人们，自然是那些在历史长河中生息在河水两岸以及下游尾闾冲积三角洲上的古代尼雅人。他们是尼雅河绿洲的主人，他们曾经拥有一段夺目的辉煌。他们的国家，叫精绝。斯坦因坚信这个古国的地下一定有许多文物。

尼雅遗址

沙漠的冬天异常寒冷，水囊里的水都结成了冰，考察之旅显得很艰难。在伊普拉欣的带领下，斯坦因顺利到达了伊普拉欣发现文物的地方——尼雅河谷。站在尼雅河出昆仑山的河口处，放眼望去，只见一条谷地曲折北去，穿行于自昆仑山地向北方的沙漠延伸出去的山麓坡地之间。当晚，斯坦因睡得很香，他期待着接下来的考古有更多的惊喜。

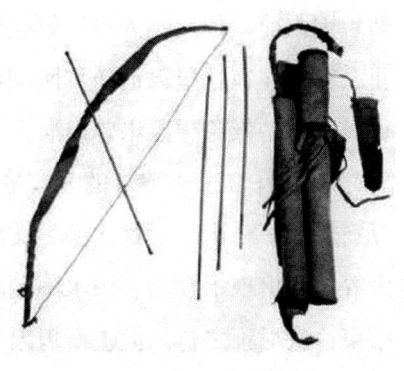

尼雅出土的弓箭

进入尼雅的第二天清晨，斯坦因走出寒冷的帐篷，缓步来到一个小小的台地斜坡上时，稍稍留意了一下，他就捡到3块梦寐以求的木板文书。而且仅在这一天里，他就获得了几百片木板文书，超过了以前人们所知的这类文书的总和，简直是天大的收获，远远超出他的想象。这些文书都是无价之宝，其文物意义和历史意义都十分重要。

斯坦因在尼雅获得佉卢文木板的当天，兴奋得无法入睡，凭他所受的语言学训练，大致了解到这些木板文书多是一些西汉的官府公文。可为什么保存得如此完整呢？

斯坦因闯入尼雅古城遗址，眼前的一切令他百思不得其解：用梵文雅语书写的一段段佛经、汉文木简等。还有陶器、铜镜、金耳饰、铜戒指、铜印、铜镞、带扣、铁器、玻璃、贝器、水晶珠饰、木器、漆器残片和各类织物。更有欧洲人从未见过的捕鼠夹、靴熨斗、弓箭、木盾、红柳木笔、六弦琴、餐具等，连身临其境的斯坦因也不敢相信这会是真的，而且出自寸草不生的沙漠中约2000年前的古代遗物，官署、佛寺、民居、畜厩、窑址、炼炉、果园、桑林、古桥、田畦、渠道、蓄水池、墓地等遗迹，也出乎意料地展现在

尼雅的佛塔遗迹

第八章 秃鹫的盛宴——斯坦因盗宝流失之谜

185

斯坦因眼前，他比别人更了解这些遗迹在考古学上的重要性。时间看似停止，曾经住在这里人们仿佛刚刚离开这里。任何一个人都可以毫不费力地通过眼前的景象想象出曾定居在这里的人当时的生活风貌。

斯坦因为这个神奇的发现欣喜若狂。他把所发现的城市遗址命名为"尼雅遗址"。由于对这次海量文物的发现准备不足，半个月的时间，斯坦因等人就出现了食品、用水不足的问题，不能尽情地发掘文物，被迫早早结束这次尼雅之行。但被斯坦因发现过的遗址却没有幸运可言。在离开的同时，斯坦因就已经决定过一段时间再回来大肆发掘一番。

冒牌"取经"

首次探险，斯坦因盗掘了两处遗址，就收获了大量的文物。斯坦因雇了几十头骆驼，把精美的陶器、绚丽的织物、罕见的木雕、字画经卷和大量带各种文字的木板文书偷偷运出中国边境。回到欧洲后，他绘声绘色地向人们描述他在沙漠中发现的冰窖、仓库、垃圾堆等遗迹的情况。人们惊奇地得知，在荒漠的沙海之中，古代竟然有如此灿烂辉煌的文化。尼雅的发现轰动了欧洲，学者们把它称为"东方庞培城"。斯坦因很快就得到了丰厚的回报，在其后的5年间，他陆续出版了两本图书，详细地阐述了自己对这次考古的见解。一时间，"东方古国专家"的称号四处流传，斯坦因中国之行可以说是名利双收。

斯坦因是一位不折不扣的探险者。在进入新疆之前，他已经在印度、阿富汗等地进行了大量的所谓"考古发掘"工作。他确实是一名"出色"的地理勘察者，他能够获得印度政府的资助，他在地图测绘方面的才能是有很大帮助作用的。斯坦因很会把握每一个对自己有利的机会。当时来到中国西北的外国探险家，目的多少都有些不纯，他们能获得资助多半都是因为中亚地区的战略地位，德国探险队的赞助人就有欧洲的军火大王克虏伯。能够被称为真正的、严肃的科学工作者和考古工作者的，实在是寥寥可数，斯坦因并不在其列。斯坦因对中国文化，并不太了解。但他在印度工作多年，精通梵文，曾任东方学院院长和印度古物局局长，对于佛教性质的文化艺术，有相当深的认识。

我们前文提到过，斯坦因原籍匈牙利，是一名犹太人。他家族中除了斯坦因自己，他的叔叔和妹妹等都有超常的语言天赋，包括对若干种死文字都很熟悉，这当然不是偶然。斯坦因1904年大愿得偿，入了英国籍，他如此狂热地为英政府工作，如此忠心耿耿地为英国谋利，想来与他新入籍急于表现的心理不无瓜葛。

虽说斯坦因对中国文化不够理解，但他有一种善于把握人的心理的天赋。他还抬出了一个人——那就是深得中国人崇仰的到西天取得真经的唐僧玄奘。经过《西游记》之类小说、评话和戏曲的渲染，玄奘的事迹在中国那可真是妇孺皆知。他在中国一路上打着玄奘的旗帜，很快就赢得了尊重和好感，到处为他打开方便之门。只不过玄奘是求取真经，而斯坦因则是盗取"真经"。

人渣一个

1906年4月20日，由8人组成的斯坦因考察团从印度出发，他们越过帕米尔高原，来到中国新疆。此时的斯坦因已经积累了丰富的考古经验和雄厚的资金，这次他带着5年不断累积的强烈欲望重返尼雅绿洲。鉴于前一次准备不足的教训，这一次他做了充分的准备，尽可能多带饮水，又多招了许多当地人。准备工作格外顺利，他在一天里就募集了50人，储备了4个星期的粮食，又增加了几十头骆驼，浩浩荡荡开进尼雅。

这一次，与斯坦因同行的，还有一个特别的中国人，他就是斯坦因在喀什聘请的一个中国师爷——蒋孝琬，作为他的汉语翻译和助手。在此我们必须拿出多点文墨，好好了解一下蒋孝琬，因为蒋孝琬这个人在斯坦因其后的探宝活动中担任了极其重要的角色。他们沿古丝路东行，一路经过和阗、若羌、楼兰等地，"挖掘"了著名的楼兰遗址，发掘了大量的珍贵文物，后又闯进敦煌藏经洞，对中国文明破坏之巨难以衡量。如果没有蒋孝琬，斯坦因绝不会从中国带走那么多的国宝。

蒋孝琬（？—1922），或称"蒋资生"，俗称"蒋师爷"，湖南（一说湖南湘阴）人。现在我们对于他的了解，基本全来自斯坦因的记录。清光绪年间蒋孝琬去新疆，在县、州任师爷。光绪十五年（1889年）后，一直在新疆莎车衙门任职。蒋孝琬是斯坦因一生最好的朋友之一，也是斯坦因在敦煌考察收获巨大的关键人物与起主导性因素者。据斯坦因的记录，蒋氏身体状况很好，思维敏捷，能言善辩，文化素质较高，古文功底相当不错，对古物与考古有兴趣，也很见长于古物鉴赏。

斯坦因第二次考古探险进入新疆后，由英国代表马继业介绍，蒋孝琬以助手身份与斯坦因同赴敦煌，同时教斯坦因中文。他协助斯坦因处理庶务，疏通关系。斯坦因和他建立了非常友好的关系，对蒋孝琬尊敬有加，因为在一定程度上讲，在他们考察过程中蒋孝琬几乎扮演了比斯坦因更为重要的角色。斯坦因对中文基本不通，这样一路上包括对出土物文字的释读、文物的认识与鉴别、资料整理工作都由蒋孝琬负责。更为重要的是斯坦因和当地政府官员的交涉，以及雇用人工，甚至于一些简单的基本生活问题，也要由蒋孝琬出面，不仅是因为语言文字的关系，更为重要的是蒋孝琬本来就是在官府做过事，因此深谙此道，加上他本身所特有的素养与气质，使得蒋孝琬在疏通关系方面出入自如。他们每到一地拜访当地官员，都是由蒋孝琬作为主要调解人，这样就为斯坦因的考察活动提供了极大的方便与保障。

蒋孝琬对斯坦因的效力，不仅表现在他的才智方面，就是在一路上的考察发掘中，他也是出力最多，有时形同苦力。

为斯坦因卖力的蒋孝琬

在蒋孝琬的大力帮助下，斯坦因先

后4次"发掘"尼雅遗址，共发现、绘图和记录了遗址41处，而带走的文物至今没有详细的清单。仅根据斯坦因自己写的记录来看，他通过挖掘收集的古代文物包括文书约1012件；木质艺术品若干；古代纺织品若干；用来作身份证明和模印装饰性的印章若干；金、银、玻璃、漆器等若干；比较珍贵的器物若干；各种材料的工具、生活用具、文具和乐器等若干，包括陶、石、木、铜、铁、皮革、角、骨制品；还有一把古代的"吉他"。虽然斯坦因没有说出具体的数字，但这些林林总总的文物加在一起，绝对不是一个小数目。

最令人痛心、愤怒的是，为了攫取文物，斯坦因坐在帐篷里向自己雇用的当地人发出悬赏，凡是发现文物并交给他的人，都能因文物价值的高低获得相应的报酬。他自己安坐在帐篷之中，并不进行指导，被雇用的人为了得到更多的赏钱，根本不在乎是否破坏遗址，疯狂地到处挖掘、拆毁。披着考古学家外衣的斯坦因，用野蛮的方法给尼雅古城遗址造成了永久性的伤害。

消失在时空隧道里的人

斯坦因带回西方的那些出自古代官方之手，表述当时官府命令之类的汉文简牍文书，对学者们来说看上去非常奇特，一时无法释读。

斯坦因发现尼雅遗址后，他把自己掠夺来的古文书记录并发表出来，其中的汉文简牍很快被中国国学大师王国维看到。凭借丰富的学识，王国维一眼看出一枚简牍上有"泰始五年"的字样，这是公元269年中国西晋王朝武帝的年号。参照中国历史记载中的蛛丝马迹，以及从古至今的于阗（今和田）与各国的相距路程，认真梳理考释后王国维断定：尼雅就是古代西域三十六国之一的精绝国。

据《汉书西域传》记载，精绝国位于昆仑山下，塔克拉玛干大沙漠南缘，接受汉王朝西域都护府统辖，国王属下有将军、都尉、驿长等。精绝国虽是小国，但它位于丝绸之路上的咽喉要地，地理位置十分重要。史书所描述精绝国所处的环境是:"泽地湿热,难以履涉,芦苇茂密,无复途径。"从寥寥数语中显然可以看出,当时的精绝国是一片绿洲。但在公元3世纪以后,精绝国突然消失了。

　　精绝国是如何从历史上消失的呢?它为何被埋没于滚滚黄沙之中呢?为什么璀璨的绿洲变成了死亡的废墟呢?这些谜题,历史学家们既困惑不解又争论不休。没有一个人能给出毫无争议的答案。斯坦因"发掘"的精绝国的文献资料以及尼雅遗址的考古发现,让人们对精绝国有了全新的认识。

　　从考古发现来看,尼雅河流域的人类活动历史最早可以追溯到石器时代。但是,没有人能够证明精绝国人就是那些挥舞着石刀石斧的原始人发展来的。他们之间也许是继承关系,但也可能是毫不相干的两群人。从《汉书》首次记载了精绝国以来,此后的史籍对精绝国的记载都很少,而且是人云亦云,使我们对精绝国的认识极其模糊的。比起史籍来,考古工作者能够向我们讲述的要多许多。尼雅遗址那些辉煌的发现,就是属于精

精绝国遗址

绝国时期的遗迹和遗物。遗址里的建筑、墓地和生活用品，都向人们揭示出了这个早期绿洲城邦的物质文化和精神世界，令今天的人们瞠目结舌。

精绝国人最后在历史上出现时，已经是改名为鄯善的楼兰国的子民了。作为一个袖珍国家，仅有500名士兵的精绝国在那个兼并战争如同家常便饭一样的时代是不可能长期独立存在的。楼兰国在改名鄯善之后，因为是西出阳关第一站，又得到了中原王朝的扶植，曾经盛极一时。大约在东汉王朝的末年，强大起来的鄯善兼并了包括精绝在内的邻近的几个绿洲城邦。从那时起，尼雅河流域被纳入鄯善王国，变成了它的一个行政区，精绝国改名为精绝州。鄯善王对精绝的治理比较高明。他任命当地的一些有势力的人物，委任官职，负责管理精绝州的人民。国王还保留直接派遣官吏检查税收和监察地方官吏的权力。他还下令：全国的百姓如果在地方上遇到司法、行政、民事纠纷，都可以直接上诉国王，由国王本人裁决、处置。

那时正是西晋时期，精绝人虽然没有了自己的国家，但生活比以前更好了，也比以前更安定。然而，就是这样一座曾经辉煌过的城邦，它的创造者在历史没有记载的情况下突然失踪了。

斯坦因曾在书中记载了一段发掘经历："……土块刚挪开，就见鲁斯塔姆（斯坦因探险队的成员）的双手挖进了光秃的地面。还没等我发问，他的手已从挖了不到六英寸深的洞中拽出一枚完整的矩形木简，封泥完好，函盖仍由原来的线绳捆扎完好。鲁斯塔姆的手指好像突然灌注了'寻宝人'的力量。再扩大洞口，很快我就看到，靠近墙的地方及墙柱基座下，堆满了层层摞起的同样大小的木板。"

根据斯坦因的描述，这显然是被人有意识地掩埋起来的一批文件，堆放在这处房屋的一个隐秘的房间里。后来的考证证明，那里是一处官署，负有保存公文和经济等方面文件的职责。这些契约文献可能打算永久地保存在那里，直到有一天突然发生了一件令人意想不到的事。

斯坦因也说："从这批契约埋藏时得到的照顾以及对埋藏地点的标示（在埋藏点前发现的那一大块泥块无疑就是起这个作用，也就是它促使鲁斯塔姆动手刨土）来看，文书的主人明显是在紧迫中不得不离去，但却抱有重返的念头。鲁斯塔姆一下就猜到那块标志的用意，因为现在农民被迫弃家而去时，他们仍然这样做。在掩埋时既没有遮盖，也没有用容器来保存这批极有价值的文件，这本身也清楚地表明离去之匆忙。"

遗址出土的木简中曾反复提到苏毗人的侵略，称苏毗人性情悍勇，经常攻击精绝州，威胁着它的安全。鄯善国王为此颁布了很多命令，令精绝州的管理者们注意警戒。可见，这里战争是经常发生的。那么，是不是突如其来的战争使这片绿洲被废弃，使精绝人被迫迁徙到其他地方？

这种情况是可能的。但是，既然是有组织的撤退，为什么撤退了的人们没有带走重要的官方文书呢？而且，在尼雅遗迹中，没有断戟残剑沉埋沙中，也没有白骨遍野的战争痕迹，所有出土的古尸，面部都是平静又安详的，大礼安葬，陪葬物丰富。他们的墓葬，尽显太平盛世的风貌。所有的房屋遗址，都是完整的。它们排列整齐地坐落在那里，仿佛它们的主人没有走远，当炊烟再次升起，牛羊会再次撒欢，孩子们的笑声会再次弥漫在大街小巷、村庄院落。如果说精绝是毁于战争，又该如何解释这不合理的一切呢？

也有人说，精绝可能是毁于自然条件的恶化。如果养育精绝州的尼雅

被黄沙埋没的精绝国

河改变了流向，或者水量减少，如果风沙干扰了精绝人的生活，那么，精绝人确实可能放弃曾经世代生活的土地。在出土的佉卢文木简中也发现了这样的条款："砍伐活树，罚一匹马；砍伐树杈，罚母牛一头。"精绝国开始用法律手段保护树木，可见树的重要性越来越高了。这是不是暗示着尼雅绿洲的生态已经开始恶化？精绝国的废弃会不会与自然条件的逐渐恶化有关？如果是因为环境的改变而搬迁，精绝人就更没有理由丢弃下官方的文件落荒而逃了。

精绝国出土文物

不是自然力，不是战乱，那么精绝人为何而迁走呢？斯坦因在尼雅遗址的一所房子废墟中发现一只狗的遗骸。它的脖子上拴着绳子，绳子的另一端拴在柱子上。显然，主人离去时忘了解开绳子，这只狗活活饿死了。究竟发生了什么事，让主人匆匆离开，连爱犬的绳子都忘了解？或许，他以为一会儿就能回来，才没有考虑爱犬的生存问题，但他为何又一去不返？如果说精绝的居民真的集体迁徙了，他们究竟迁到了哪里？考古学家没有发现任何线索，而古老的文字也正是在尼雅废弃之后就失传"死亡"了。

难道几千精绝居民都在1600年以前的某一天突然同时消失了？似乎他们突然被卷入时空隧道一样。如果发生了这样的事情，为什么没有被记载？这样的事情又是如何发生的？

来历是谜，去向是谜。精绝国在历史的天空中如流星般划过，没有留下太多的影子。你也许会问：真相到底在哪里，人们究竟能不能找到答案？不得不遗憾地说，也许，我们再也无法知道答案了。斯坦因的考古收获里还有哪些没被发现的线索，我们不得而知，相信总有一天，这个答案会揭晓。

别侮辱唐僧

1907年3月12日,斯坦因盗宝队到达敦煌。当时他还不知道发现藏经洞的事。因此只准备在敦煌短暂休整几天,简单考察一下洞窟的壁画,并在敦煌补充一些必要的物资,然后再去罗布泊沙漠进行考古发掘。但到敦煌不久,他从一位定居敦煌的商人扎希德伯克口中知道了7年前的一件奇事,这引发了他对这一发现的很大兴趣,便决定仔细考察一下。

原来扎希德伯克告诉斯坦因,在甘肃省最西隅的敦煌,发生了一件后来震惊世界的大事,那就是封闭了800余年,藏有5世纪到11世纪的古文书5万余件、绘画1000余件的莫高窟藏经洞被发现了。然而,这个重大发现在当时却悄然无声,鲜为人知。

莫高窟坐落在地处古代丝绸之路要冲的城市敦煌东南25公里鸣沙山的崖壁上,自前秦建元二年(366年)起,历代的佛教徒们不断在这里开窟造像,此地便逐渐成为我国历史上著名的佛教圣地。

公元366年的一天,有一位僧人在敦煌城郊化缘时,无意间走到了鸣沙山东麓,忽见山顶空中一片金光灿烂,似有千万尊佛在金光中显现。看来,这里是一方圣地呀!于是,他招募工匠在鸣沙山东麓的崖壁上开凿了第一个石窟,这就是莫高窟建窟之始。其实,那金光佛像,只不过是大气中光线的折射作用所形成的自然现象。这种充满佛教色彩的说法传开以后,此后历经北凉、北魏、西魏、北周、隋、唐、五代、北宋、西夏、元等1000年十几个时代的佛教徒不断开凿,在1600多米长的断崖上,形成了上中下几层似蜂房般的石窟群。至今,其中的492个洞窟中,存有3000多座彩塑,45000多平方米的壁画,还有五座唐宋木构窟檐,是我国古代一座瑰丽宏伟的艺术殿堂,举世无双。但是宋元以后,由于丝绸之路的没落和战乱等其他一些原因,这里的佛教日趋衰落,莫高窟也逐渐湮没无闻。

至于藏经洞,那是在11世纪封闭的。为什么放置了那么多东西又加以封闭,因为没有文字记载,只好推测。一说是为了防备战乱;一说是放置废弃不用的物品。不管怎样，藏经洞的门被砌上了，并在窟口绘上了壁画，丝毫不露痕迹，不久就被人遗忘了。这一遗忘，就是八百多年。这也许是幸事。当藏经洞的墙壁被王道士（王圆箓）发现打开时，洞内的大批文书绘画已经是劫后余生的极为珍贵的国之瑰宝了。

王道士原来是士卒，年老体衰之后，为了活命，他出家当了道士，四方化缘度日。无意间，他来到敦煌以后，便在莫高窟定居下来。

那时候，莫高窟的管理由"上寺"和"中寺"的僧人负责。不过，由于这两处僧人多为喇嘛，对于洞窟没有太大兴趣，以致莫高窟一片残破。许是出于使命感；许是出于"官迷"心态，王圆箓自觉地担当起"莫高窟守护神"的重任。他盖了几间茅屋住下，每天扫窟，或四处化缘。渐渐地，他与当地士绅百姓熟悉了，俨然成为"敦煌名人"。这时，王圆箓认为有必要建一处彰显身份的建筑，他想起了自己的道士身份——他用布施而来的香火钱建造了道观"三清宫"（俗称"下寺"），在佛教圣地供起了道家三尊像。

莫高窟

王圆箓四处奔走，将苦口劝募来的钱财用于修补佛窟——可笑的是，他或按照自己的头脸给残损的菩萨塑像加上头，或增塑些不相干的牛鬼蛇神；他也将钱财用于清理积沙——仅第16窟淤沙的清理就花费了近两年的时间。

王圆箓的文化程度不高，他对宗教的理解几乎都来源于《西游记》等民间故事。听多了西天取经的故事，王圆箓对玄奘产生了一种超乎寻常的崇拜心理，而这也成为斯坦因"撬开"藏经洞的突破口。

王道士（王圆箓）

一锅旱烟带来的惊讶

莫高窟虽说是佛教洞窟，但在重修的洞窟中，有些已增添了道教的内容，何况民间对佛道不大区分，常常一起供奉，所以王道士在佛教石窟中建立道观，人们认为很平常，还不断有人请他做道场、礼忏、祈福，香火日盛。

王道士是个虔诚的信徒，他化缘的钱财不少，自己却过着俭朴的生活，一心一意要按照道教的规格重修和改造他所掌握的那些洞窟。首先是雇人清除洞里的积沙。这一清理，就发现了藏经洞。藏经洞究竟是怎样发现的，有一些大同小异的说法，其中的最有代表性的说法是这样的：

1900年5月26日，清沙工作进行当中，人们发现现在编号为第16窟的甬道北壁墙上有一条裂缝。休息的时候，一个姓杨的雇工用芨芨草点燃旱烟袋以后，顺手将芨芨草插进身后的那条裂缝里。谁知越插越深，插不到底。杨某用手敲敲洞壁，听声音里面好像是空的。杨某当即猜测里面是空的，便告诉了王道士。

当天晚上，王道士便和杨某沿着裂缝，去除了第16窟封闭处的封泥，打开了洞口，发现里面原来还有一个小窟，举世瞩目的敦煌藏经洞（现在编号为 17 窟）就这样被发现了。

藏经洞发现之后，王道士尽了最大的努力，做了他应该做的一切。首先，他徒步行走 50 里，赶往县城去找敦煌县令严泽，并奉送了取自藏经洞的两卷经文。王道士的目的很明确，就是为了引起这位官老爷的重视。可惜的是这位姓严的知县不学无术，只不过把这两卷经文视作两张发黄的废纸而已。

1902 年，敦煌又来了一位新知县汪宗翰。汪知县是位进士，对金石学也很有研究。王道士向汪知县报告了藏经洞的情况。汪知县当即带了一批人马，亲去莫高窟察看，并顺手拣得几卷经文带走。留下一句话，让王道士就地保存，看好藏经洞。

两次找知县没有结果，王圆箓仍不甘心。于是，他又从藏经洞中挑拣了两箱经卷，赶着毛驴奔赴肃州（酒泉）汇报。他风餐露宿，冒着狼吃匪抢的危险，行程几百公里，才到达目的地，找到了时任安肃兵备道的道台廷栋。这位廷栋大人浏览了一番，最后得出结论：经卷上的字不如他的书法好，就此了事。

王道士并不知道所藏文物的真正价值，但他意识到是稀世珍宝，但是，官府中竟无人识货。直到 1903 年金石学家叶昌炽（时任甘肃学台）见到了藏经洞里的几件文物，包括拓片、绢画和写本经卷，认为，这是一批极有学术价值的古物，建议将藏经洞的全部文物运到省城兰州保存，估计运费需要五六千两银子。但是当时，入侵北京的八国联军已经与清政府签订了《辛丑条约》，逼令清政府付出巨额战争赔款四亿五千万银两。这笔赔款分摊到各省的头上。甘肃正忙于筹措赔款，对花银子运"破烂"的事不屑一顾，只是责成王道士将藏经洞再次封存起来。

藏经洞（17窟）

王道士私下认为，这是神佛的旨意要他看守这些经卷，所以，他守口如瓶，秘不示人。但是，世上没有不透风的墙，藏经洞的秘密还是通过知情的中国人传了出去。

　　清政府不予重视，对这批文物的命运听之任之。可是，对掠夺我国古代文物极感兴趣的外国盗贼，在雄厚的资金资助和军事测绘意图的扶持下，犹如一群贪婪的秃鹫，呼啸着飞来了。

道士下山

　　斯坦因进行第二次"中国考察"时，是循着古代楼兰通向东方的道路来到敦煌的。在此之前，匈牙利地质学家拉乔斯·洛克齐曾随塞钦伊考察队于1879年游览了莫高窟。1902年，斯坦因参加了在德国汉堡举行的国际东方学者会议，听到洛克齐介绍莫高窟精美的壁画和塑像。洛克齐认为，它们中的一部分与早期艺术有紧密联系。他的发现和思路深深吸引了斯坦因。这也是斯坦因把他的调查范围向东延伸到敦煌的主要原因。

斯坦因拍摄的敦煌莫高窟

为了验证扎希德伯克所说的话,斯坦因于 1907 年 3 月 10 日到 22 日在敦煌县城停留了 10 天,尽管"由于有多种任务而一直十分忙碌",但仍在 3 月 16 日那天跑到敦煌城东南 25 公里的莫高窟,来实地考察因千佛洞而闻名的佛教石窟寺。

巧的是,王道士为了筹集修整洞窟的经费,已到别处化缘去了。但蒋孝琬还是从帮助看守道观的一个年纪小的出家人那里套出一些藏经洞的位置和发现、封存的有关内情。年纪小的出家人还提到他的师傅从王道士手里借了一个卷子。蒋孝琬说服那个年纪小的出家人把卷子从师傅房里拿出来看看。这是一卷汉文佛经,长 14 米多,高 25 厘米,纸色淡黄,纸质坚韧,看上去很新,字迹清晰,书法秀美。对这个卷子初步鉴定以后,斯坦因认为密室所藏写卷主要应是佛经。在中国,书籍装帧成册多是宋以后的事,更早的多是卷子形式,因此"可以断定它的时代应当是很久远的"。这样,商人扎希德伯克说的奇事得到了证实。

此时正值千佛洞一年一次的盛大庙会,每天来观光游玩和烧香礼佛的人很多。为了不引起人们的注意,斯坦因没有轻举妄动,他决定等到王道士回来后再作打算。虽然只停留了几个小时,但是匆匆的考察让斯坦因意识到莫高窟"对研究中国佛教绘画和雕塑艺术是一笔极丰富的财富"。他深感他的设备"对于完成这重要任务来说是何等欠缺",不能像他对新疆古代遗址那样动手发掘,而只能限于记录和拍照,但他"已意识到保护所能记录下来的这批艺术财产的重要性",而这需要延长他在敦煌停留的时间。但促使斯坦因延长他在敦煌停留时间更重要的原因是,"这批无价之宝据称当时已由官府下令封存"。这激起了斯坦因极大的渴望,因此无视中国主权和政府禁令,和蒋孝琬一起,"作了周密审慎的计划,准备用最为妥善的办法去获取这些写卷"。

为了节省时间,斯坦因和蒋孝琬返回县城并拜见了敦煌的几位地方官员,然后雇了一批工人,径直去挖掘了敦煌西北长城烽燧遗址,获得了大批汉代简牍。对于斯坦因长城烽燧遗址的考古因为篇幅有限,我们就不在这里多说了。总之,斯坦因的收获相当丰富。

从"西土"而来

5月15日,斯坦因重返莫高窟,"准备将早已拟好的计划付诸实施"。由于敦煌是聚居地区,不像新疆荒漠中的废墟那样杳无人烟,可以肆意而为;莫高窟又是"当地人朝拜的一个圣地""容不得有任何粗鲁的举动";再加上蒋孝琬收集到的有关看守藏经洞的王道士的性格和举止的情况,就更使斯坦因"感到有必要在开始时应采取审慎、缓慢的行动"。当时朝圣还在进行,来往的商客很多,斯坦因很难下手。

令斯坦因满意的是,到了5月21日,莫高窟朝圣活动结束了,除了王道士和他的两个助手,以及几个喇嘛之外,"整个遗址别无他人,一片荒凉,仿佛是一个被人们忘却了的地方",整个环境非常有利于遂行他的盗取计划。

但是跟王道士初次见面后,斯坦因就感到他"是一个不好对付的人""他看上去有些古怪,见到生人非常害羞和紧张,但脸上却不时流露出一丝狡猾机警的神情,令人难以捉摸",看样子必须谨慎从事小心对付。为了不使王道士看出他的真实意图,斯坦因采取了声东击西的战术。他不善于交际,就让蒋孝琬事事出头,早日拿下王道士。

第二天,斯坦因单独考察了几个主要洞窟,并对一些壁画拍照,"以此来掩饰此行的主要目的"。当他路过藏经洞门口时,看到洞口已被砖头封闭了。斯坦因试探性地让蒋孝琬向王道士请求进洞,王道士说什么也不同意。

斯坦因随即表示自己有意用一笔捐款帮助王道士修理洞观,以此来换取一些写本。王道士立刻以藩台衙门有封存遗书的命令拒绝了,同时他又害怕让当地老百姓知道了此事对他本人和他所

破烂不堪的莫高窟第96窟

做的功德不利，所以没敢答应。

斯坦因琢磨，王道士是个虔诚的教徒，光用钱不能买通，还要投其所好。王道士最大的愿望是修缮庙宇。几年来，他将化缘得来的钱都用在重修洞窟上了，这也是他的精神寄托所在。斯坦因故意提出，要参观王道士经手修缮的洞窟和塑像，这一招果然很灵，王道士欣然同意。王道士带领斯坦因和蒋孝琬穿过自己用化缘得来的钱新修的庙宇前廊和高大的殿堂，欣赏了增补的泥像和壁画。虽然比起其他旧有的塑像和壁画粗俗拙笨，逊色很多，斯坦因还是搜刮肚子里的所有美好之词来形容，并且大肆夸奖王道士在一片废墟和流沙淤积的石壁上重修庙宇的艰辛和卓著功勋，而对于自己魂牵梦萦的藏经洞却绝口不提。

此后，斯坦因在莫高窟支起帐篷，作长期停留的打算，并开始考察石窟，拍摄壁画和塑像的照片，装作对藏经洞文物不感兴趣的样子，而交由蒋孝琬同王道士进行具体事宜的交涉。

通过蒋孝琬与王道士的接触，斯坦因还了解到，王道士是个虔诚、愚昧、迷信而又相当顽固的人。对于中国古代文化知之甚少，用不着同他谈论考古学之类的东西，但是可以同他谈论玄奘。玄奘是唐朝经过千难万险

斯坦因拍摄的莫高窟照片

赴天竺取经的高僧，在中国可说是家喻户晓。他是王道士心目中的偶像，崇拜到了迷信的程度。这样，见用钱买经卷没有用，斯坦因又使出了第二招来博取王道士的信任。他用半通不通的汉语向王道士讲述自己如何"崇拜玄奘"，又如何从印度追随他的足迹，跋涉万里，越过高山和荒漠，寻访了玄奘的遗迹，朝拜了玄奘朝拜过的寺院……这个人不但是盗贼也是大骗子！

玄奘取经归来的壁画

斯坦因滔滔不绝地说着，蒋孝琬时不时地在一旁敲边鼓。王道士听着听着渐渐入了迷，眼睛开始发亮。他热情地带领他们走到大殿外面一条新修的长廊上，不无得意地指着那些描绘玄奘西行故事的绘画，说明都是自己雇请当地的画匠来画的，并且讲述绘画的内容。有的是玄奘降服了吞食了他的马匹的一条龙，迫使它吐了出来；有的是他的徒弟们将他从妖怪手中救了出来。尽管这些故事都是神话传说，带有迷信色彩，斯坦因还是假装津津有味地听着。只有一幅画在斯坦因看来对他是个好兆头，那是玄奘站在一条激流的岸边，他的马满载着经卷站在身旁。一只巨龟向他游来，准备驮他过河。很显然，这画的是玄奘运载着 20 捆佛经从印度归国时遭遇千难万险的情景，尽管其中也掺杂了传说的成分。

斯坦因企盼王道士能从这幅画里得到启发，允许他将古代经卷重又运回印度老家。斯坦因来中国考古正是受了英印政府的派遣和资助。那时，印度还是英帝国的一个殖民地，可是王道士并不知道，他以为斯坦因也是印度出来的修行者呢！

斯坦因终于按下急躁，决定先不暴露自己的真实意图，等待时机成熟。他让蒋孝琬整日缠住王道士，催问借经卷阅览。但是王道士只是一味敷衍，并不拿出来。斯坦因"除了等待，别无办法"。

洗脑神曲

  这次莫高窟骗盗经卷的过程，在斯坦因著的五大卷《西域考古国记》里，有他自己得意非常的详细记述。在斯坦因最初与王道士的交涉过程中，几乎是没有什么进展与收获，因为此时的王道士还并不相信这些洋人，特别是也怕官府过问，追究他的责任。不过，同样有着一张中国人面孔的蒋孝琬和王道士打交道就容易多了。

  蒋孝琬在斯坦因第二次探险中贡献最大的地方，就是在敦煌莫高窟和王道士的周旋，并最终成功地说服王道士，使得斯坦因满载而归。甚至可以说，如果没有蒋孝琬，斯坦就极有可能不会成功，也就极有可能使藏经洞文物免遭劫掠之命运。

  蒋孝琬一心一意为斯坦因效劳，毫无民族自豪感和同情心地帮助一个外国人盗劫自己国家的宝藏，着实令人痛恨。更让人不可理解的是蒋孝琬对中国文化

斯坦因盗取的藏经洞文物

应是有很深的了解，作为一个读了一辈子四书五经的中国传统知识分子，加上又在官府做过事，应该对祖国和本民族的文物价值深刻了解。而恰恰就是这样一个人全心全意帮斯坦因一路上大肆盗窃，从出苦力到文物鉴别、识读、材料整理分类及运输，全程操办。这么卖力，分析其真正的原因恐怕不外乎有以下几点吧：

  第一种原因，作为一个传统的知识分子，蒋孝琬本人对文物古董感兴趣，正好借助斯坦因的活动满足了他的这一愿望，因为斯坦因也曾分给他一部分"战利品"。

第二种原因，很有可能是蒋孝琬当时闲居在家，好不容易找了个差事，何况斯坦因也出钱给他，又是给有钱的洋人办事，多少有些崇洋媚外的感觉。说句不太好听的话，即便是当今社会，每天跟在一个很有身份的外国人身旁抛头露面，对于一些人也是一件炫耀的事。

莫高窟里的卧佛

第三种原因，很有可能当时斯坦因给了蒋孝琬什么重要的承诺，或者说他们二人之间有很重要的秘密，也就只有他们二人知道了。

蒋孝琬最为成功之处就是对王道士所做的说服工作，这也是他最终成为斯坦因笔下最为尊重的人物的原因。鲁迅在《丧家的资本家的乏走狗》一文中，有一句话："凡走狗，虽或为一个资本家所豢养，其实是属于所有资本家的，所以它遇见所有的阔人都驯良，遇见所有的穷人都狂吠。"只要仔细看一下他们在敦煌莫高窟与王道士的交涉，就可以知道蒋孝琬对斯坦因的忠心，也可以知道蒋孝琬对出卖祖国文物的不遗余力。

为了达到目的，蒋孝琬不惜一切手段和王道士展开了没完没了的谈判，加上他们一个是湖南人一个是湖北人，完全可以说是老乡。王道士早年流浪在外，能在这里见到家乡人，何等开心。蒋孝琬的过去与王道士相比而言更加辉煌，足以向王道士吹嘘半天。此外蒋孝琬又在当时的官府做过事，他们已经和敦煌当地包括县长在内的要员均有会面，因此完全可以借此在王道士面前很随意地说起"昨晚和王大县长一起吃的晚饭，前天和警察局长一起泡了澡堂，上个星期和教育局局长一道交流了中西方文化……"这让王道士产生了蒋孝琬是政府派下来的人的印象，最后王道士被蒋孝琬渐渐洗脑了，也完全信任了他的话。蒋孝琬以一种近乎迷信的口吻说，正是唐僧的在天之灵将这些密室藏经托付给对佛经一无所知的王道士，以等候"从印度来的唐僧的崇拜者和忠实信徒"——斯坦因。日复一日的洗脑，王道士很快就放松了警惕。

此时，蒋孝琬又提出捐一笔钱给王道士修缮庙宇，王道士这才说出封闭洞口的目的只是不让众多的香客挤进去，他答应在加上许多限制的条件下，可以给斯坦因看几份藏经洞的卷子。

到了深夜，蒋孝琬悄悄走进斯坦因在莫高窟旁搭的帐篷，喜洋洋地抱着一小捆经卷，这是王道士答应给他们看的第一批经卷，是他藏在大黑袍子底下刚刚给蒋孝琬送去的。看样子，那手写的经卷古色古香，同在小喇嘛那里看到的差不多，可能也是佛经。为了弄清楚上面究竟写的什么，蒋孝琬连夜翻阅，凭借良好的文学功底，他通读了整篇经卷。

第二天一早，蒋孝琬带着激动和喜悦的神情过来告诉斯坦因，那是经玄奘亲手翻译的他从印度带回的佛经，经卷边上有着玄奘的名字。斯坦因立刻感到他的好运气来了！他们充分利用王道士的宗教迷信，将王道士无意中抽出的玄奘翻译的经卷，说成是神的旨意。蒋孝琬对王道士说，唐僧显灵了，这是唐僧催促他将密室藏经立即展示给斯坦因的明示。

虽然有了玄奘的招牌做幌子，但王道士仍然坚持不让斯坦因进入藏经洞，而是亲自搬出一捆经卷到大殿的耳房供其翻阅。在斯坦因和蒋孝琬的合围下，王道士的城池一步步陷落，斯坦因得以看到越来越多的经卷。此时，王道士的内心正进行着痛苦的挣扎。斯坦因这样写道："我应允蒋孝琬可以给王道士一笔款子（40锭马蹄银，如果需要，可以翻倍）作为交换条件。这笔钱成了蒋孝琬手中很有分量的筹码……然而，一切都是徒

斯坦因拍摄的探险途中的照片

劳。先前我挑出那些我认为有艺术和考古价值的卷子时，王道士一直都是睁一只眼闭一只眼。但现在，他担心他要失去全部珍贵的经书了，他第一次显出了恼怒的表情……"

随我来

王圆箓的矛盾心理越来越严重，他一方面不断宣称绝对不让这些经书流失，因为文献的流失迟早会被附近庙宇的施主们发现，这将毁掉他的好名声，另一方面则不停地要求斯坦因"追加"捐赠。最终，他接受了斯坦因开出的条件，开始了变卖经卷。

现在我们回顾王道士把经卷卖给斯坦因，大概有三方面的原因：一是在长达7年的时间里，他多次求助官方予以重视，而且是逐级上报，但无人过问，致使他灰了心；二是为了完成他的宏愿，清扫洞窟，修建三层楼，架设木桥，这都需要钱；三是他们沟通了思想，斯坦因成功骗了他。因此他虽然思想极为矛盾，极不愿意外国人将这些文物带走，但在无奈的情况下，也只好让了步。

1907年5月末的一个夜晚，月朗星稀，敦煌东南的莫高窟（又名千佛洞）的一座石窟中出现了三个人，四周寂静无人，只有风儿吹过鸣沙山激起沙粒的阵阵响声。

"随我来。"持着油灯的中年道士低声说。他个头不高，浓浓的眉毛，神情诡秘紧张。他就是莫高窟一座道观里主持香火的王道士。昏暗的灯光下，一个鹰钩鼻子、眼睛深凹的矮个结实的洋人微笑着紧随其后，他就是奥雷尔·斯坦因，旁边跟着的就是蒋孝琬。

王道士带领他俩沿着一座石窟甬道的北壁进到用砖封闭的密室门口，悄声说道："过来看看吧。"那砖已被王道士扒开了。斯坦因站在门口，借助烛光向昏暗的密室望去，啊，那一丈见方，六尺多高的狭小石窟里，一束束的古代文书成捆成捆地从地上一直摞到顶上，足足有几万件，室内只剩有可容两个人立足的空间了。面对如此丰富的文化宝藏，珍稀的无价之宝，斯坦因不禁目瞪口呆。

斯坦因看到堆积如山的经卷藏在狭小的密室里，两个人在里面就转不开身，更别说在那儿翻阅了。如果将藏经统统搬到外面宽敞的殿堂去，查看起来就方便了，但是王道士担心，万一被前来烧香礼拜的人撞见，便会有流言蜚语传播开来，亵渎了神圣的佛经，那王道士在施主和香客们中的好名声就全完了。所以，王道士坚持由他亲自取出经卷，每次一捆，送到密室附近的一间封闭得相当严实的小屋里，斯坦因和蒋孝琬在那儿翻检阅读，便不会被人发现了。斯坦因很清楚，几万件的文书，还夹杂着纸画、布画、帛画、刺绣等，看上几年也看不完！他来不及细看，只能尽快地挑出他认为有重大价值的文物堆放一边，以便设法运出中国，再作研究。为了不让王道士发现他的企图，他一方面加快了工作进度，一方面又假装对那些珍贵的文物显得漫不经心，无所谓的样子。果然，王道士再次上当受骗了。他把挑剩的文物搬回去，又从密室中把那些他珍视的汉文佛经之外的"杂物"，包括绘画和残篇断页等，一捆又一捆地搬来，并且准许斯坦因和蒋孝琬把他们挑出来的文物留下来，作"更加深入的研究"。到了晚上，小屋里终于有一大堆被挑出来的文书和绘画留待运走了。

斯坦因的运宝车

斯坦因选敦煌文物的地方

但王道士能不能答应让他们运走？斯坦因并没有底，于是斯坦因和蒋孝琬分别跟王道士长谈。他俩仍旧使用那个老花招，说应当"让受玄奘在天之灵指引"而来的斯坦因带走这些经卷，以供"西方学者进行研究"，这是一件功德。作为交换，斯坦因和蒋孝琬又反复重申要捐赠一笔钱用于洞窟和庙宇的修缮。但交谈中，还很难看出这些话到底对王道士起了什么作用。"他既担心他的圣洁名声因此而受到玷污，同时又不愿意放弃一个为他修缮庙宇的好机会，这对他衷心珍爱的功德事业很有利，但必须付出他所认为无用的那些古董为代价，看得出来，王道士一直都在上述两种选择之间犹犹豫豫举棋不定。"至于官府的就地封存并令他看守的命令，看来王道士并没怎么放在心上，反而由于政府的不重视与不付丝毫代价而愤懑不平。

到了半夜，蒋孝琬扛着一大捆卷子进了斯坦因的帐篷，这正是斯坦因在小屋里挑选出来的精品。王道士终于答应了他的请求，但有一个明确的协定：此事只能他们三个人知道，搬运只能由蒋孝琬进行，斯坦因离开中国以前，对这批东西必须守口如瓶。一连七个晚上，都是蒋孝琬一个人把"一捆一捆、越来越重，直到要用马车来装"的文物从窟里搬进斯坦因的帐篷。堆积在文书堆顶上的一切"杂卷子"几乎全搜尽了。

斯坦因"功成名就"

经过漫长的交涉，又追加了捐赠，王道士终于同意把密室中的全部藏卷搬出来，关上殿门，在殿内大肆挑选。这时候，王道士却担心失去他最好的汉文经书，又害怕施主们察觉，而恼怒起来。一天早晨，斯坦因到大殿去挑选中亚文字的文书，发现屋子里空空如也，什么也没有了。原来王道士干了一个通宵，把他原先从藏经洞里搬出来的经卷通通又搬回去了。

斯坦因暗自庆幸，还好有一批很有价值的绘画和不是汉文的写本已经存在斯坦因的帐篷里了。

为了防备王道士变卦，斯坦因决定尽快将已得手的经卷运走。于是除了蒋孝琬，又增加了两名可靠的助手，在黑夜里陆续把经卷搬到帐篷里来。一口气干了两个半晚。为了掩盖斯坦因长时间待在敦煌的真实目的，避免周围的人疑心，并且免除王道士的担忧，他又出资请王道士在一个废石窟中塑了一尊玄奘的像，作为他捐助的实证。斯坦因为了骗盗宝物可说是费尽心机，居然做到神不知鬼不觉。愚昧贪财的王道士特意跑出去一个星期，四处探听风声是否外泄，发现外界对他们的交易毫无察觉，胆子也更大了。

刚从藏经洞取出的敦煌经卷

不久，一笔不寻常的更大的交易达成了。等到他们最后达成协议，王道士同意他们查阅卷子，并亲自为他们搬运经卷。特别不可思议的是，24箱写本、50捆汉文卷子、5捆藏文卷子与5箱佛画的价值竟是斯坦因付给王道士少得可怜的4个马蹄银（相当于200两银子）。要知道王道士早在此前已不断拿写本与佛画送给官员和当地士绅，也出卖了不少，得到了不少的好处。他对藏经洞宝物的价值一定有所了解，否则何至于如此用心地管理，起初根本不让斯坦因他们看一眼呢！斯坦因是王道士准许的第一个进入密室的外国人，也是第一个从王道士那里骗取了大量敦煌文物的外国人。斯坦因后来

斯坦因（右）、王圆箓（中）、翻译蒋孝琬（左）盗卖文物后合影

第八章 秃鹫的盛宴——斯坦因盗宝流失之谜

209

说,"当我今天回过头来检视我用四锭马蹄银换来的无价之宝时,这笔交易简直有点不可思议。"

6月13日,斯坦因一行率领着一支由大群运输骆驼和马匹组成的队伍,浩浩荡荡向安西进发,在榆林窟拍摄了两天遗址。之后又到了酒泉,考察了嘉峪关长城,又于8月28日到达甘州张掖,这是他所走的最东界线,在这儿活动了5天。9月25日,斯坦因到了安西,他给王道士写了一封信,由蒋孝琬秘密去了一趟千佛洞,又从王道士手中得到了230捆手稿3000多卷写本文书。

斯坦因的河西走廊考察结束之后,又进入新疆,他派人将所得宝物运送回国。这些文物,其中不乏绝对数量的一级文物,它们经过1年零6个月的长途运输,于1909年1月完整地抵达伦敦,入藏英国博物馆。斯坦因则在新疆的吐鲁番、焉耆、和阗、阿克苏、莎车等地继续考察、发掘和访问,直到第二年1908年底才回国,离开中国前,他行囊简单,似乎没有拿走中国任何一件文物。明修栈道,暗度陈仓,在他和蒋孝琬的共同谋划下,清政府官员竟然没有察觉。据当时记载,他一共攫取了完整的文书3000卷,其他单页和残篇6000多篇,绘画500幅,汉文及藏文写本数量不详。

不用说,回到英国的斯坦因凭借敦煌藏经洞的文物再次震惊西方学术界,其声望和身价与日俱增,即便英国皇族都对他礼敬有加。1912年,斯坦因获得了爵士称号,可以想象当年斯坦因的探险收获带给不列颠人怎样的"骄傲"。

1913年,斯坦因第三次中亚探险进入新疆,蒋孝琬因病未能陪同,推荐一李姓师爷与斯坦因同行。不过,斯坦因携窃取的570余卷敦煌写本带回疏勒时,蒋孝琬为之整理,后来斯坦因的编目考

斯坦因带到英国博物馆的敦煌遗珍

释工作多得益于他的初步整理。蒋孝琬在敦煌藏经洞和中国西北文物外流过程中扮演了极不光彩的角色。

经卷贩子

当斯坦因把敦煌文物宣传于全世界之时，清政府这才懂得其重要价值，但他们不是考虑如何保护它，而是千方百计窃为己有。因此，一时间偷窃成风，敦煌卷子流失严重，这是敦煌卷子自发现以后最大的劫难。大量经卷的散失，曾经使王道士感到非常痛心，整个人都不好了，因为藏经洞是他发现的，多年来在他保管期间尽管流失了一部分，但是从未发生过无故大量散失的事，官方如此掠夺，又如此贪心，使他感到极大的愤慨。于是，王道士私下里藏起来大量经卷。当清政府作出决定，把剩余的敦煌卷子全部运往北京保存时，在运送的路途中，几乎每到一处都失窃一部分。最后到北京的经卷仅剩8000余卷，不足总数的七分之一。

1914年3月24日，斯坦因再次来到了莫高窟，受到了"老朋友"王道士热情的接待。为了表示卖经卷不是为了自己享受，王道士还给斯坦因过目了他的账目支出情况，并忠实报告了当日斯坦因施舍银钱的用处。王道士抱怨了政府拿走了藏经洞的很多文物，却不给他兑现承诺之事，并后悔当日没有全部给斯坦因。

王道士对斯坦因说了一段令人深思的话，《斯坦因西域考古记》是这样记述的："说到官府搬运他所钟爱的中文卷子致受损伤，他表示后悔当时没有勇气和胆识，听从蒋孝琬的话，收了我那一笔大款子，将整个藏书全让给我。受了这次官府的骚扰之后，他怕极了，于是，将他所视为特别有价值的中文写本另外藏在一个安全的地方。"斯坦因真的厚颜无耻。

此次经过斯坦因的交涉，王道士又拿出了私藏下来的几百卷写本，卖给了斯坦因，使斯坦因又得到了整整4箱的写本文书，加上斯坦因在当地收购所得，一共约5箱600余卷。这些从敦煌攫取的无价之宝后来分藏于英国博物馆、英国图书馆、英国印度事务部图书馆以及印度

斯坦因劫掠的敦煌遗珍

博物馆等处，现在的编号达到一万多号。

有人说，王道士贪财导致他贩卖经卷，果真如此吗？事实上，对于钱，他的态度极为微妙。在他的眼里，斯坦因给的钱与他四处化缘求来的"功德钱"一样，每一分都必须用在合适的地方，否则必遭天谴。所以，当斯坦因1914年第二次来到敦煌时，王圆箓主动拿来了支出账目，让斯坦因看一看自己是不是把他"捐助"的银子都用在了功德事业上。

但不能否认，王圆箓也是爱钱的。1924年，美国人兰登·华尔纳来到莫高窟。藏经洞早已空空如也。华尔纳转移目标，盯上了莫高窟洞窟中的壁画和彩塑。他给王圆箓一点小礼物，施舍一点银钱，后者就对他粘贴破坏壁画、搬走彩塑的行为视而不见。华尔纳用卑劣的手法从洞壁上剥离了二十六方珍贵的壁画，连同两尊精美的北魏和唐代彩塑一起盗走。

对一个愚昧的人而言，仅凭所谓的虔诚无法战胜金钱的诱惑。据说，晚年的王圆箓受到敦煌民众的强烈谴责，并曾经装疯逃离三清宫。陈万里在《西行日记》1925年5月26日中记有华尔纳第二次敦煌考察时的情景："千佛洞分上、中、下三院，下院为盗卖古物已十余年之王道士所居。二十日在月牙泉席上，

斯坦因劫掠的藏经洞遗珍

据说王已得精神病。"

1926年12月26日，华尔纳在给斯坦因的信中也提到："我曾经给王道士赠送了一点银钱，只有75两，可是这个数字被夸大到10万银圆，村民们因此去找王道士，要求和他分享这笔钱。王道士当然拿不出这笔现金来，于是村民们就以死来威胁他。王道士只能装疯卖傻，才躲过了这场灾难。"

1931年，王道士80岁死去。按道家戒律，道士死后不该建塔，但他的弟子还是为他修建了一座很有气派的土塔，塔碑上记载了他发现藏经洞的过程。王道士身后寂寥——他一无亲朋，二无遗产，只留下一座孤零零的圆寂塔。

嚣张的掠夺

斯坦因盗取的中华国宝震动了西方帝国主义列强，他们说，斯坦因"作出了伟大的贡献"，他使敦煌文物重见天日，为进一步研究中亚和中国古代文化开辟了新的领域。英国铀元素的发现者伦那德·伍利说："这是一个前所未有的考古学上的大发现。"

《泰晤士报文学副刊》声称："任何一个考古学家都没有作出比这更多的惊人发现。"斯坦因被誉为"他同时代人中集学者、探险家、考古学家和地理学家于一身的最伟大的一位人物"。因此，给他头上戴了各种桂冠。英国国王授予他印度王国武士爵位（两年后又提升为骑士爵位）；皇家地理学会授予他金质奖章；牛津大学和剑桥大学都赠以名誉博士学位；而德国政府则奖给他一大笔金钱；他的祖国匈牙利吹捧他是立了大功的好儿子，授给他一个功勋十字架和一枚特制荣誉奖章。各色各样的学会、单位也纷纷授予他奖章和荣誉称号。

然而在一片喧闹的叫好声中，自始至终存在着另一种声音。即便在英国，也有人谴责他的强盗行径。著名的东方学家阿瑟·威利认为斯坦因的行为，是对"敦煌书库的劫掠"，所以中国人理所当然地对代表英国博物馆和印度政府的斯坦因表示万分愤慨。他说："我认为要了解他们对于这个问题的情感的最好方法是去设想一下，假使一个中国古考学家来到英国，在一座废弃的寺院里，发现了中古时代文书的一个窖藏。他贿赂这里的看守人，把这些东西拿出来，运到北京去，那时我们将作何感想。"

是的，斯坦因利用清政府腐败无能，无力顾及敦煌文物的事情，在英印政府的支持下，再加上利用王道士的愚昧贪心，和蒋孝琬这样汉奸式的人物，骗盗了大批文物，这是帝国主义文化侵略的一种行为。

斯坦因考古摄影

但还不止此，斯坦因离开敦煌以后，其他帝国主义和资本主义国家派遣的"探险队""考察队"接踵而至，如法国的保罗·伯希和、日本的桔瑞超和吉川小一郎、沙俄的奥登堡等，也都曾用类似的骗盗手法，掠走了大量敦煌文物，致使藏经洞内数以万计的古代珍贵文物遭到劫难，四分之三以上的写本、绢画等流失海外。

19世纪末20世纪初，中国是帝国主义列强竞相掠夺的对象。外国"考察队"此时纷纷来到中国，为数达七十次以上，同这一历史背景有关。

这些考察队有的是政府派出，以考察为名，进行间谍活动的；有的是属于半官方，兼有科学考察与替本国政府收集一般情报的双重使命的；有的与本国政府没有直接关系，但考察的某些结果却为本国政府所利用。他们的考察也具有当时条件所

伯希和在挑选藏经

赋予的时代特征，普遍地无视中国的主权，往往不经中国政府同意就进入中国领土，任意发掘古代遗址，破坏并窃走大量文物，有的将石雕敲下，壁画切割，或用胶布粘下卷载而去。他们如此为所欲为，主要是帝国主义列强在中国享有特权的缘故。当时中国政府奉行的媚外政策极其昏庸无知，毫无保护文物的意识与措施，也是他们能够屡屡得手的一个原因。他们的活动或多或少、直接间接地为本国政府的侵华政策服务，他们的考察不可能是纯学术的考察，往往是搜集情报与学术考察交织在一起。

1925年，美国人兰登·华尔纳再次来到莫高窟，打算重演故技揭取壁画，结果被愤怒的敦煌百姓制止了，这才彻底断了西方伸向莫高窟的魔爪。因此，斯坦因罪恶行径产生的连锁效应对敦煌文物的流失造成更严重的后果，始作俑者难辞其咎。

这就无怪乎国人对劫掠骗盗中国文物的外国学者的愤恨，尤其是那个劫夺骗取敦煌文物的始作俑者斯坦因！1943年，81岁的斯坦因死在今阿富汗首都喀布尔附近的考古发掘地点，并在那里起了坟墓。

第九章 盗猎戈壁
——楼兰国宝流失之谜

在新疆塔里木盆地东部，罗布泊洼地的西北边缘，有一个风沙肆虐的沙漠地带，楼兰古城的遗址就静静地躺在这个几乎完全被沙丘所淹没、死寂的世界中。千年的烽燧、古怪的雅丹地貌、漫天的绝域风沙，还有时隐时现的罗布泊，交织构成了一个神秘莫测、充满特殊风情的西部传奇。一次期待已久的考察，竟然意外发现惊世国宝，谁知这件国宝却神秘失踪，至今仍然下落不明……

到死亡之海去

楼兰，这个昔日花红柳绿、行人如织的繁荣古城，在公元前176年前建立，到公元630年却突然神秘地消失了，留下的只是"城廓巍然，人物断绝"的不毛之地和待后人破解的千古之谜。楼兰遗址在被发现后的一段时间里，出土了许多价值连城的国宝。随着西方人接连进入楼兰，大量的国宝迅速流失海外。如今提到楼兰，更多的是中国文物界的一大隐痛。

2000年，正值楼兰古城遗址发现100周年之际，神秘的"东方庞贝"再次引起世人的关注。世界上诸多研究楼兰的机构都信心勃勃地想要搞点活动以便揭示楼兰的研究成果及其重要性。为了让这次活动圆满成功，早在1999年的冬天，中国的一些相关人士便在新疆巴音郭楞蒙古自治州成立了一个名叫"楼兰学会"的民间团体。这个团体成立后，他们就以极大

楼兰古国遗址

的热情投入工作，并借此机会大力宣传楼兰文化，筹划着明年春天楼兰考察的前期准备活动。

这是一次极为难得的考察之旅，楼兰古国给人们留下了数不清的宝藏，也引来了疯狂的盗宝贼。为使这些珍贵的历史文化遗产免遭人为破坏，自治区政府曾于1996年5月，特别颁布了《禁止到楼兰古城探险旅游的禁令》，强调楼兰、尼雅等地是还没有开放的国家重要文物遗址，一定要归口管理，严格把关，不允许未经文物主管部门批准就擅自进入。

由于这个管理政策的约束，楼兰学会的考察之旅受到严格的限制，但是在"发现楼兰百年之际"这个关口，这次活动的意义还是非常重要的。经过多方面的沟通，当地政府对楼兰学会的组织者提出必须严格控制参加人员，并制定了不准破坏现场，不准带走现场任何文物等考察纪律。

经过大量准备工作后，一支由51名研究历史、考古、社会学的专家学者和部分游客（其中包括一名日本人）组成的考察队，于2000年3月25日下午集结待命于巴音郭楞蒙古自治州府所在地库尔勒市。出发前，考察队再次强调了纪律，必须爱护现场所有遗迹，不得破坏，更不能带走遗址上的任何文物。简短的动员会很快结束，十几辆各种品牌的越野车依次出发了，浩浩荡荡地奔赴号称"死亡之海"的塔克拉玛干沙漠。一路上，大家谈论着楼兰古国的点点滴滴，并急切地盼望着尽快抵达现场。

幽怨的精灵

3月26日下午6时许,巴音郭楞蒙古自治州史志办张体先一行4人乘坐的考察队7号车,首先到达著名的营盘遗址古墓群与小佛塔中间地带。一下车,4个人就沉醉在黄沙浩瀚的楼兰古国遗址中,他们小心翼翼地踩踏着沙土,生怕惊扰了千年以前的古人亡灵。

暮色垂垂中,4个人走进了一条干涸的小河道里,由于自然条件没受到人为破坏,河道显得十分肃静。突然,一个队员指着远处大喊:"看,那是什么?"

4个人迅速走近,在沙土中,他们意外发现了一具独木舟棺材。他们将这具奇特的棺木从河道里拉出来后,发现残棺仅剩85厘米长、50厘米宽,棺帮厚约2厘米,估计此棺原长3米到4米,其余部分已断朽在地下。

从拉出的部分看到,残棺的胡杨木质仍还结实,外部构造精致,表面平整,内凹部分打磨得十分光滑细腻,底部的紫色油漆花纹仍十分明显。残棺上下均有竖道花纹,图为方头如意纹及雀彩玄武纹。几人用毛刷刷去独木舟底部的泥土后,中间出现了一行11个字母的文字,经辨认为佉卢文字母。佉卢文是古代印度人使用的一种古文字。我国古代的大月氏人在印度、阿富汗、巴基斯坦、伊朗等地建立国家后,在1世纪左右曾将佉卢文和犍陀罗语推广到东方各地,而后成了丝绸之路的交通用语和交际文字。对古楼兰历史有过研究、对佉卢文字有一定了解的一位队员知道这个发现意义重大,建议把彩棺带回去研究。但是,考虑到考察队在进入楼兰遗址前就制定了铁的纪律,不准带走任何文物,其他队员也当场提出反对意见。大家商量了一下,决定到宿营地请示领导后再说。于是,他们把彩棺放回到原地。

楼兰出土的彩棺

这一放，反倒成了永远的遗憾！在场的4个人怎么也没想到，眼前这个残存的彩棺，后来被认定为是汉晋的稀世国宝——楼兰彩棺！这是一个罕见的彩棺，虽然只是一个残棺，但国宝价值依旧在。

这时又有一辆车来到现场，下来3个队员，7个人又一起研究了彩棺。无奈还是恋恋不舍地离开了现场，7个人一步一回头，遥望着彩棺，最后驾车离去。暮色下，彩棺仿佛一个幽怨的精灵，孤零零地倚靠在河道岸边……

当晚8时许，张体先等7人回到宿营地后，集体向考察队领导汇报了发现彩棺的经过。据学者们判断，此彩棺极可能是汉晋时期西域三十六国中一个国王的墓葬。况且前两年考古学家在营盘遗址上，还发掘过一些颇有历史研究价值的古墓，所以考察队领导对此棺十分重视。考察队领导随即请示了上级主管部门，得到许可，将这个国宝级的彩棺带回去。可以想象得到，这个彩棺一定会带来非常多的考古发现。

3月27日上午10时，考察队一行出发去龙城前，有关领导特意告知张体先，要他带一辆车去营盘寻找那具彩棺。快要出发的时候，一名炊事员意外受了伤，张体先拿出急救包，为他包扎好伤口。等张体先包扎完伤口，才发现寻找彩棺的车已出发了。作为向导被寻宝车丢弃，张体先感到有点莫名其妙，他又联系不上那辆车，只好随最后这辆后勤车赶赴龙城。

当晚在龙城宿营时，一个参加找彩棺的队员找到张体先告诉他，因为张体先没亲自去，再加上沙漠里地貌极为相似，结果考察队派出的那辆车，在营盘遗址周围转了很多圈，也没找到那具彩棺。在茫茫沙海中找不到目标本是很正常的事，这里本来就是有"死亡之海"之称的区域，何况张体先没能随车同去。考察队领导便决定等考察完周围的几个文物点返回时再去取彩棺，谁也不觉得这具楼兰稀世彩棺会出什么意外。

然而，意外的情况发生了。3月29日，当考察队考察完预定地点返回到那条干涸的河道时，张体先大吃一惊：楼兰稀世彩棺竟然不见了！

莫非是张体先记错了地方，可是地面上依稀还有几个淡淡的足迹，没错,肯定是这里!但是彩棺在哪呢?

难道河道闹鬼了?考察队员当然不信邪,难道有人把彩棺拿走了?考察队深感责任重大,将此事汇报给上级。

4月3日,考察队大队人马再度赴营盘所在遗址寻找彩棺。众人以彩棺出土处为中心,在周围几公里内展开梳头式搜索,仍一无所获。现场的些许痕迹表明,这具彩棺肯定已被人盗走。考察队终于失望了。从发现彩棺到确认失踪,仅仅3天时间,它是如何在人迹罕至的大沙漠里"不翼而飞"的呢?

楼兰彩棺

楼兰稀世彩棺失踪的消息传出后,新疆维吾尔自治区政府高度重视,发动群众力量细细查寻,可惜的是,彩棺毫无线索。黑市上也没有彩棺的任何消息,国内也不见一丝动静。事后分析,如果国宝彩棺26日当晚就被盗走了,那么27日那天寻宝的车没有发现彩棺也是正常,他们可能扑了个空。如果彩棺是在27日以后的两天里被盗走,那么寻宝车没带上张体先同去就是个问题。寻宝车为什么丢下向导独去,这里面是不是有什么失误。

究竟是谁走漏了彩棺的消息,又是谁盗走了它,所有知情的考察队员都被认真调查过,可是仍无任何线索。

从当时拍摄的照片来看,这个彩棺残骸通体以黄、橘红、褐、绿等色彩彩绘,绘有铜钱、花卉纹样,并以斜线分格,整个彩棺图案,虽经近两千年的岁月,却如新的一般。彩棺两端绘有东方文明中代表日、月的"朱雀""玄武"。彩棺以具有古罗马艺术风格的绒毛毯覆盖,毯上的狮子形象夸张、色彩艳丽。极具考古价值的是,这具彩棺集中了东西方两大文明因素。以前,人们都会谈论"楼兰美女",现在又多了"稀世彩棺"这一话题,在震惊之余,也使人们深深地思考:当年那片有着文明灵光的地方,如今为什么只是一片死寂的沙漠？昔日的熙来攘往之地，今日为何只有野骆驼在徘徊？曾经繁荣奢华的楼兰古都被埋进荒漠之中成为一片废墟的真正原因是什么呢？楼兰遗址的地下还有哪些没被发现的国宝？可能隐藏着珍贵历史线索的彩棺，它到底在何处？这一切都是个谜，我们只能带着遗憾和期待，希望彩棺早日重现。

楼兰，你那样神秘！你究竟还有哪些秘密是我们不知道的呢？

哪个都不敢得罪

楼兰，有记载可查的历史共有800多年。这个神秘的国度，曾经是人们生息繁衍的乐园。楼兰四周有烟波浩渺的罗布泊，内环绕着清澈的河流，人们沐浴着大自然的恩赐，在碧波上泛舟捕鱼，在茂密的胡杨林里狩猎，生活是那样美好。

楼兰，这是一个被记载在史书里的名字，一个在传说中被提及的名字。它是西域三十六国之一，是中国古代西部的一个小国。它西南通且末、精绝、拘弥、于阗，北通车师，西北通焉耆，东当白龙堆，通敦煌，扼丝绸之路的要冲。

"楼兰"这一名称，最早见于西汉司马迁所著的《史记》。根据《史记》的记载，大约在公元前3世纪时，楼兰人建立了自己的国家。当时的楼兰受大月氏的统治。公元前177年至公元前176年，匈奴打败了大月氏，楼兰又被匈奴所管辖。

据《汉书西域传》记载：楼兰在西汉时是西域一个著名的"城廓之国"。楼兰，也叫鄯善国，王治扜泥城，去阳关千六百里，去长安六千一百里。户千五百七十，口万四千一百，胜兵二千九百十二人。地沙卤，少田，寄田仰谷旁国。国出玉，多葭苇、柽柳、胡桐、白草。民遂率牧逐水草，有驴马，多橐它。能作兵，与婼羌同。

在张骞奉命出使西域之前，汉朝对西域的知识也是十分有限的，对楼兰的了解都是通过道听途说完成的。在当时人们的印象里，西域是一个游荡着匈奴人的荒凉土地，是个有去无还、有死无生的地方。一心建立功业的张骞没有被传说的恐怖氛围吓倒，毅然上路，走出阳关，首先来到美丽的塔里木绿洲，那里就是楼兰。

张骞发现，楼兰人有深深的眼窝，大眼睛，低颧骨，高鼻梁，相貌与中原人大不一样。他们说着如同鸟儿鸣叫一般古怪难懂的语言，用芦苇杆、胡杨红柳作为写字用的笔，写出的文字就像蝌蚪一样，无法识别。

数年之后返回中原，张骞将所见所闻报告给了汉武帝。汉武帝非常重视这个处于天之一隅位置却重要的楼兰。楼兰这个袖珍城邦国家，从此进入了中国史册。

那时的楼兰，有时充当匈奴的耳目，有时归附于汉廷，周旋在汉和匈奴两大势力之间，巧妙地维持着它的政治生命。由于楼兰处在汉与西域各国的交通要冲，汉朝不能越过这一地区去打匈奴，匈奴如果不假借楼兰的地域优势，也无从威胁汉王朝。因而，汉和匈奴这两大集团对楼兰都尽力实施怀柔政策。为表示降服，楼兰将王子送到汉王朝作为人质，同时，也向匈奴送去了一个王子，以表示在匈奴和汉王朝之间严守中立。

犯我强汉者，虽远必诛

公元前92年，楼兰王逝世。此时，汉朝实力已超过匈奴，因此，楼兰遣使请求皇帝将在汉朝做人质的王子送回去继承王位，此举有讨好汉朝的意思。然而，在汉朝为人质的楼兰王子已经因为触犯了汉朝法律而被施以宫刑。王子若回到楼兰，难保不会因怨恨而归附匈奴。因此，大汉朝廷无论如何也不答应楼兰人的请求。不知内情的楼兰人只好回去另择王子继承王位，并且又选了两个王子分别到汉朝和匈奴做人质，送到匈奴去的王子名叫安归。可是，新即位的楼兰王没过多久就去世了，趁这个机会，匈奴把调教得比较温顺的安归主动送了回去，扶上了王位。

在先王遗孀（一位来自匈奴的女人）的挑拨下，新楼兰王安归与汉朝渐行渐远，转而亲附匈奴。由于楼兰接近玉门关，汉朝的使者经常通过这个关门前往西域，每次都要经过楼兰境内一个名叫白龙堆的沙漠。这个沙漠的气候非常恶劣，经常刮起狂风阵阵，将流沙裹挟到空中，形状如龙如蛇，行人常常会因为迷了方向而走失。于是，汉朝廷不断命令楼兰王国给这些使者提供向导和饮用水。这些汉朝使者屡次虐待向导，并且向楼兰提出了许多苛刻的要求。楼兰人愤怒之下杀掉了这些汉使。当时的消息传递很不灵通，楼兰悄悄杀掉几个汉使，远在中原的西廷并不知道。然而，安归的弟弟尉屠耆一直亲附汉朝，在国内政策变为仇汉亲匈的情况下，他度日如年，为了活命只好逃到了汉朝，将国内的形势如实上奏。

西汉大将军霍光得知后，并不发动大军，向汉武帝做了汇报后，派傅介子去刺杀楼兰王。傅介子同100多名将士携带着金帛，扬言奉皇帝谕旨，要给西域各国国王赏赐。他们很快到了楼兰国，安归却不愿意接见傅介子。傅介子并不着急，带着随从大摇大摆地离开，到了楼兰的西部边界，然后让负责接待的官吏捎话给楼兰王："我们汉朝使臣拿着黄金、绸缎赏赐西域诸国，楼兰王不来接受，那么我就去西面的国家了，你可不要后悔！"说着，把带着的金帛拿出来给那些人看。安归很快就得到了报告，对所谓的赏赐起了贪念，立即主动跑去面见傅介子。

傅介子在帐外设宴款待，同安归坐在一起饮酒，并把所带的黄金、绸缎摆出来给他看。安归目眩神迷，畅怀痛饮，不一会儿便喝醉了。傅介子对安归说："天子此次派我来，有几句话让我转达给陛下。请您跟我入帐内详谈，这些话只能让您一个人听到。"醉醺醺的安归糊里糊涂地就跟着傅介子走入帐内。这时，有两名藏在帐中的壮士持刀从安归身后刺入。刀尖穿胸而出，楼兰

玉门关遗址

傅介子雕像

王未吭一声便倒地而死。跟着安归来的官吏都吓得四散奔逃，场面一片混乱。

傅介子拦住楼兰官吏，对他们说："楼兰杀大汉使臣，背叛汉朝，犯下十恶不赦的大罪。天子派我来诛杀楼兰王。现在应该立安归的弟弟尉屠耆当国王。尉屠耆跟着汉军大队人马就要来了，你们谁敢妄动？谁要图谋不轨，大汉军队就立即灭掉楼兰，到时候玉石俱焚，别怪我没告诉你们！"傅介子以区区百人，竟敢在楼兰谈笑间取国王首级，干净利落得如拾草芥，过人的胆略和高超的智谋已经让楼兰畏服，又听说大汉军队就要到了，楼兰臣民生怕惹来杀身之祸，立即请回尉屠耆，立为王。西汉朝廷命楼兰改名为鄯善，重重赏赐了尉屠耆，并应尉屠耆的请求，派遣汉军到楼兰驻扎，震慑匈奴。

此后，匈奴战败，大汉王朝兴起，丝绸之路畅通无阻，亲附汉朝的楼兰得到了好处。楼兰是古代丝绸之路西出阳关后的第一站。当年，这条交通线上，"使者相望于道"，交通之繁忙，城市经济之繁荣，盛极一时。繁荣的商业为楼兰带来了巨大的利润，使楼兰人过上了富足的生活。中原的商品和工艺也借着丝绸之路传入楼兰，给楼兰带来了发达的物质文明和精神文明。楼兰此时已经成了西域的乐土，沙漠里的天堂。

日月穿梭，时光飞逝。汉朝的时代消逝了，楼兰这个名字也渐渐淡出史书的叙述。后人眼望茫茫沙漠，根本找不到楼兰古国存在的痕迹。史书中描绘的楼兰真的存在吗？它在哪里呢？所有的痕迹都被黄沙深深掩埋住，成为一片荒凉的不毛之地。

贪婪的盗贼

千百年后，茫茫沙漠仍在，传说中的国度已荡然无存。在中国学者还顾不上研究这片沙漠的时候，西方人的"考古热情"却空前高涨起来。清末，中国国力衰退，西方帝国主义列强派出了无数个"考察队伍"，这些"考察队"不仅打着考古旗号行强盗之实的掠夺，还充当军队的间谍，他们一路行来，测绘了大量的中国版图，作为日后侵略所用。

楼兰古国遗址关于海市蜃楼般的"沙埋古城"传说，几百年来一直在喀什噶尔、拉吉里克、玛拉巴什、叶尔羌……在塔克拉玛干大沙漠边缘绿洲的居民中传播不息，勾起了一些人的兴趣，他们不远万里来到沙漠中，寻找消失的古国。

1895年4月10日，瑞典大盗斯文·赫定的驼队离开了麦盖提的拉吉里克村，驼队由八峰骆驼、两条狗、三只羊、一只公鸡和十只母鸡组成，够一行人食用三四个月的粮食，全套皮大衣、冬装，以及足够装备一个警卫班的3支长枪、6支短枪，还有从气温表到测高仪等一应科学仪器……可是，唯独没有带上足够的饮水！因而精良装备没有起到应有的作用。在穿越叶尔羌河与和田河之间的广袤沙漠时，几乎葬送了整个探险队！

由于干渴难耐，他们没几天就耗尽了所带饮用水，在此后行程中，他们喝过人尿、骆驼尿、羊血，一切带水分的罐头与糖浆药都成为甘露。最后，探险队不得不杀鸡止渴，可割掉头，母鸡的血已经成了凝固的"玛瑙"。和田河可望而不可即的河岸林带，赋予了他们超常的毅力，可是当他们最终挣扎着来到和田河时，却发现那实际上是季节河，这个意外使他们几乎崩溃。但幸运的是，和田河中游一处全靠旺盛泉水才保持在枯水期也不干涸的水潭拯救了他们。赫定等人最终丧失了全部骆驼、牺牲了两个驼夫、放弃了绝大部分辎重，遗失了两架相机和1800张底片，才从塔克拉玛干沙漠中走出来。后来塔克拉玛干沙漠有了一个别名"死亡之海"。

赫定从西向东穿越了塔克拉玛干沙漠,他从灭顶之灾中获取了教益。因缺水"败走麦城",导致此后40年生涯铭心刻骨的教训,他的一大发明就是选择冬天,携带冰块进入沙漠。此后的路途中,他还用铅笔速写代替照相,一生留下了5000多幅画。

1896年1月,斯文·赫定在塔瓦库勒装备了驼队,再次向东穿越沙海,这次的收获是,发现两处遗址。1月23日黄昏,驼队来到一片久无生机,死树枝全脆得像玻璃的废墟,也就是当地人所谓的丹丹乌里克——象牙房子。整个遗址气势恢宏,建筑规格不同寻常。这个远离近代绿洲带的沙埋古城,曾是古国于阗的重镇,而后来,斯坦因、特林克勒等都来过,所获颇丰。它的存在至少证实,千年之前塔里木的沙漠绿洲格局与今天迥然不同。丹丹乌里克对再现中国古代西域文明发展程度最高的塔里木河流域精彩纷呈的古城邦具有里程碑意义,后来赫定还去了通古孜巴斯特的原始村落,初次由南向北纵穿了塔克拉玛干大沙漠,证实了野骆驼乐园的存在,抵达罗布荒原,使"罗布泊位置"这个"世纪之争"迈出了一大步。

不过,这还不是传说当中的楼兰。然而,盗贼的脚步不曾停止……

黄沙下的城市废墟

1900年阳春三月,塔克拉玛干大沙漠中又出现了一支步履蹒跚的骆驼队,这是一支来自瑞典的"探险队伍"。据说他们是为了考察罗布泊的游移问题,在当地向导的带领下闯进了那片神奇的罗布泊荒原。

三月的天,寒风刺骨,眼看着天色渐晚,队伍决定停下宿营,明天再进发。可就在这个时候,他们发现少了一匹骆驼,最关键的是,这只骆驼身上驮着一个铁铲,还有一些储水的皮囊。在茫茫的沙海之中,铁铲和水都是性命攸关的宝贝,没有铁铲就意味着无法挖坑固定帐篷。领队斯文·赫定立即让熟悉地形的向导原路返回寻找骆驼。

向导是当地人,名叫奥尔德克。本已疲倦的他沿着原路返回,顺利地找到了骆驼。正在他准备返回的时候,沙漠里突然刮起了沙尘暴,狂风呼啸而来,卷夹着滚滚沙尘,遮蔽了天日,天地间一片昏黑。

无处藏身的奥尔德克紧紧抱住骆驼的脖子,生怕被风沙卷走,不过还是被风吹裹着不知踉踉跄跄地走出多远。最后,他和骆驼在一处高大的矮墙边停了下来,这里风沙的强度小了很多。骆驼卧了下来,奥尔德克就躺卧在骆驼的内侧,紧张地过了一夜。

天色渐明,风沙终于停下来的时候,奥尔德克慢慢睁开眼,突然发现眼前竟像变魔术一样出现了一个梦幻一般的奇迹!就在他眼前,荒无人烟的废墟,灰色的城墙,沧桑的古城,长长的街市,参差不齐的房屋,高耸的泥塔,荒废的烽火台……一座城市横亘在沙漠上。奥尔德克被眼前的景象惊呆了。他开始时以为是遇到了海市蜃楼,但这种天气是不可能有海市蜃楼出现的。他又以为自己在做梦,但掐了掐胳膊,疼的,这不是梦!

奥尔德克走进建筑废墟。忽然,脚下踩到了什么,险些将他绊倒。他低头一看,原来是两块布满尘土的雕花木板,周围还散布着一些锈迹斑斑的古币。奥尔德克慌忙拣了几个古币,拿着木板开始寻找返回的路。

凭借多年沙漠行走的经验,奥尔德克中午时分找到了队伍。他向队友讲述了自己刚刚经历的一切。斯文·赫定从奥尔德克手中接过那几片木雕残片和古币一看,就兴奋异常地惊叫起来。他一眼就看出这些残木片上的雕塑具有明显的艺术风格。因此,他断定这片人迹罕至的大沙漠里一定埋藏着一个古老的文明。赫定打开考察日记,龙飞凤舞地写下这样一段话:"这些残木片上精巧的蜗卷文和草叶文雕刻看得我都有些眼花缭乱了,这果然是一片神奇的土地!"

赫定已经兴奋难耐,很想第二天

赫定发现了楼兰古城

第九章 盗猎戈壁——楼兰三国宝流失之谜

赫定绘制的奥尔德克向导

一早就动身去寻找那个古城。但队伍只剩下两天的水了，而古城还不知道究竟在哪个方向。经过一番权衡和思考之后，赫定决定先回去，做好充分准备后再来寻找这座神秘的古城！

这一天，就是1900年的3月29日，一个身份不明的古城第一次在近代被发现的日子。这片明显已经荒废多年的古城究竟是哪个城？它是在什么年代出现的，又为什么会淹没在滚滚沙尘之中，落得如此萧索的结局？

晋代的"手抄报"

带着疑问，1901年3月，也就是在时隔一年之后，斯文·赫定在奥尔德克的引导下再次回到了塔克拉玛干沙漠，目标便是找到那座废墟上的古城。但是事情并不那么顺利，虽然他们都知道古城就在这片大沙漠里，但是莽莽沙漠一望无际、浩瀚如海，既没有固定的标记，也难以估算距离。要在沙漠中寻找仅仅因为机缘巧合而见过一次的古城遗迹，实在是难上加难。在苦苦寻找却毫无线索的情况下，斯文·赫定及其队友都打算放弃了。

然而，命运总是喜欢开玩笑。就在他们决心放弃的时候，奇迹出现了。在穿越一片低矮的雅丹地貌区域时，早已累得口吐白沫的骆驼蓦地停下了沉重的脚步，一个庞然大物挡住了队伍的去路。赫定抬眼一看，这是一片低矮的灰色的城墙，在黄沙下，有高耸的泥塔尖，还有清晰可辨的屋顶……赫然出现在眼前的不就是他梦寐以求的那片废墟吗！

斯文·赫定兴奋地跑到一座泥塔下边，仰头定睛一看，原来是一座佛塔！这佛塔有一米多高，黄沙下面究竟还有多高就无处得知了。在他们的脚下，一座气势磅礴的古老城市掩藏在早已干涸的运河两岸。此刻，古城是如此的安静真切，就像城里的居民都已经进入了梦乡。仿佛只要有人一声咳嗽，这里就又会恢复车水马龙、人来人往的热闹景象，贩夫走卒穿梭其间，喊着叫卖的调调，小孩的打闹声，夫妻的斗嘴声……而沉睡的人们并不知道，此时此刻有一群异域的探险者正带着满心的好奇，踏入他们这个神奇的国度里。

木门半掩的房舍，半陷在沙土中的破碗，板子参差不齐的木桶等一切都是如此真实。赫定首先调查了奥尔德克发现木雕残片的那个废墟，发掘了其中的佛塔以及周围三个殿堂，发现了中亚希腊化艺术风格的木雕建筑构件、木雕塔刹、刻有带翼兽的木雕板、莲花纹木雕板、金刚像木浮雕、小陶碗、五铢钱以及一封佉卢文书信。这所寺院不是孤立的，而是一个大寺院群中的一所。赫定在这个佛寺遗址附近接连发现三座寺院遗迹，发掘出大量精美的文物。

赫定还在这片废墟东南一线发现许多烽火台，它们构成一条戍守古代东西交通要道的烽燧线，一直向东延伸，直到罗布泊西岸。

1901年3月4日至10日，斯文·赫定在古城内13个地点大肆发掘，获取了大批汉魏古钱、一枚罗马钱币、一枚于阗钱币、各类精美的丝织品、颇具中亚艺术风格的雕花建筑构件。其中一件带有木雕小佛像的佛殿建筑饰件，十分精美，迄今仍是中国境内发现得最早的佛像艺术品。最重要的文物当属那些魏晋木简残纸。魏晋书法真迹流传至今者寥寥无几，被历代收藏家视为珍宝，而斯文·赫定在遗迹里一次发掘所获就达150余件。

斯文·赫定探险队在楼兰古城发掘出的文物其价值之大震惊世界，其数量之丰富难以数计。除新石器时代的石斧、木器、陶器、铜器、玻璃制品、古钱币等等，文物品种繁多。其中以晋代手抄《战国策》和汉锦最为珍贵。这份手抄字

赫定在罗布泊考古

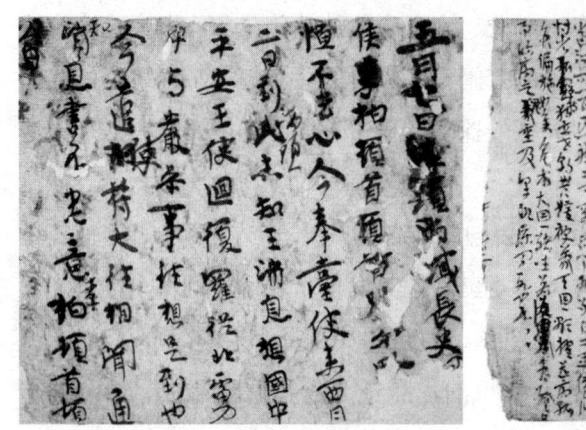

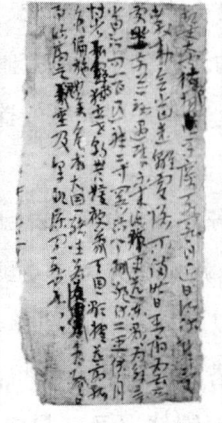

楼兰遗址出土的"李柏文书"　　　　楼兰古城出土的魏晋残纸

纸，仅仅比蔡伦公元105年发明纸晚一二百年，比欧洲人最古老的字纸要早六七百年。发掘出的汉锦，色彩绚丽，相当精致。另一重大发掘收获是发现了当年任西晋西域长史的李柏给焉耆王的信件，即所谓"李柏文书"，根据李柏文书而发现了"海头"故城。

　　这座埋藏着如此之多的宝物的古城究竟叫什么名字，有什么来历呢？赫定不知道。对这片土地，对中国的历史，他了解得太少了，他是个地理学家，不是历史学家。1902年，赫定回到瑞典，将考察资料和在罗布泊发现的一些木简、残纸交给专家辨认。德国语言学家们经过仔细的研究和确认，得出了一个举世震惊的结论：这片被流沙掩埋了长达十几个世纪之久的方圆10多万平方公里的罗布泊荒漠，就是中国《史记》和《汉书》中记载的、在历史上赫赫有名、后来又莫名消失了的丝绸之路重镇——楼兰！

　　凭借对这些楼兰文物的研究，斯文·赫定在西方获得成功。他赞誉说楼兰是一个埋藏在"沙漠中的宝地"，是历史遗落下来的"博物馆""东方的庞贝城"。而楼兰遗址被他发现之后的若干年间，又经过西方人的多次"拜访"，流失的国宝到底有多少，都有哪些堪称一级文物的国宝，恐怕永远是个历史之谜了。幸运的是，稀世彩棺这样的国宝竟能漏网，不能不说是万幸，但是楼兰国宝的命运还没有结束……

沉睡千年的楼兰美女

1934年，斯文·赫定再次来到新疆，他找到了当年的向导奥尔德克。已经年近七旬的奥尔德克向赫定讲述了自己10年前的一个新发现：在罗布泊某处，他发现了一个"有1000口棺材"的地方。赫定听了，半晌不语，他压抑着内心的激动，立即让随行的得力助手沃尔克贝格曼带队，跟着奥尔德克去寻找那个地方。

哪知当晚，奥尔德克提出不想打扰远古的灵魂，拒绝前往寻找。贝格曼连忙许下重金，并答应为奥尔德克家人提供庇护，在连说带劝下，奥尔德克跟随大队人马出发了。

按奥尔得克指定的方向，那1000口棺材的所在地应该是在库姆河以南地区。这里的原野布满了雅丹、沙丘和柽柳墩，就如一个巨大的迷魂阵。贝格曼他们绕着库姆河走了两天，竟然发现来到的是前天曾经来过的地方。每年的四五月间，是楼兰罗布荒原的"风季"，且酷暑难当。两个月中，奥尔得克等人一次次搜寻都劳而无获。就连奥尔得克本人都猜测：古墓已让十几年间新形成的河湖水域给淹没了，或者是被某次强烈的黑风暴重新埋葬了。

6月底，探险队向更靠近罗布荒原西南的绿洲带挺进。不久，他们发现了一条流向东南的河流。在灰心丧气中，考察队意外地拐向了一条库姆河的支流，这是一条没有名字的河，贝格曼随口把它叫"小河"。它有20米宽，总长约120公里，水流迟滞，一串串小湖沼被芦苇、红柳环绕。它是库姆河复苏后出现的新河，历史不足10年。

他们沿着小河边测量绘图边前进。沙漠里的天气变得特别热，所有的人都汗流浃背气喘吁吁，而河道里的牛虻闻味而动，蜂拥而至，拼命叮咬，大家几乎要发疯了，就连骆驼也忍受不了了。

奥尔德克身体开始出现不适，他就像是走进了梦境，迷迷糊糊地坐在骆驼身上，他偶尔四处张望，聆听，过了一会儿却又昏昏睡去。考察队决定露营，奥尔德克站在地上，他久久地凝望着远处一座小山包一言不发，

231

这是小河东岸大约四五公里的地方，有一个浑圆的小山丘。远远看去山丘顶部有一片密密的枯立木，高四五米。奇怪的是，枯立木的株距极近，一株连着一株，互相支撑着。

奥尔德克开始剧烈咳嗽，他一会儿跪下，一会儿站起，嘴里不断地重复着含混的话语，而此时人们都在忙着搭帐篷，准备晚上的营地。看到奥尔得克这个样子，都以为他命不久矣，谁知奥尔得克指着那个山包大喊："它就在那里，就在那里……"

那是一个插满了立木的大沙土堆，山丘上，遍地都是木乃伊、骷髅、被肢解的躯体、随时绊腿的巨大木板和厚毛织物碎片。贝格曼惊喜地逐个发掘，突然，一个被打开的棺材让他震惊了，一具几乎可以说是完美的干尸出现在他眼前！

在一船形木棺中，有一具保存完好的女尸。打开棺木，严密的裹尸布一碰就风化成粉末了。揭开覆盖在面部的朽布，一个年轻美丽的姑娘，双目紧闭，嘴角微翘，就像着了魔法刚刚睡去，脸上浮现着神秘会心的微笑。这就是传说中的"楼兰公主"或"罗布女王"。她已在沙漠之下沉睡了 2000 多年。她长发披肩，身材娇小，身高仅 5.2 英尺。

"高贵的衣着，中间分缝的黑色长发上戴着一顶装饰有红色带子的尖顶毡帽，双目微合，好像刚刚入睡一般，漂亮的鹰钩鼻、微张的薄唇与露

小河墓地

出的牙齿，为后人留下一个永恒的微笑。"贝格曼后来这样向欧洲人讲述他的发现。他把她称作"微笑公主"，把发现"微笑公主"的地方起名为"小河墓地"。

"考察队"发掘了许多有价值的文物。也许是不想惊扰"沉睡的微笑公主"，贝格曼没有带走楼兰美女遗体。就这样，在惊世一现后，楼兰美女就又沉入沙漠。从此之后再也没有人能够找到她。之后的世界，二战爆发，这些民间考古队也渐渐没有了。而"小河墓地"，也在此后，从人们的视线中消失，60多年中不见踪迹。

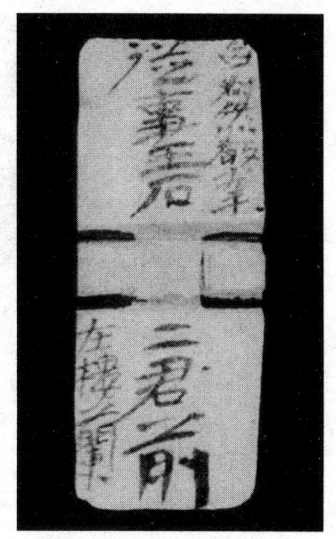

楼兰古城出土的带楼兰字样的魏晋木简

楼兰"小河墓地"在整部楼兰探险史中，是最有名的遗址。楼兰人在这里为王族修建了寄托民族之根的陵墓，以一条运河——"小河"作为通向圣地的大道。只要关闭运河龙口，让河床断流，这个墓地就被"封闭"在一个不容外人侵入、打扰的禁地。

3380 年前的她

1980 年春天，新疆考古队同《丝绸之路》拍摄组一起来到罗布泊，探索古国楼兰。十分偶然的，在一个寸草不生的土埠顶上，他们看到了一些干枯的树枝和芦苇秆。考古队估计这里可能有古人活动的遗迹，于是将上层的浮土小心地清除。果然，他们发现下边显现出一座古代楼兰人的墓葬！考古队员们又惊又喜，并马上着手挖掘，他们用了一天的时间，先将古墓周围的积土清除掉，接着小心翼翼地将填压在死者身上的树枝和芦苇秆取了下来。当将墓穴清理得差不多后，眼前的发现将所有人都惊呆了！棺中是一具完整的古代楼兰女性的尸体，一具保存得相当完好的干尸！

墓穴之中发现尸体并不是什么罕见的事情，但是这位楼兰姑娘脸面清秀，鼻梁尖高，眼大窝深，甚至连长长的睫毛都清晰可见，鼻梁高而窄，下巴尖翘，具有鲜明的特征，毛发、皮肤、指甲都保存完好，发长一尺有余，肌肤尚富有弹性。这具女尸的头上戴着尖顶毡帽，帽插数支翎，身着粗质毛织物和羊皮，足蹬粗线缝制的毛皮靴，仰卧在一座典型风蚀沙质土台中，仿佛刚刚睡去。她那健壮的骨骼、古铜色的皮肤让人相信她随时会站起来奔跑，甚至她的头发和皮鞋里的虱子都是那么的栩栩如生。在场的人都目睹了古楼兰人的风采，发现者更是激动不已。

头戴毡帽的楼兰美女

据考证，这具女尸是3380年前遗存下来的，是迄今为止新疆出土古尸最早的一具。在此之前，人们从来没有真正见过楼兰人的样子，更不用说这么直接、这么形象。科学测定，这位楼兰美女死的时候是45岁左右，生前身高1.57米，血型为O型。

经过现代技术的复原，这位楼兰美女穿越远古的隧道展现在人们面前。复原的楼兰美女是她35岁左右时的容貌，蛾眉清秀，眼睛深凹且有神，大眼睛，高鼻梁，鼻尖而翘，薄薄的红唇，下颏较尖，颧骨略高，薄唇轻抿。复原专家还把美女头上的毡帽改成了白色羊绒帽，帽上插有3根雁翎，头发棕红色，并增加了长度，身着粗线混纺上衣，侧身姿势，略左侧，与右侧头发呼应。构图形成后大家发现，这是一个十分俊美，却带有着浓重忧郁气质的中年美女。一时间，"楼兰美女"的称谓再次响遍世界。

"楼兰美女"的现身，让人们惊叹不已。实际上，这具干尸离人们的想象是有很大差距的，如果只看干尸，很多人并不会看出

"楼兰美女"

"楼兰美女"的美来。

在销声匿迹了1000多年之后，楼兰，这个充满传奇色彩的人类的梦中家园，终于再一次回到了人们的视线里！而这一次，它是以一种突然闯入的方式再次登场，让世人都为之惊诧不已。

又见稀世彩棺

2000年8月份，楼兰学会发现彩棺旋即又被盗走的消息被国内各大媒体转载，人们除了对被盗文物的震惊，还有对稀世彩棺的向往。为了更好地保护楼兰文物，新疆文物考古所调集国内权威人士，再次进行了一次缜密的考古探险。

2000年12月11日，由13位新疆沙漠、考古、文物保护、地理、环境及野生动物研究、探险旅游等不同学科的专家组成的考古队划定了新疆孔雀河流域作为重点考察目标，那是一片无人地带，荒漠、沙漠交集。孔雀河已经断流，故道布满了沙枣、胡杨、红柳，且兽迹纵横。贝格曼当年划过船的小河，观察记录过的咸水湖，如今已化为沙漠及光裸的河滩。只有河谷台地上稀落的红柳沙包、枯死胡杨，在诉说60多年来这片地区巨大而激烈的地理环境变化。从沙漠中的蹄印观察，考古队发现这里的野生动物很多，主要为鹅喉羚、塔里木兔、狼，也有可能是雪豹的痕迹。在考察过程中，考察队曾两次发现珍稀濒危动物——野骆驼。

在孔雀河下游河谷南约60公里的罗布沙漠中，东距楼兰古城遗址175公里处，考察队忽然看到一处形制特殊的大型墓地，凭着多年的考古经验他们断定其一定具有重大考古价值。根据现场的情形，考古队员断定这里就是20世纪30年代瑞典著名考古学家贝格曼曾发掘过的"小河墓地"与近10处古代人类遗存。

这是一个面积达2000多平方米，高达六七米的巨大圆形沙丘。它的顶部布满了100来根高两三米的菱形木柱、卵圆形立木，中部为八棱形柱体、顶部呈尖锥状的木质立柱，其南北为立木围栅。立木周围，是丛丛密

密的船形木棺，约有140座以上。大部分已被破坏，个别人体仍然暴露在地表。一件形体大小如真人，宽胸细腰、臀部肥硕、女性特征明显的木雕像倾伏在巨型沙丘脚下。当年贝格曼报道过的两名男根突出的男性木雕像已经消失不见，也许是被人偷走了。

小河墓地出土的毡帽

小河墓地给人的第一强烈印象就是墓地沙山上密密麻麻矗立的140多根多棱形、圆形、浆形的胡杨木桩，都4米多高很粗壮，多被砍成7棱体到11棱。墓地整体由数层上下叠压的墓葬及其他遗存构成，外观为在沙丘比较平缓的沙漠中突兀而起的一个椭圆形沙山。在沙丘顶，有彩绘的巨大木柱，精美的木栅栏，真人一样大的木雕人像，醒目的享堂（墓地的地面建筑）。考古专家认定，它绝不是为普通楼兰人修建的，而是一处重要陵墓。小河墓地也许是楼兰古城居民们的一个公共墓地。

2001年1月初，一座汉晋时期古墓和一座距今约2000年的婴儿墓在罗布泊同时被发掘。令所有考古人员欣喜的是，他们在墓地里再次发现了一级文物成人彩棺。

彩棺图案以黄、橘红、绿等色彩绘，有铜钱、花卉纹样，并以斜线分格。整个彩棺图案，虽经近2000年的岁月，却仍如新绘一般。这一发现，不仅为考察罗布泊古文明、丝绸之路北道地理环境等多学科研究提供了重要科学依据，而且弥补了中国学术界60多年来在这一研究领域巨大而沉重的遗憾，也聊以安慰2000年痛失彩棺残骸的那种心痛。这次出土彩棺不仅意义重大，而且也彰显了小河墓地对认识孔雀河下游古代居民的原始宗教崇拜、生殖崇拜及造型艺术等的重大科学价值。

神秘的西域汉式彩棺

美丽绝伦的"小河公主"

2003年,中国对小河墓地的考古发掘正式展开了。一种看上去像是卧于沙土之中的一只只小船,便是小河墓葬发掘过程中发现的船棺。

楼兰人当年应该是把活牛拉到下葬现场宰杀,当即剥下牛皮包裹棺木。这样,随着牛皮中的血水逐渐蒸发,牛皮收缩,就会把棺木包裹得异常紧密,除非人为破坏,否则风沙雨水是很难侵蚀到棺木中的墓主人的。开棺的时候,由于牛皮把棺木包裹得非常紧密,以至某些地方不得不使用必要的工具才能把它揭开。所有的人都屏住呼吸,这座船形棺木正在开启。紧绷在棺木上的牛皮断裂的声音沉闷而有力,像从幽深的海水里传出的某种震响。那声音刺激人的神经,让人兴奋,那是历史从3800年前走来的脚步声。

揭开牛皮后,人们发现,墓棺是由两块长2米上下、宽约40厘米、厚度在10厘米左右的胡杨板材,经人为加工成弧形,然后两头对接,中间鼓两头尖,形状酷似一只独木舟,但没有底,卧于平整后的沙土之上;上部盖着一块块长短不一的小板拼接出来的棺盖,整个看上去就像是把一条独木舟底朝天扣在了地上。

当棺木顶头上的第一块盖板被取下时,里面露出些许淡黄色的毛绒物。就在第二块盖板被拿起时,一个头戴毛毡帽的极其美丽的年轻女尸的脸出现在人们眼前。有人在惊讶之余发出感叹:"现在都这样漂亮,生前一定会更漂亮。她应该是'小河公主',真正的楼兰美女吧!"

这位静静地躺在棺木里被称为小河公主的年轻女子,头戴毛毡帽,脚蹬一双牛皮筒靴,身裹毛织斗篷并别以木质别针,以一种朴素而又美丽的装扮安度着她在沙海之中的"沉睡"。女尸颧骨较高,眼窝深陷,鼻子尖而高,嘴唇薄且细长,头发呈亚麻色,这些都是欧罗巴人种的典型特征。

近百年间,若干个楼兰姑娘的频频发现引起的震动,绝不亚于当初楼兰古城的发现,并由此引发了楼兰人问题的大讨论。罗布泊地区古代居民属于什么人种?类似特征的人为什么会在3000多年前出现在中亚?楼兰

小河墓地发掘的棺材

文明是怎么失落的呢?这是一个争论了一个世纪的疑问,至今没有人能够给出一个明晰的答案。

辉煌的楼兰古城永远地从历史上消逝了,但是它给世人留下了像稀世彩棺这样的一级文物,除了带给人们震撼,更多的则是对那些被西方考古者掠夺走的国宝的追忆。今天的人们,一代接一代地做着复活楼兰的梦。那荒漠中的古堡、那神奇的传说、那沉睡千年的惊世容颜,那惊世骇俗的稀世彩棺,究竟蕴含着什么样的秘密?楼兰遗址的下面,还有哪些没被发现的秘密,仍然让人们魂牵梦萦,如痴如狂。